中经管理文库
管理学精品系列

品牌意义建构与数字传播策略

BRAND MEANING CONSTRUCTION AND DIGITAL COMMUNICATION STRATEGIE

刘进平◎著

中国经济出版社
CHINA ECONOMIC PUBLISHING HOUSE
·北京·

图书在版编目（CIP）数据

品牌意义建构与数字传播策略 / 刘进平著 . -- 北京：
中国经济出版社，2023.7（2025. 4 重印）

ISBN 978 - 7 - 5136 - 7513 - 0

Ⅰ. ①品… Ⅱ. ①刘… Ⅲ. ①品牌 - 传播 - 研究
Ⅳ. ① F273.2

中国国家版本馆 CIP 数据核字（2023）第 183703 号

组稿编辑 葛 晶
责任编辑 冀 意
责任印制 李 伟
封面设计 张竞旗

出版发行 中国经济出版社
印 刷 者 北京艾普海德印刷有限公司
经 销 者 各地新华书店
开 本 710mm × 1000mm 1/16
印 张 15.5
字 数 245 千字
版 次 2023 年 7 月第 1 版
印 次 2025 年 4 月第 2 次
定 价 88.00 元
广告经营许可证 京西工商广字第 8179 号

中国经济出版社 网址 www. economyph. com 社址 北京市东城区安定门外大街 58 号 邮编 100011
本版图书如存在印装质量问题，请与本社销售中心联系调换（联系电话：010-57512564）

前言

长期以来，由于绝大多数中国企业处于产业链低端，品牌符号价值不高，严重制约了自主品牌的产品溢价能力和发展空间。因此，品牌化和中高端发展的核心就是要创建品牌意义，提升符号价值。大量国际知名品牌的成功实践表明，所有强势品牌都是通过在消费者心目中形成根深蒂固的象征意义来保持顾客忠诚。这些品牌除了提供必要的功能优势外，还提供与价值观、生活方式、积极情感等有关的深层意义，从而帮助消费者建立并表达自我。因此，如何加强自主品牌符号与意义建构，提升符号价值，是当前自主品牌发展面临的重大现实命题。

但是，目前有关品牌符号学的理论研究尚存在以下缺憾：大多数文献探讨如何获得品牌一致性，品牌管理（或品牌资产）的研究文献主要集中于象征性功能的探讨方面，虽然承认“意义”对品牌价值的重要性，却没有考虑意义生成的机制。可见，加强自主品牌符号建构理论研究，也是当前品牌符号理论发展的需要。

为此，本书结合自主品牌符号价值提升的现实需要和品牌符号理论研究缺憾，系统开展有关自主品牌形象的符号建构理论与方法研究。全书共八章，第一章是研究背景与研究意义；第二章是品牌形象提升的符号生产与意义生成模型建构；第三章是基于品牌 IP 开发的符号建构与意义传递；第四章是基于网络品牌对话的品牌符号传播与意义建构；第五章是热点识别与热点营销的品牌符号传播与意义建构；第六章是基于情感价值营销的品牌符号传播与意义建构；第七章是网络环境下消费者参与品牌意义共创模式与机制研究；第八章是基于病毒营销的品牌符号网络传播机制与保障机制。受篇幅所限，本书中涉及的相关原始资料并未列全，如需完整资料，可向笔者索取。

本书是课题组成员的集体成果，得到众多领导、同事和学生的积极参与、支持与帮助。首先，感谢西南政法大学张燚教授、重庆文理学院张锐教授、江苏科技大学蒋慧副教授，以及袁萍萍、丁润、吴珊珊、龚政、李冰鑫等硕士研究生的积极参与，协助完成了相关章节的内容。其次，感谢优秀的本科学生对相关热点问题的热情参与和探索，为本书做出了积极贡献。其中，冉晋瑞、李磊、刘欣协助完成“品牌 IP 赋能与延伸：以故宫文创产品为例”；陈光华、亢书和熊颖协助完成“品牌 IP 开发的形成机制与增值机制：基于 9 个品牌 IP 的多案例分析”；罗郸、王霞、刘景伦协助完成“基于网络品牌对话的品牌符号传播与意义建构”；张家超、骆大兴协助完成“热点识别和热点营销的品牌符号传播与意义建构”；宋雨言、隆艳、冉婷、王雨嫣协助完成“基于情感价值营销的品牌符号传播与意义建构”；金路、易思敏、谭绪燕协助完成“基于病毒营销的品牌符号网络传播机制与保障机制”。再次，感谢西南政法大学科研处领导的支持，感谢学校对本书出版的经费资助。最后，感谢中国经济出版社编辑老师的辛勤付出。由于笔者视野和学识水平有限，相关研究尚不深入，难免有疏漏之处，敬请专家、同行批评指正。

编者

目录

01

第一章

研究背景与研究意义

第一节　研究背景与问题提出

近年来，随着中国制造的崛起，自主品牌的产品质量得到明显提升。但我国城乡居民（尤其是中产阶层）的消费层次和品牌意识也显著提高，他们对“洋品牌”的偏爱和对自主品牌的偏见（负面形象）依然根深蒂固，前些年频频爆出的海外“抢购”“血拼”“爆买”等现象更是引发全球人民的广泛关注。可以说，自主品牌偏见极大地削弱了自主品牌的社会使用和消费动力，造成购买力的海外流失，对本土企业发展、民族产业振兴，以及国家经济安全产生了非常不利的影响。因此，在当前传统媒体与新媒体融合的全媒体环境下，如何加强自主品牌的正面形象宣传，实现自主品牌形象由负面符号（如缺乏核心技术、质量差、档次低、象征性差等）向正面符号（如质量大幅提高、核心技术正在突破、高端制造业已崛起等）的转变，是改善自主品牌消费环境，扩大自主品牌消费市场，实现品牌强国战略的重大现实命题。

为此，国务院在《中国制造 2025》中明确提出，“充分发挥各类媒体作用，加大中国品牌宣传推广力度，树立中国制造品牌良好形象”。2016 年 6 月，国务院办公厅在《关于发挥品牌引领作用推动供需结构升级的意见》中进一步提出，“加强自主品牌宣传和展示；坚持正确舆论导向，关注自主品牌意义，讲好中国品牌故事”。2017 年 5 月，国务院批准将每年的 5 月 10 日设立为“中国品牌日”，旨在鼓励各级电视台、广播电台，以及平面、网络等媒体，在重要时段、重要版面安排自主品牌公益宣传，讲好中国品牌故事，提高自主品牌影响力。可见，“提升自主品牌形象”已经上升为国家战略，各类媒体被赋予了重要使命。因此，如何更好地发挥全媒体作用，提升自主品牌形象是当前传播学亟须研究的重要课题。

在商业社会，任何消费都是符号化和有意义的消费。品牌不仅是一种符义建构实践提供了整体操作框架。同时，本书在总结现有文献研究成果的基础上，形成了系统的品牌符号建构规则、方法与传播原则，为自主品牌形象提升的具体元素符号生产与意义传递提供操作指南。本书将有助于为本土企业科学建构和传播品牌符号及其意义，促进消费者准确解读，提升品牌符号价值提供操作方法。

02

第二章

品牌形象提升的符号生产与意义生成模型建构

在商业社会，任何消费都是符号和意义的消费。品牌不仅是一种符号，也是一个符号系统，可以通过在一个类别中与竞争对手相区别，与消费者形成情感联系，并使公司的象征性资产与当代文化趋势保持一致，从而在市场上创造价值（Oswald，2015）。从产品设计和包装，到广告和零售，企业不断从战略上寻求能够对品牌形象、购买可能性、满意度等做出积极贡献的意义（Mick et al.，2004）。对于消费者来说，区别公司的是与品牌相关联的意义、名称、徽标和其他专有符号，他们通过不断获取、使用和分享体验，并按照其对产品、广告、购买网站等的定义进行理解（Mick et al.，2004）。可以说，管理品牌资产就是管理品牌意义或营销符号（Pinson，1998）。因此，研究人员有必要思考：企业品牌意义究竟存在哪些类型或维度，如何创建品牌意义，应该遵循怎样的符号生产模式与规则，消费者是如何感知品牌意义的，在了解品牌意义的过程中会受哪些因素的影响。

国内关于品牌符号学理论的研究起步较晚，成果较少。首先，一个重要原因是长期以来中国企业处于价值链低端，品牌符号价值不高，对品牌符号理论的实践需求不强烈，没有成为一个引起学术界广泛关注的显性学术问题，尤其是营销学术界。其次，品牌符号学是一个多学科的交叉领域，涉及品牌学、符号学、文化学、语言学、心理学、传播学、广告学、设计学、艺术学、美学、营销学、神经科学、社会学等。多学科的交叉领域提高了研究难度和研究群体的分散性。目前，国内对符号学、品牌符号学的研究主要集中于文化产业、文学/文化符号、语言/语义符号，以及品牌名称、标识、字体、广告等，忽视了对品牌符号生产模式、品牌意义创建与转移过程的研究。

品牌符号学在国外拥有悠久的研究历史，取得了丰富的研究成果，且多位学者从不同视角对其相关研究进行了文献回顾。代表性论文有：Mick等（2004）发表的《探究商业世界中意义的意义：基于符号学的营销与消费者研究国际综述》，Oswald等（2006）发表的《市场意义的符号学范式》，

Rossolatos（2012）发表的《结构主义符号学在品牌形象研究中的应用》，Oswald（2015）发表的《市场研究的结构符号学范式：理论、方法与案例分析》，Tierney 等（2016）发表的《品牌意义共创》，Batra（2019）发表的《创建品牌意义：回顾与研究议程》。在国内，也有部分文献从不同视角对国外品牌符号研究进行了综述。比如，李东进等（2013）发表的《产品设计领域的消费者审美体验》、张全成等（2017）发表的《消费者的多感觉交互》、王雪冬等（2020）发表的《数字化时代的品牌意义》、谢志鹏等（2021）发表的《营销中的字体效应》等。总体而言，现有文献尚缺乏关于品牌符号生产与意义生成的文献回顾和整体框架建构。

因此，本书的目的是以前述问题为路径，对国内外文献进行系统回顾，试图厘清品牌意义创建的结构维度与理论基础、品牌符号的生产模式、品牌符号表达的元素工具和传播原则，以及品牌符号意义的顾客感知心理机制、结果变量及其影响因素等，以便系统了解国外品牌符号学理论研究的总体进展情况。在此基础上，探讨品牌符号生产与意义生成模型。

第一节　品牌符号与意义的概念

"符号"（semiotics）一词源自希腊语 sēmeion 或 sign，最初是一个表示症状（symptom）的医学术语（Oswald，2015）。"标记"（signs）逐渐演变为可以代表或表达其他事物的任何要素（Lawes，2019）。因此，它们以各种方式渗透到生活的方方面面，如语言、行为、住所、衣服、手工艺品等。直到 20 世纪初，符号学才由瑞士语言学家 Saussure 和美国哲学家 Peirce 详细开发。Saussure 设想了以语言学为模型的通用符号学，将其命名为"符号学"；Peirce 使用符号学描述标志与思想或逻辑之间的关系。今天，这种范式作为一个整体被广泛称为"符号学"，反映了从语言学转向理解标志和标志过程的主要参考框架（Oswald et al.，2006）。在文献中，术语 semiology 已与 semiotics 互换使用，指代符号科学。semiology 在狭义上是指由符号理论组织的认识论或世界观；符号学的观点超越现象学的形而上学取向，并根据将现象结构化为符号和意义的文化规范来解释现象世界；semiotics 在研究中使用的另外一个术语是 semiosis，是指意义产生的辩证法，包括在任何沟通事件中消费者或说话者自己对符号代码的操纵或执行

（Oswald，2015）。

20 世纪 60 年代，Barthes 将符号学引入营销学科（Oswald et al.，2006）。目前，符号学是理解意义最丰富、最古老的范式之一。符号学方法论可以指导管理品牌规划过程的各个阶段（从消费者研究到品牌定位和创造执行阶段）。具体表现在，符号学可以为一系列营销活动提供清晰的思路和文化背景，包括定性研究的设计和实施、类别竞争分析、品牌定位、市场细分、广告策略、标识、包装，以及零售空间设计等；同时，符号学思维有助于引领创新，引导品牌通过技术和文化变革，在竞争环境中建立差异化品牌，并减轻或防止品牌意义随着时间的推移而自然枯竭（Oswald，2015）。因此，符号是构成品牌资产管理的基础，因为品牌是符号资产，任何消费都是符号的消费。品牌的符号价值是企业为开发出强大、可信赖的商标而付出巨大努力的结果，它为商标提供了与价值观、生活方式、积极情感等有关的深层意义（Oana，2014）。由此可见，作为一种观点、概念和工具的组合，符号学为理解品牌、营销和消费者行为中的传播与意义提供了新的见解（Oswald et al.，2006）。

符号的本质是意义。品牌意义（brand meaning）被视为品牌的完整网络，是指在消费者与品牌之间的互动，以及在品牌传播（包括不受营销人员控制的传播）过程中产生的消费者心目中的联想（Keller，2003），包括质量及个性、价值观、群体和民族 / 民族认同、家庭和民族传统等的象征性（Strizhakova et al.，2008）。品牌可以通过多种方式获得文化意义，包括典型消费者、雇员、品牌领袖、与产品相关的属性、包装、徽标、产品类别关联、品牌名称、广告信息、样式、拟人化、价格和分销渠道等（Aaker，1997）。品牌的潜在意义是指消费者可以通过使用特定的方式表达和表示想法的程度（Bezemer and Jewitt，2010）。

第二节　品牌符号生产与意义生成的理论基础

品牌符号生产需要遵循文化人类学、审美心理学以及语义学理论，因为这些理论是消费者语义携带及其品牌符号感知和意义生成的主导逻辑，是建立共同话语、产生共鸣的基础。

一、文化人类学

文化人类学（cultural anthropology）是研究人类各民族创造的文化，以揭示人类文化的本质。文化以两种方式构成现象世界：首先，文化是个体观察现象的“镜头”，它决定了如何理解和吸收现象；其次，文化是人类活动的“蓝图”，它决定了社会行动和生产活动的坐标，规定了由两者产生的行为和对象（McCracken，1986）。作为镜头，文化决定了个体如何看待世界；作为蓝图，文化决定了人类的努力将如何塑造世界。简言之，文化通过赋予世界意义来建构世界，这个意义可以用文化范畴（cultural categories）和文化原则（cultural principles）两个概念表征（McCracken，1986）。

1. 文化范畴

文化范畴是意义的基本坐标，代表了文化用来划分现象世界的基本区别。时间、空间、自然和人的文化区别构成了巨大的类别，创造了一个组织现象世界的区别体系（McCracken，1986）。比如，自我就是文化在人类社会中创造的阶级、地位、性别、年龄和职业的区别。每种文化都建立了自己独特的世界观，从而适用于一种文化背景下的理解和规则，可能不适用于另一种文化背景。总之，文化通过赋予个体特殊的意义，“构成了”文化世界或一个面向消费品的意义世界。

2. 文化原则

文化原则，是指允许所有文化现象被区分、排序和相互关联的章程假设。如果文化范畴是一种将世界分割成离散片区的文化，那么文化原则就是执行分割依据的组织理念。因此，意义存在于如何组织、评估和解释文化现象的思想或价值观中。消费者如何通过文化感官展示自己，完全由其文化信念与假设塑造和决定（McCracken，1986）。

二、审美心理学

1. 进化心理学

进化心理学（Evolutionary Psychology，EP）认为，男性气质和女性气质可以通过人类的身体特征推断出来，如使用来自异性的某些线索作为选择有价值伴侣的标准，而此种择偶原则也会影响人们的信息处理，并在人们的大脑中根深蒂固（Buss，1994）。消费者也会遵循同样的审美评价标准，判断产品的女性特征和男性特征。因此，产品也是有性别的，包括女性产品性别和男性产品性别（Seckler et al.，2015）。在判断产品性别时，外观是强有力的指标。产品的整体视觉感是通过不同的设计元素（如形状、比例、材料、颜色、反射性、装饰和纹理等）创造出来的（Bloch，1995）。通常，性别表达强烈的品牌往往非常受欢迎，具有强烈女性气质或男性气质特征的产品表达不仅可以传达相同的象征意义，而且具有强烈性别认同的产品会产生更大的情感和行为反应（Lieven et al.，2014）。

2. 审美三要素

审美三要素（the aesthetic triad），是指以大脑中的感知运动环路、情绪效价环路、知识意义环路为基础，通过其功能属性和相互作用，实现审美活动和意义加工（Chatterjee and Vartanian，2014）。其中，感知运动环路是大脑中处理与个体知觉、感觉和运动系统相关的脑区；情绪效价环路是大脑中处理与需要、情绪和喜爱相关的脑区；知识意义环路是大脑中负责存储和提取与审美相关的文化背景、专业知识的脑区。个体在对产品审美时，首先需要对审美对象和周边环境进行基本感知特征识别，尤其是对产品设计进行初步感知；其次，由情绪效价环路进行情绪、情感深加工，由感知对象及环境引发喜、怒、哀、惧等情绪反应，继而产生喜爱、信任、依恋等情感。在审美过程中，消费者还会提取长时记忆中的相关知识，唤醒自身对产品设计的相关认知和感受，与现有审美对象相结合产生独特的审美体验（Chatterjee and Vartanian，2014）。

3. 视觉流畅性理论

视觉流畅性理论（visual fluency），是指受众处理视觉刺激的难易程度（Oppenheimer，2008），即个体识别目标对象时感受到的难易程度。该理论认为，与不容易处理的视觉刺激相比，消费者更喜欢容易处理的视觉刺激（Oppenheimer，2008）。研究表明，感知流畅度的提高对审美评价具有正向影响（Arnaud，2018）。具体而言，高美感的产品设计比低美感的产品设计更容易处理，即当产品设计越具有高美感时，消费者对产品的识别越容易；如果容易程度是出乎意料的，那么这种正向影响被称为“美丽”（Reber et al.，

2004）。

4. 格式塔理论

格式塔理论（cestalt psychology），是指人类经验和行为的整体性，所有事物的整体都大于各个部分，不能通过孤立分析各部分来推导整体属性（Koffka，1922）。将格式塔理论应用到审美心理学中，即认为消费者在视觉上是感知并识别出产品的整体形式，不是识别组成整体的单个部分，且产品的形式都是消费者在知觉上进行组织和构建的结果，而不是产品本身就有的（Koffka，1922）。例如，Dena 和 Anthony（2002）与 Post 等（2016）利用格式塔理论解释了消费者对产品整体性的审美感知，继而生成对产品整合性的评价，判断产品是否具有统一性、多样性、复杂性、简洁性、独特性和原型性等。

三、语义学理论

1. 概念隐喻理论

概念隐喻理论（conceptual metaphor theory）是由 Jakobson（1960）通过对失语症的研究提出的。"隐喻"是指通过两种事物之间的相似性，将一种事物同另一种事物联结进而以此代彼，它能帮助人们通过一个现象理解另一个现象（Davies and Chun，2003）。在营销领域，隐喻与品牌之间的联系极为密切。通常消费者对品牌形象的感知通过品牌个性的隐喻进行，与人一样，品牌也可以有情感、有个性，拟人化的隐喻能够将品牌与人的交流沟通模式变得像人与人沟通一样自然，通过选取适当的广告代言人等方式，品牌个性能为消费者所欣赏或与消费者的个性产生对应关系，使消费者更加欣赏该品牌（Rossolatos，2012）。

（1）生成过程。隐喻的生成可以划分为出生、休眠、活跃、死亡 4 个阶段（Davies et al.，2003）。具体而言，隐喻在企业端的创造过程，即出生阶段；在创造到使用的时间段，由于接触时间较为短暂，消费者对品牌隐喻的认知尚处于初级阶段，此时隐喻便处于休眠阶段，这一阶段的长短取决于消费者对隐喻联结的两种事物之间的共同属性是否熟悉；当隐喻激发起消费者的丰富联想时，隐喻处于活跃阶段，这个阶段消费者的联想会受元认知的影响，表意效果因人而异；当品牌隐喻为消费者所熟知并上升到元认知时，隐喻便处于消亡阶段（Merrilees et al.，2012）。

（2）认知机制。消费者对隐喻的认知体现在认知来源、认知过程和认知结果上。隐喻的认知来源，是指消费者对某一隐喻的感知程度受多种感官刺激输入的影响（多模态）。隐喻的认知过程，是指隐喻的加工和理解受到个体是否具备类比推理技能的影响。关于隐喻的认知结果，有关研究发现，抽象隐喻能引起消费者注意，当较难解读的某些隐喻为消费者所破解时，他们会产生相应的积极情感，引发对品牌的积极认知（Dehay et al.，2019）。同时，隐喻还能激发消费者的创造性输出，并产生两种结果：一是消费者可能会帮助并参与品牌的价值创造过程；二是通过恶搞，对品牌形象产生负面影响。

2. 语义修辞学

Durand 将隐喻、转喻（metonymy）、寓言（allegory）、夸张（hyperbole）等修辞手法分为五种操作，分别对应组合轴的重复（repetition）、附加（adjunction）、替代（substitution）、压制（suppression）、交换（exchange），以及聚合轴的相同（identical）、相似（similar）、对立（opposed）、差异（different）、虚假同源（falsely homologous）等关系，产生了功能意象的语法背景（Rossolatos，2012）。修辞手法的本质究竟是什么，如何通过这些手法将含义从刺激（如广告）转移到品牌中？对此，受 Saussure 结构主义观点的启发，Cossette 提出了一个简单的方法，规划广告或功能形象的过程，以阐释品牌形象是如何通过广告传播创造的。Cossette 在 Saussure 结构主义符号学范式理论（包括能指与所指、历时与共时、横组合与纵聚合）的基础上，强调了符号对受众可及性（accessibility）和可理解性（comprehensibility）的重要性，并建立了一些规则，从而使符号化的单位被连接起来。他将“指称”定位在自然语言中，把能指与所指严格地联系在一起；将“内涵”定位于神话和象征的能指上（Rossolatos，2012）。目前，语义学和修辞学已被广泛应用于广告、品牌名称、故事、产品说明文案、包装文案等领域。

第三节　企业品牌意义创建的类型与维度

企业究竟应该为品牌创建哪些意义，消费者又会解读出哪些深层次的意义？除 McCracken（1986）系统探讨了品牌意义的类型或维度外，几乎所有研究者都将更广泛的品牌意义与较窄的品牌个性混为一谈，仅使用 Aaker（1997）开发的品牌个性工具测量品牌符号建构的效果或结果（Strizhakova et al.，2008）。Batra（2019）认为，如果研究目标是衡量较窄的品牌个性，那么使用品牌个性框架和量表无疑是合理的，但是当我们试图衡量品牌意义时，必须超越品牌个性。为此，Batra（2019）在综合已有文献的基础上，将品牌意义的类型或维度概括为以下 5 个方面。

一、品牌人格

品牌人格就是品牌个性，是一个特定品牌拥有的拟人化特征。与满足消费者基本功能需求的“产品相关属性”不同，品牌个性主要为其提供象征或自我表达的功能，包括实际自我、理想自我或自我的特定维度（Aaker，1997）。Aaker（1997）提出了品牌个性的 5 个维度，即真诚（sincerity），包括务实（down-to-earth）、诚实（honest）、健康（wholesome）和快乐（cheerful）；刺激（excitement），包括大胆（daring）、精神饱满（spirited）、富有想象力（imaginative）和时尚（up-to-date）；胜任（competence），包括可靠（reliable）、聪明（intelligent）和成功（successful）；精明（sophistication），包括上流（upper class）和迷人（charming）；耐用（ruggedness），包括户外运动（outdoorsy）和坚韧（tough）。品牌形象属性通常通过品牌个性的隐喻在营销话语中表现出来，如通过品牌广告中的名人表现出来，顾客更容易欣赏品牌的情感价值（Chernatony，2006）。品牌个性与实际消费者或品牌顾客个性的对应关系产生了所谓“品牌—自我一致性”假说（Parker，2009）。研究表明，消费者实际或理想的自我个性与品牌个性的一致性越高，其对品牌的偏好程度就越高（Malhotra，1988）。

二、文化意义

根据 McCracken（1986，1989）的研究，文化意义（cultural meanings）包括文化类别（一种使世界分裂的文化区别，如阶级、性别、地位、年龄等）和文化原则（创建类别依据的想法，类似维度）。例如，“男性 / 女性”类别的差异可能意味着微妙和力量的原则 / 维度，而“上下社会阶层”类别可能意味着优雅和粗俗的维度。McCracken 提出了一些“文化意义”维度的测量标准，如“地方”意味着放松；“家庭”包含妈妈、养育、营养、成长的意义维度；

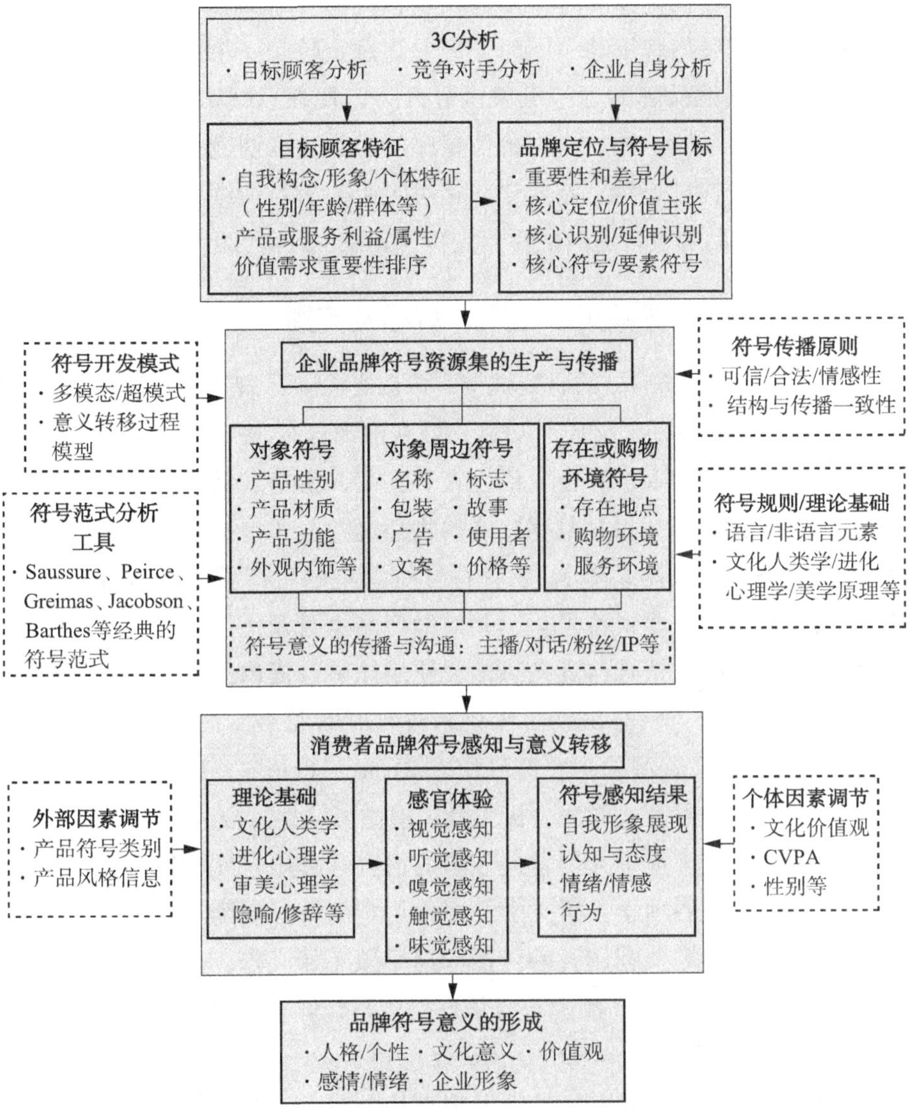

图 2-1　品牌符号生产与意义生成模型

发挥作用，即意义的生成取决于所有提示和情境的共同作用（McQuarrie and Phillips，2016）。但前提是这些元素符号必须与品牌的整体意义或定位保持一致（Batra，2019）。Rossolatos（2012）进一步指出，品牌由一个金字塔型的结构组成，包括属性、利益、价值和隐喻投射的品牌个性。将金字塔各组成部分以简洁明了的方式汇集在一起的叙述便构成了品牌承诺（或品牌定位声明、品牌使命声明），也称为“主品牌叙事”。其目的是充实独特的品牌定位，建立品牌识别。可见，在品牌规划过程中，提前开展品牌符号研究将有助于制定、阐明或扩展品牌策略。同时，需要注意定位是一个比较的概念，需要与给定类别中其他品牌的独特形象区分开，以便在目标市场中建立差异化。就像一般的价值系统一样，作为价值星座的品牌也在演变，因此其定位是动态的，需要根据其显著性、差异化和相对吸引力进行持续监控，并根据动态的市场变化，对品牌进行适时的重新定位（Rossolatos，2012）。

二、品牌符号资源集的生产、转移及传播

参照 Mick 等（2004）的研究框架，可以把企业品牌符号资源集划分为对象符号（包括产品性别、材质、功能、外观内饰等）、对象周边符号（包括名称、标志、包装、故事、广告、代言人、文案、价格、品牌领袖、员工、设计师、典型消费者等）和对象存在或购物环境符号（包括产品存在地点、购物环境或服务环境、网站等）。品牌符号资源集的生产就是将所有能体现品牌定位或核心识别的要素符号化，并借助产品本身及传播手段，为消费者的品牌符号信息获取、符号与意义感知、使用体验等提供连贯和一致的丰富线索。根据品牌定位，核心识别具体化为各种感官符号（视觉、听觉、触觉、味觉、嗅觉）。符号资源的生产应利用 Saussure、Peirce、Greimas、Jacobson、Barthes 等经典的符号范式作为分析工具，遵循可信性、合法性和情感性原则，遵守现有社会文化环境中人们普遍理解的语言和非语言元素符号含义，以及文化人类学、审美心理学、语义学等理论约定的符号规则。在符号资源开发的基础上，企业还需要利用各种传播沟通手段（如广告、品牌社群、大众点评、自媒体平台等），提高品牌符号信息对于目标顾客的可及—可理解性，从而提高消费决策过程中品牌属性信息回忆的可接近—可诊断性。

从符号传播的视角来看，品牌识别不是一遍又一遍重复相同的信息，而是通过定制的不同品牌叙事重复主品牌叙事，从而在不同的传播沟通中保持一个有意义的核心。主品牌叙事体现了品牌潜在的深度语法，而表面品牌叙事则构成了品牌的多种表现形式。借助深度语法，一个品牌由不可变的元素和独特的语法组成，通过该语法使这些元素组合在一起，形成差异化的品牌代码。越是精心制作，复制一个品牌的深度语法就越不容易，因为它被各种各样的转换所掩盖。因此，品牌识别的维护还必须与表面语法和转换原理相结合，从而使主品牌叙事锚定在独特的表面品牌叙事中（Rossolatos，

2012）。一个品牌的语言正是由逻辑连贯的文本（定位声明或主品牌叙事）和形象化话语（广告执行）之间的相互作用组成的（Rossolatos，2012）。

三、消费者品牌符号感知与意义生成

虽然是企业发起了品牌化过程（企业品牌化作为一种输入方式代表预期定位），但是品牌的实际定位、核心形象或识别存在于消费者心目中（消费者品牌化作为一种输出方式代表实际定位），输入和输出越一致，表明企业品牌符号与意义建构效果越好；两者的差距（也称“异常定位”或“异常解码”）越大，表明品牌符号与意义建构效果越差。因此，消费者品牌符号与意义感知状态（如强弱程度、一致性水平）是判断企业品牌意义创建成功与否的标准。文化人类学、进化心理学、美学、概念隐喻等理论中约定的符号认知规则，不仅是企业符号资源生产需要遵守的基本原理，也是消费者进行品牌符号感知、理解和解释的基本规范。因为任何符号和意义都是锚定在整个社会的认知中，具有很强的社会性、历史性和意识形态性。消费者对品牌符号与意义的感知是通过视觉、听觉、嗅觉、触觉、味觉中的一种或多种感官的交互完成的。因此，了解感官背后的心理或神经机制是深入理解和指导品牌符号与意义建构的重要理论基础。消费者的品牌符号与意义感知会产生认知与态度、情绪/情感等心理反应，并通过消费行为来展现自我形象，满足个体价值需要。消费者品牌符号与意义感知受到产品风格信息（传播渠道和策略）、产品符号类别，以及社会文化规范等外部因素的影响，同时还受到文化价值观、产品视觉美感中心性（CVPA），以及性别等个体因素的影响。因此，理解消费者品牌符号与意义感知的心理机制及其影响或调节因素，有助于指导符号生产与意义创建。

综上所述，基于预期品牌定位、品牌符号资源开发、消费者感知的实际品牌定位过程，最终将在人格/个性、文化意义、价值观、感情/情绪和企业形象意义等5个方面形成实际的品牌符号意义。品牌意义的表象和表达根本上取决于符号资源集的相互作用。从这个意义上讲，品牌符号学理论不仅为理解什么是品牌，它是如何形成的，什么是品牌形象和品牌符号价值，为什么品牌核心识别在维持长期品牌联想中很重要，以及如何识别和绘制构成品牌意义的不同层次提供了新思路，而且也为品牌形象的长期建立和维护提供了新的工具与方法。

03

第三章

基于品牌 IP 开发的符号建构与意义传递

随着创意经济的崛起，资源要素的整合与再配置使得产业边界日益模糊，不断涌现出新兴业态。品牌IP化就是在这种背景下诞生的一种新型营销方式。商业品牌在这个时代需要IP化，一个品牌IP的成功推广将会通过文化输出与价值输出两个方面让顾客产生价值认同和角色认可，从而实现粉丝效应及粉丝经济（谢俊陶，2018）。品牌IP通过有趣、娱乐化的话题使顾客产生共鸣，品牌与顾客的共鸣有助于平衡品牌关系的有形层面，能够为企业创造价值。在影视和网络文学领域，优秀作品通过IP开发让人物形象更加深入人心，很容易聚集粉丝形成粉丝效应，同时还可以被改编成多种形式，实现原作品价值最大化（张英奎等，2018）。在游戏领域，游戏开发商以热门IP为基础进行游戏开发，有效弥补了游戏生命周期短的劣势，增强了玩家的代入感和认同感，极大地提高了游戏产品的成功率（张俊，2017）。故宫文创作为一种富含人文内涵、注重感知体验的文创产品开发，其核心是文化和创意，两者相结合的外显形式就是品牌IP（陈沐阳，2017）。故宫文创的品牌IP化不仅有助于保护和开发特色文化资源，而且有助于丰富和完善旅游产品的内涵及价值，从而带来更好的经济、社会和文化综合效益。"故宫淘宝"在推出产品的包装上加入故宫元素，使用皇帝、大臣、宫女等趣味化的形象进行语言上的调侃，通过有趣、娱乐化的话题让顾客产生共鸣，让品牌亲民化，从而使推出的产品迅速走红。可以说，故宫文创就是品牌IP化成功的典范，通过一系列IP打造手段，利用粉丝群体享受旅游、体验历史文化等心理，掀起了一波又一波的文化旅游热潮，挖掘和升华了独特的历史文化内涵，达到了传播历史文化、增进对历史文化了解、增强民族文化自信等效果。

由此可见，品牌IP化是品牌符号建构与意义传递的重要策略，对传统品牌转型和新生品牌兴起具有重大意义。品牌究竟如何IP化？如何通过品牌IP化有效建构品牌符号，传递品牌意义？为了回答这些问题，本章将分别以单案例和多案例进行研究，探讨品牌IP的内容开发、赋能与延伸，以及品牌IP开发的形成机制与增值机制，达到既丰富品牌符号学理论，又为其他自主品牌的 IP 开发提供经验的目的。

第一节 文献探讨

一、IP 的内涵及特点

1. IP 的内涵

2011 年，腾讯首次提出打造以 IP 为核心的“泛娱乐”构思，即以 IP 授权为轴心，游戏运营和网络平台为基础的跨领域、多平台的商业拓展模式运营腾讯互娱，并将“泛娱乐”定为腾讯互娱的战略方向。自 2014 年起，以 BAT 为首的各大企业开始引入 IP 模式，致力于打造具有长期生命力和极高商业价值的内容，IP 的发展势头逐渐扩展到游戏、动漫、文学、影视、主题乐园等多种关联业务的品牌产业链上。中国传媒大学广告学院将 IP 划分为硬 IP 和软 IP：硬 IP 是基于技术领域的专利，软 IP 侧重于将文化产业领域与实体经济相结合。IP 在网络领域是指网络之间互连的协议，在法律领域是指知识产权。据百度百科介绍，IP 是 Intellectual Property 的缩写，字面粗译为“知识产权”，特指具有长期生命力和商业价值的跨媒介内容运营。谢俊陶（2018）将 IP 定义为包括音乐、文学和其他艺术作品、发现、发明，以及一切倾注了作者心智的语词、短语、符号、设计等被法律赋予独享权利的“知识财产”。吴声（2016）认为，IP 是具有高品质内容的知识产权。王世颖（2016）指出，凡是有内容、有一定知名度和一定粉丝群的文化产品或文化产品碎片都是 IP。因此，判断一个内容是不是 IP，要看它能否凭借自身的吸引力，挣脱单一平台的束缚，在多个平台上获得流量，进而实现分发。

2. IP 的特点

IP 具有 5 个特点。一是流量，即一个好的 IP 形象的形成需要 5～10 年，到其真正成熟时会积累大量粉丝，也就是流量。流量为其推出 IP 系列产品奠定了基础（张倩，2018）。二是产权，即一个成功的 IP 需要通过盈利体现其商业价值，同时又可以通过其理念，以及所要传播的价值观、文化精神对个人的价值观念、精神取向产生影响（石章强，2018）。IP 具有的产权属性将为其带来不可估量的价值，这是 IP 的法律属性，也是 IP 的经济属性。三是内容，这既是 IP 的基础，也是 IP 的主要输出形式。文化信息在传播的过程中不可避免地会对消费者的精神思想产生影响，因而需要开发受到观众认可且契合品牌意义的 IP 内容。四是人格，品牌人格化很好地利用了根植于消费者心中的一种意识，将冷冰冰的消费过程转化为生动有趣的沟通过程，与消费者建立密不可分的关系（赵正，2018）。五是势能营销，即 IP 可以通过情感营销、场景营销、跨界营销实现其价值变现。情感营销可以以情感温度实现人物连接；场景营销可以通过仪式感使参与者疯狂，达到集体无意识的状态，从而实现成功的营销；跨界营销可以通过价值转换达到产品衍生、品牌衍生的目的，跨界内容的生命力和商业价值无疑是巨大的（陈历清，2018）。

二、品牌 IP 的内涵、运营及现状

1. 品牌 IP 的内涵

根据 IP 的定义，结合品牌的诠释，品牌 IP 就是品牌知识产权，是典型的软 IP。根据前文所述，IP 是一种新人格，它通过产品销售将蕴含的价值理念深入消费者内心，让消费者感知 IP 的存在。"故宫淘宝"、熊本熊等品牌虽都不是具体的人物，但就像生活在消费者周边的人一样，植根在消费者心里。它们有性格、有价值观，这些品牌就是互联网生态下的 IP。谢俊陶（2018）认为，塑造品牌 IP，既是挖掘品牌的价值和追求文化的认同，也是品牌人格化的过程。例如，"故宫淘宝"将传统文化与实体经济相结合，脱离故宫博物院的刻板印象，变得有趣、呆萌，有效诠释了品牌文化内核。企业可以通过势能营销将蕴含于品牌 IP 内容中的能量释放或转化，将品牌理念灌输到消费者日常生活中，与其建立有温度、有情感的连接，通过产品及品牌衍生使品牌渗透到人们生活方方面面，产生价值转移。

2. 品牌 IP 的运营

IP 营销是指在进行 IP 化运营的情景下通过聚集粉丝顾客以实现其商业价值（王若鸿，2018）。IP 运营是培养带有品牌特色的人格化 IP。IP 产生形象，通过被赋予的价值主张及话题热度，给特定的人群（这里指粉丝）带来

好感，使其产生情感共鸣，从而使受众产生价值认同和角色认可。IP 化运营可以分为两个阶段：第一阶段是将 IP 放大，通过直播、聊天软件、App 等互联网平台将好的创意、好的内容发布给目标顾客；第二阶段是通过各类营销手段，如转发集赞、活动抽奖等方式聚集粉丝，培养顾客与 IP 的情感以实现商业价值变现。在 IP 形象具有一定影响力后，便吸引粉丝对 IP 化运营推出的新产品、新品牌进行投入性、主动性消费。IP 营销始终以受众与市场需求为导向，所以营销者需要时刻关注社会潮点、热点、心理等元素。营销人员必须有目的地赋予品牌文化意义，使之与文化多样性的消费者产生共鸣。产品内涵、品牌个性和消费冲动性都会对消费者购买行为产生影响，产品越能反映消费者的形象，品牌个性越能迎合消费者的需求，消费者就越能产生消费欲望。品牌 IP 化可以通过聚集大量粉丝进行品牌管理，实现品牌溢价，从而扩大品牌经济效益。经典品牌 IP 塑造需要有效的口碑营销，消费者可以在平台上展示自己拥有的产品，也就是品牌自拍，借此扩大品牌宣传效应。企业和消费者能够通过品牌自拍在社会媒体上共同创造品牌意义，不同类型的品牌自拍能够在空间和时间上扩展品牌体验，并将其转移到消费者界定的社会网络混合空间中（Presi C，2016）。

3. 品牌 IP 的现状

品牌 IP 化可以提升品牌竞争力，而 IP 运营则为品牌带来不可小觑的价值和影响力。在 IP 热的互联网生态下，新兴品牌自带 IP 基因，传统品牌则亟待 IP 化的转型升级。袁航（2018）提出，传统品牌通过跨界营销与 IP 结合能使产品卖得更好，二者合作的基础需要考虑 IP 的知名度、曝光度，以及品牌与 IP 的契合度。IP 开发、利用理念引导内容生产，既是对品牌 IP 跨平台领域的开放式开发与拓展，也是对品牌公信力的再次升华，因此品牌与 IP 如何结合才能实现共赢是十分值得研究的问题（高俊峰，2017）。

综上所述，现有文献尚缺乏有关品牌 IP 形成、增值及品牌符号意义建构的深入研究。本部分拟通过单案例和多案例研究，集中探讨品牌 IP 是如何通过内容开发、赋能与延伸，促进品牌 IP 形成和增值的，以及如何实现品牌符号传递与意义建构等，以期为品牌 IP 理论添砖加瓦，并为后期定量研究奠定基础，同时为新兴品牌和传统品牌的 IP 化实践提供经验借鉴。

第二节　品牌 IP 赋能与延伸：以故宫文创产品为例

一、品牌 IP 内容开发与运营

1. 品牌 IP 内容开发

传统意义上的品牌侧重强调母体和渠道，而 IP 侧重内容、方式和持续性价值的创造。二者最大的区别在于：品牌始终需要依托一个具体的产品或服务；IP 则是一种文化和价值观，反映的是跨形态的价值认同。在文化旅游领域，基于已有品牌的 IP 化打造是获得更优投资回报率（ROI）的有效途径，尤其在新媒体环境下，IP 逐渐演化为一个强调内容主题，能够吸引特定人群注意力的宽泛概念（袁伟伟，2017），因此，品牌需通过开发，衍生出适应消费者需求的 IP 产品（王瑾，2017）。可见，IP 开发需要以优质的内容为基础，从深耕内容、创新驱动、缩短感知距离等 3 个方面开展。

（1）深耕内容。深耕内容是指从现有文化资源中挖掘出拥有持续商业变现能力的内容，包括以下 4 个方面。①人格化打造：给现有文化资源贴上人格化标签（人设、三观、形象、时代背景等），使其在消费者心中树立清晰的形象，以其标志性的价值观起到号召作用。②差异化打造：与普通产品不同，文化遗产本身拥有独特的文化底蕴，需要在内容上挖掘其典型元素，从内涵和表现形式两个方面进行差异化打造。③匠心化打造：将匠人精神运用在内容打造上，把品质放在第一位，通过好的产品满足市场需求、培养粉丝、形成口碑效应。④情感化打造：打造能引发旅游消费客户群体情感共鸣的内容，使其从情感层面产生旅游动机，以及购买其延伸产品的消费动机。可见，提炼出能够匹配消费者特性的内容是成功进行 IP 开发的核心条件。

（2）创新驱动。从创新角度进行内容开发主要是用新技术发展旅游业，采用信息技术提升旅游产品质量和服务质量（Poon，1993）。文旅地品牌 IP 的创新驱动需要运用文化符号和技术手段来实现。首先，文化符号作为文化内涵的重要载体，是独特文化的抽象体现，其表现形式有名称、口号、标志、营销文本、旅游标识等。打造文化符号的关键在于文化提取、文化再现、创新和谋求认同。通过表面呈现文化符号，提炼文化内核实现自身独特性，避免与其他文化资源或符号同质化。其次，技术手段是指运用前沿技术，如虚拟现实（VR）、增强现实（AR）等革新中华优秀传统文化创造性转化的整合传播途径，通过线上、线下、现实、虚拟等方面的有机结合来实现，以增强消费者的场景体验感，从而对内容的挖掘和感知距离的缩短起到支持作用（Tussyadiah et al.，2018）。

（3）缩短感知距离。积极的游客感知能使旅游者产生参观动机，并对旅游遗产地产生期望（Poria et al.，2003）。大量研究表明，距离能影响旅游者的空间感知和行为意向（Walmsley and Jenkins，1992）。比如，Cadwallader（1981）建构了认知引力模型（cognitive gravity model），发现感知距离比实际距离更能影响游客的旅游意愿、旅游目的地选择和出行方式。Lin 等（2008）的研究发现，通过认知距离估计可以预测游客的旅游意向。曹晶晶等（2018）将旅游感知距离划分为文化距离、时间距离和社会距离；感知层面的空间压缩将使目的地的实际距离与旅游者心中的感知距离发生偏差，感知距离的缩短会对旅游者的行为有促进作用。文化距离包括宏观和微观两个层面的内涵：宏观层面是指任意两个国家在文化规范和实践上存在差异的程度；微观层面是指不同地域或不同民族的文化差异，主要受旅游者所处的文化环境、个人素质、感知方式等因素的影响。时间距离是指人们以当下的时间点为基准，对事件发生的时间与自身关系远近的感觉和知觉（曹晶晶等，2018）。社会距离反映了个人与其他异质性群体之间关系亲密或疏远程度的心理状态。社会距离在旅游学中可以理解为旅游者与目的地居民之间的个体或群体差异。由此可见，文化遗产品牌 IP 开发的目的是通过特定营销策略缩短文化距离、时间距离、社会距离，从而缩短旅游者与目的地之间的感知距离，以提高旅游目的地对旅游者的吸引力。

2. 品牌 IP 运营

与传统文化产业依靠基础设施投资和景观营造吸引游客不同，文化遗产品牌 IP 运营是通过文化资源的 IP 化开发，形成系列产品或服务以获取更大的附加价值。这意味着文化遗产品牌 IP 运营需要从赋能和延伸两个方面实施。其中，IP 赋能是指将 IP 开发出的内容赋予可以吸引客户、留住客户、培养认同、创造价值的能力；IP 延伸，也可理解为“IP+”，就是“自身 IP+ 其他

IP"。IP 延伸并不是简单的两者相加，也不是任意 IP 都可以相加，而是拥有共利点的 IP，对共利点进行加工，促使双方或多方 IP 达到深度融合，以拓展品牌影响力的深度和宽度。

（1）IP 赋能，包括内部的产品开发和外部的粉丝培养两个方面。

一方面，产品开发是将内容产品化。文化遗产首先可形成一个具有代表性的标识，它可以是故事情节、动漫人物、漫画或者是一个名称或符号，再打造具有标志性的产品。比如，故宫推出故宫文创，将文化内涵赋予文创产品。文创产品因故宫这个超级 IP 而广为人知，故宫也因文创产品拉近了与受众的心理距离。文化遗产要做的是将这个标识以产品和服务为载体进行推广，提高文化遗产品牌 IP 在消费者心中的认知度；同时，对文化内容进行创新打造，持续形成营销爆点，提升顾客对文化遗产品牌 IP 的认可度。

另一方面，粉丝培养是将一般消费者转化为对 IP 产品有强烈偏好的粉丝。粉丝是指"在疯狂中领会天意"，而后演变为"极其热忱""忠实的追随者"。未来的历史文化旅游消费绝不是狭义的"旅游"本身的消费，而是通过 IP 赋能形成的多元化综合性消费，进而实现从消费文化遗产到消费 IP 的过渡。粉丝在进行消费决策时，不仅会考虑产品的功能利益，也会考虑其情感利益、自我表达和社会性需求（Redden et al.，2000）。当粉丝对 IP 认同又对产品感到满意时，就会帮助推广产品，在互联网环境下开展病毒式传播，能迅速扩大 IP 影响力，由此通过受众与内容、受众之间的双重互动，使之产生情感认同（董妍，2016）。只要积极利用各种网络媒介与顾客互动，重视顾客反馈，就能形成良好的口碑传播及粉丝效应。

（2）IP 延伸，包括 IP 融合和 IP 授权两个方面。

一方面，IP 融合是突破本领域的局限，将 IP 进行跨界组合。拥有共利点的 IP 可以进行跨界打造，其共利点主要体现在三个方面。一是气质匹配，是指两个 IP 具有相似的外形特征或气质属性。如动漫人物 IP"小黄人"和"小黄车"，两者在外形特征上相近，气质上"小黄车"强调的轻松与"小黄人"的欢乐气氛也吻合。二是功能互补，是指两个或两个以上代表消费者不同需求的 IP 结合，实现功能上的延伸。如"网易云音乐"和"农夫山泉"这一听觉和味觉的结合更富新颖性，"网易云音乐"获得了流量的曝光，"农夫山泉"的形象也因为音乐元素的加入而变得更加丰满。三是生活化，是指将 IP 与更加接地气的产品组合，从而使传播更普及。如"优衣库"和"UT"的 IP 跨界合作。现有的 IP 融合更多的是作为一种营销事件，未来的 IP 融合则会深入产品定制，作为一种常态化的新产品策略来推进。品牌 IP 受其文化因素的影响，已经具备独特的气质，可以根据气质特点选择与之匹配的 IP 融合途径，最终实现“1+1 > 2”的效果。

另一方面，IP 授权是通过买卖或租用，将知识产权变现。IP 授权已经由狭义的“衍生品授权”发展为拥有系统分支的授权体系。在文化产业领域，IP 授权包括经济和文化两个维度；授权行为不仅有变现功能，还有传承、发扬文化的功能；将自身 IP 授权给其他承载体，承载体可以根据 IP 内容和形象进行包装与内涵创作，增加出品物所需的情感和符号等。

3. 品牌 IP 开发综合模型

通过上述分析可知，文化遗产的品牌 IP 化是在品牌形象定位的基础上，通过品牌 IP 内容开发和品牌 IP 运营两大机制实现的。品牌 IP 化对品牌形象具有定位作用，而品牌 IP 内容开发和品牌 IP 运营对品牌意义具有促进作用。

（1）品牌形象定位作用。品牌形象定位是品牌 IP 化的基础，对品牌 IP 内容开发和品牌 IP 运营起支撑作用。品牌形象定位从品牌意义和符号认知两个方面进行，使文化内涵得以明确。

（2）品牌 IP 内容开发对品牌意义的促进作用。文化遗产品牌 IP 的内容开发以创新驱动手段为支撑，以缩短感知距离为主要目标，坚持人格化、差异化、匠心化、情感化，深耕内容，使人们在感受博大精深的中华文化的同时，近距离了解文化遗产的风土人情、生活方式和语言，加深对文化遗产品牌的认同，进而更好地了解、喜爱、尊重、认同中华文化，传播中华文化，并提升自身的文化修养。

（3）品牌 IP 运营对品牌意义的促进作用。文化遗产的品牌 IP 运营需要充分发挥互联网时代的技术优势，提高文化遗产的传播效果、品牌形象和文化影响力，增强对游客的吸引力；通过 IP 赋能发挥文化遗产的优势，打造 IP 产品，形成自己的 IP 粉丝群，充分发挥粉丝效应对品牌形象的驱动作用，实现品牌快速成长；同时，通过 IP 延伸增加跨界合作机会，让历史走进生活，从而更好地保护和开发历史文化资源，带来经济效益和社会效益。综合上述 IP 开发的驱动因素分析，可初步构建文化遗产品牌 IP 开发综合模型（图 3-1）。

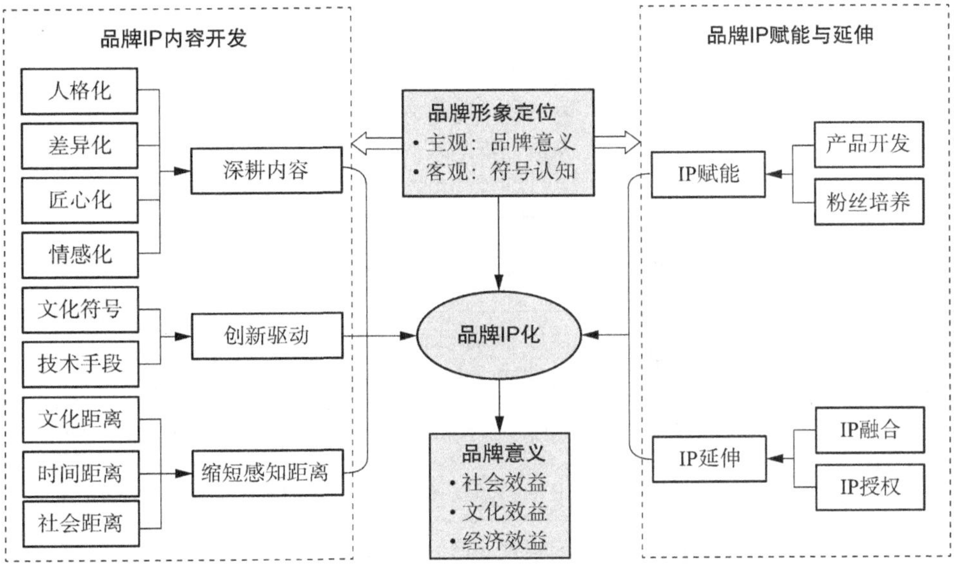

图 3–1　文化遗产品牌 IP 开发综合模型

为了验证上述开发综合模型，本章将着力检验 4 个方面的问题。一是如何明确文化遗产的品牌形象定位；二是从哪些方面入手 IP 内容的开发；三是实现 IP 运营的主要途径有哪些；四是品牌 IP 化如何促进品牌成长、提高品牌绩效。由此，根据相关文献，本章构建了一个由 4 个研究层面、10 个研究方面、18 个研究问题组成的文化遗产品牌 IP 化的验证性研究问题清单（表 3–1）。下面拟通过案例研究，对这些问题予以验证。

表 3–1　文化遗产品牌 IP 化的验证性研究问题清单

研究层面	研究方面	研究问题
品牌形象定位	主观定位	品牌意义如何影响文化遗产品牌形象定位？
	客观定位	符号认知如何影响文化遗产品牌形象定位？
IP 内容开发	深耕内容	如何从人格化角度挖掘内容？ 如何从差异化角度挖掘内容？ 如何从匠心化角度挖掘内容？ 如何从情感化角度挖掘内容
	创新驱动	文化符号如何促进内容创新？ 技术手段如何促进内容创新？

续表

研究层面	研究方面	研究问题
IP 内容开发	缩短感知距离	从文化维度是否可以缩短感知距离？ 从时间维度是否可以缩短感知距离？ 从社会维度是否可以缩短感知距离？
IP 运营	IP 赋能	产品开发能否为 IP 赋能？ 粉丝培养能否为 IP 赋能？
	IP 延伸	通过 IP 融合如何支撑 IP 延伸？ 通过 IP 授权如何支撑 IP 延伸？
品牌 IP 化促进品牌意义	品牌形象定位	品牌形象定位如何促进品牌成长、实现品牌绩效？
	IP 内容开发	IP 内容开发如何促进品牌成长、实现品牌绩效？
	IP 运营	IP 运营如何促进品牌成长、实现品牌绩效？

二、研究方法

1. 案例选择

案例研究通过回答“是什么”“为什么”“怎么样”的问题，不仅可以验证和批判理论，也可以建构理论。由于案例来源于实践，是对客观事实全面真实的反映，将个案案例作为一项科学研究的起点能够增强实证的有效性（Herriott and Firestone，1983）。因此，本章将遵循首先提出理论模型和研究问题，其次在验证中完善理论模型的案例研究思路。通过对“北京故宫”文化遗产品牌 IP 开发进行资料搜集和初步分析后发现，故宫的品牌 IP 化效果非常显著，在社会上产生了广泛影响，引发了现象级传播，极大地提升了品牌 IP 的粉丝活跃度和互动性。因此，本章将故宫作为案例研究对象，有助于揭示文化遗产品牌 IP 开发的内在规律，总结文旅地品牌 IP 化开发的营销策略。

故宫，旧称“紫禁城”，是中国明清两朝皇宫，是中国古代宫廷建筑之精华，位于北京中轴线的中心。故宫是目前世界上保存最完整、现存规模最大的木质结构古建筑之一，是中国 AAAAA 级旅游景区，与法国凡尔赛宫、英国白金汉宫、美国白宫、俄罗斯克里姆林宫一起被誉为“世界五大宫殿”。故宫因庄严辉煌的古建筑，被联合国教科文组织列为世界文化遗产。近年来，故宫利用互联网开展了目的地品牌营销，如“故宫淘宝”、故宫新媒体，联手腾讯开发手游 IP 等。故宫通过一系列贴近人们生活且接地气的营销策略，成功地让庄严、沉闷、古老的博物院品牌文化走下“神坛”。可以说，故宫已成为传统文博行业转型的样板和文旅融合的典范。近年来，来自故宫博物院的文创产品，如“朝珠耳机”“皇帝折扇”“紫禁挂饰”“神骏水果叉”“门神拼图”等，备受社会公众追捧。这些都离不开故宫对其品牌的 IP 化开发。故宫通过品牌形象定位、IP 内容开发及 IP 运营，将其深厚的历史底蕴与文化积淀融入故宫 IP，为故宫与民众架起了一座文化沟通的桥梁，为世界奉上了一场饕餮文化盛宴。通过品牌 IP 开发，民众能亲身感受和触碰故宫文化，进而理解和喜欢故宫文化及其文创产品，产生了良好的经济、社会、文化效益。

2. 数据搜集

本部分资料来自二手资料搜集，资料来源有：①与故宫淘宝官方旗舰店和故宫博物院文创旗舰店的客服交流，深入了解目标受众对“故宫淘宝”和故宫文创的服务理念与创新实践的看法；②搜集微博、头条、微信、QQ、马蜂窝等社交平台的顾客评论；③搜集“故宫淘宝”官方旗舰店中有关商品的消费者评价；④搜集故宫、故宫文创、故宫多媒体、“故宫淘宝”等官网上的相关文章和专题材料；⑤搜集各大新闻网站上有关故宫旅游目的地品牌 IP 化开发的产品或活动报道；⑥搜集中国知网上有关北京故宫的研究文献和调查报告；⑦搜集各大网络教育平台上有关故宫的调查资料等。

3. 数据处理与编码

为了验证文化遗产品牌 IP 开发模型及其研究问题，根据前述 4 个研究层面、10 个研究方面的 18 个研究问题（表 3–1），采取以下编码方案对搜集到的所有资料进行编码。① 18 个研究问题的条目编码方案：a1 代表品牌意义条目，b1 代表符号认知条目，c1 代表人格化条目，c2 代表差异化条目，c3 代表匠心化条目，c4 代表情感化条目，d1 代表文化符号条目，d2 代表技术手段条目，e1 代表文化距离条目，e2 代表时间距离条目，e3 代表社会距离条目，f1 代表产品开发条目，f2 代表粉丝培养条目，g1 代表 IP 融合条目，g2 代表 IP 授权条目，h1 代表品牌形象定位条目，h2 代表 IP 内容开发条目，h3 代表 IP 运营条目。②将上述条目编码归纳为 8 个大类的编码方案：A 代表主观定位条目，B代表客观定位条目，C代表深耕内容条目，D代表创新驱动条目，E代表缩短感知距离条目，F代表IP赋能条目，G代表IP延伸条目，H代表品牌IP类别条目。

通过初步编码，得到了一个包含663个条目（资料记录）的资料库，然后根据18个研究问题对资料库中的663个条目进行分类编码。具体由3位课题组成员独立搜集资料，然后进行资料整合、标准确立、讨论和共同编码。编码过程如下。首先，3位成员独立搜集所有资料，分别搜集到200条、201条、262条，共得到663个条目。通过条目对比发现，3位成员提炼的条目存在一些重复、差异，以及不符合编码的内容。其次，3位成员合作，删除重复项、讨论差异项并提出新的编码标准。针对具有包含关系的条目进行筛选和归纳整理，力求使每类条目具有独立性和可行性；删除模糊项及无法归纳的条目。最后，对一些编码条目进行了资料补充（共55条），得到718个条目。经过上述编码检验，最终得到586个有效条目，限于篇幅，本书仅列出部分资料（表3-2）。

表3-2　文化遗产品牌IP开发模型的资料编码与记录

资料编码与记录	类别划分	归属类别
a1-1 “故宫博物院院长单霁翔说，故宫现有藏品186万余件”	品牌意义（a1）	主观定位（A）
……		
a1-27 ……		
b1-1 “网上流传着这么一句话，‘故宫出品，必属精品’”	符号认知（b1）	客观定位（B）
b1-2 “我心目中的紫禁城——网络绘画大赛”		
b1-3 “故宫近些年来的发展让有些人担忧其是否发展过快，失去博物院的稳重内涵，甚至有过度商业化的担忧”		
……		
b1-102……		
c1-1 “曾刷爆朋友圈的永乐帝跳骑马舞、‘朕知道了’纸胶带等‘萌萌哒’系列故宫文创产品深受年轻人追捧”	人格化（c1）	深耕内容（C）

续表

资料编码与记录	类别划分	归属类别
……	人格化（c1）	深耕内容（C）
c1-24……		
c2-1“故宫博物院最有特色的展览是原状陈列。故宫 600 年没有战争，展现的都是原物”	差异化（c2）	深耕内容（C）
c2-2“‘文化和自然遗产日’，故宫文物医院首次对公众开放”		
c2-3“600 岁故宫推出彩妆口红”		
c2-4“故宫模式成功背后依托的是故宫资源和品牌 IP 的独特性与唯一性，这些其他景区和品牌无可比拟的先天优势使故宫模式不可被简单复制”		
……		
c2-30……		
c3-2“单霁翔来到故宫后，用了 LED 主光源，灯具不是挂在古建筑上，而是远离古建筑 2.5 米以上，开灯的时候两边各有一个工作人员值守，用测光表反复测量敏感部位，光线不能超标，光线什么样照度最好”	匠心化（c3）	
……		
c3-76……		

注：限于篇幅，该表仅为部分编码资料，其余资料省略。

三、结果分析

由于多数研究问题之间存在包含或并列关系，对条目（资料）的分类不能简单地维持其独立性，而忽视其相互之间的关联。基于此，通过对 586 个有效条目进行分析，发现相当一部分条目可以同时归入两个或两个以上层面。由此得到品牌形象定位条目 129 条、IP 内容开发条目 416 条、IP 运营条目 239 条、品牌 IP 化促进品牌意义条目 165 条（表 3-3）。

表 3-3　文化遗产品牌 IP 化促进品牌成长的条目构成

研究层面	研究方面	研究问题	条目数 / 条	百分比 /%	资料记录
品牌形象定位（129 条）	主观定位（27 条，20.93%）	品牌意义	27	100	a1-1～a1-27
	客观定位（102 条，79.07%）	符号认知	102	100	b1-1～b1-102
IP 内容开发（416 条）	深耕内容（161 条，38.70%）	人格化	24	14.91	c1-1～c1-24
		差异化	30	18.63	c2-1～c2-30
		匠心化	76	47.20	c3-1～c3-76
		情感化	31	19.25	c4-1～c4-31
	创新驱动（69 条，16.59%）	文化符号	34	49.28	d1-1～d1-34
		技术手段	35	50.72	d2-1～d2-35
	缩短感知距离（186 条，44.71%）	文化距离	14	7.53	e1-1～e1-14
		时间距离	43	23.12	e2-1～e2-43
		社会距离	129	69.35	e3-1～e3-129
IP 运营（239 条）	IP 赋能（159 条，66.53%）	产品开发	79	49.69	f1-1～f1-79
		粉丝培养	80	50.31	f2-1～f2-80
	IP 延伸（80 条，33.47%）	IP 融合	34	42.50	g1-1～g1-34
		IP 授权	46	57.50	g2-1～g2-46
品牌 IP 化促进品牌意义（165 条）	品牌 IP 化（165 条，100%）	品牌形象定位	51	30.91	h1-1～h1-51
		IP 内容开发	64	38.79	h2-1～h2-64
		IP 运营	50	30.30	h3-1～h3-50

1. 品牌形象定位的构成因素分析

在品牌形象定位的 129 条条目中，主观定位条目有 27 条，占比 20.93%；客观定位条目有 102 条，占比 79.07%（表 3-3）。在没有任何主观因素和人为操纵的情况下，条目数量的多少直接反映了文化遗产品牌形象定位过程中相关因素的重要性，或者反映了相关因素对实现品牌 IP 化或促进文化遗产品牌意义的相对重要性（李飞等，2010）。因此，归纳条目百分比有助于发现各个研究问题与各层面、各方面之间的关系，有助于了解研究问题各维度之间的内在联系，使验证更有说服力。从条目分布的百分比来看，可以明显发现，基于主观定位的品牌意义和基于客观定位的符号认知都是品牌形象定位的重要构成因素；相对于品牌意义而言，符号认知对品牌形象定位的影响更大，更容易被消费者感知。

（1）品牌形象的意义。

经过历史沉淀孕育出的品牌意义是文化遗产品牌形象定位的核心内容和基础。品牌意义是由内而外的主观定位，包括历史符号和文化符号两个方面。这可以从如下代表性资料中得到体现，如 a1–15“故宫博物院馆藏数量为 1862690 件（套），珍贵文物占比达 93.2%”；a1–18“大气典雅的故宫红墙、明黄的建筑结构，作为中国人的文化图腾和精神皈依，象征着喜庆、吉祥、尊贵”；a1–23“国家宝藏蕴含的文化力量，需要人们默默吐纳，这跟喧嚣的商业开发，既有融合也有碰撞”等。可见，故宫博物院作为中国最大的古代文化艺术博物馆，凭借自身雄厚的文化资源基础，采取以物载神的文化附着方式，将故宫象征的大气、典雅、进取等精神内涵注入历史文物、故宫文创等实物载体中，“取其精华去其糟粕”，润物无声般进行文化输出，弘扬中华优秀传统文化，增强民众文化自信。因此，品牌意义是品牌形象定位的一个主要构成因素。

（2）品牌形象的符号认知。

认知是个体主动寻找信息、接受信息，并进行信息加工的心理过程（Markus et al. 1991）。符号认知是由外而内的对旅游目的地主观定位（品牌意义）的调整和补充，两者共同使品牌形象定位更加明确。这可以从如下代表性资料中得到体现，如 b1–1“网上流传着这么一句话，‘故宫出品，必属精品’”；b1–11“高端大气上档次”；b1–52“充分感受到祖先的智慧和审美，恢宏的建筑，富丽堂皇，庄重典雅，文化底蕴深厚”；b1–102“转型很成功，年轻化，周边就该这么卖”等。综合以上可知，故宫博物院作为品牌主体传达的文化内涵与旅游者感知到的信息存在明显差异，二者针对同一客体的理解也存在认知偏差。然而，这种偏差并非不可取；相反，二者在对基本文化内涵达成认知共识的基础上产生的认知偏差，恰好有助于旅游目的地品牌形象跨越精英文化与大众文化的鸿沟，并使之更完善。因此，符号认知是品牌形象定位的另一个主要构成因素。

综上所述，品牌形象定位由品牌意义和符号认知两大因素构成。品牌意义是由内而外的主观定位，是定位形成的核心内容和基础，包括历史意义和文化意义两个方面。符号认知是由外而内的对旅游目的地主观定位（品牌意义）的调整和补充。两者对于文化品牌形象的共同作用，有助于使旅游目的地品牌形象定位更加明确。

2. IP 内容开发的驱动因素分析

在 IP 内容开发层面的 416 条条目中，深耕内容条目有 161 条，占比 38.70%；创新驱动条目有 69 条，占比 16.59%；缩短感知距离条目有 186 条，占比 44.71%（表 3–3）。由条目分布的百分比可知，三者均对 IP 内容开发产生了明显的驱动作用，其中缩短感知距离对 IP 内容开发的驱动力最强，效果最明显；其次是深耕内容；最后是创新驱动。

（1）深耕内容与 IP 内容开发。

在深耕内容条目中，人格化条目 24 条，占比 14.91%；差异化条目 30 条，占比 18.63%；匠心化条目 76 条，占比 47.20%；情感化条目 31 条，占比 19.25%（表 3–3）。从条目百分比来看，人格化、差异化、情感化 3 类条目占比为 14%～20%，匠心化条目占比接近 50%，表明匠心化对 IP 内容开发具有非常显著的促进作用；人格化、差异化、情感化对 IP 内容开发的促进作用呈依次递增状态，但差异不大。

第一，人格化即产品和品牌的人格化，是指通过激发消费者的人格感动，增加其将产品或品牌看作人的可能性及程度，从而实现操纵消费者感知性行为的过程。以故宫淘宝文创产品为例，人格化的表现形式就是旅游目的地主体通过给现有文化资源贴上人格化标签，从而在消费者心目中形成清晰鲜活的形象。人格化的传播效果可以从如下代表性资料中得到体现，如 c1–23 “故宫淘宝，因为风格十分前沿，也很搞笑，热议广，而且很萌，能点到我们的心坎上”；c1–12 “故宫淘宝携全新明星 IP‘八八’亮相淘宝造物节”等。可见，“故宫淘宝”通过文案广告、图像动画、再创故事等方式，对厚重文化资源进行人格化打造，将文物开发成文创产品并赋予其人格，使故宫走上“群众路线”的发展路径，用亲切感替代了威严感，从而迅速得到了广大青年消费者的喜爱，极大地促进了“故宫淘宝”及其文创产品的社会化媒体自传播。

第二，差异化，是指企业向消费者提供被全行业认可的独特产品或服务，其实施方法包括独特的产品设计、形象、技术、功能、服务、渠道等。在旅游领域的理论应用中，差异化战略体现在能够产生心理差异的旅游产品、旅游服务等。在故宫品牌 IP 开发进程中，其差异化依托的是超 180 万件（套）文物的丰富文化资源，以及中华文化五千年文明的独特性和位居“世界五大宫殿”之首的盛名，这些都使其与其他品牌区分开来。与 180 万件（套）文物资源相比，目前故宫已设计开发的近万种文创产品只是其中很小一部分。差异化的传播效果可以从如下代表性资料中得到体现，如 c2–7“AR 月历《宫廷佳致》和《天然童趣》”；c2–11“‘穿搭服饰’则通过 kinect 体感试衣让顾客一秒换古装”；c2–13“比较特别，不容易撞壳，图案质感很好”等。除了产品和服务差异化外，故宫博物院的差异化战略还体现在以下社会化媒体营销策略方面：一方面，以故宫博物院官方微博、“微故宫”微信公众号、故宫微店为主体，故宫色彩浓重，形象大方威严；另一方面，以故宫淘宝微博、故宫淘宝订阅号、故宫淘宝店为主体，故宫元素丰富，形象年轻、活泼、富有创意。

第三，匠心化即工匠精神，是指严谨专注、精益求精、尽善尽美的职业与工作态度。匠心化的传播效果可以从如下代表性资料中得到体现，如 c3–65“故宫博物院的几个软件是我用过的最精美的软件”；c3–69“说实话，性价比真的超高”；c3–75“故宫在打造中国精品，它卖的不是货”等。故宫作为“世界五大宫殿”之首和世界文化遗产，不仅具有旅游休闲功能，还肩负着保护、甄别、传承、弘扬中华优秀传统文化的社会功能。故宫通过对文创产品和旅游服务全方位、严格地把控质量，使消费者获得最优质的体验和效用。文创产品的匠心化打造，使故宫积累了大量活跃的忠诚粉丝和良好的口碑。另外，故宫将蕴含“精益求精”“耐住寂寞”“安静坚守”“择一事终一生”等精髓的工匠精神潜移默化地传递出去，既是清流，更是“短、平、快”浮躁社会环境中的一剂“解毒剂”。

第四，情感化，是指通过打造能激发消费者积极情绪反应的内容，使消费者产生情感共鸣，进而产生旅游动机，以及购买旅游地延伸产品的消费动机。这种情感可以通过转移和传递的方式移植到客体中并被人感知，成为产品设计中情感体验提升的有效方法和途径。情感化的效果可以从如下代表性资料中得到体现，如 c4–29“支持支持！爱国情怀油然而生。太美了！这才是中国风该有的样子”；c4–30“真的很符合中国人的购买心理，实用的、大胆的都有了，这才是令人想购买的套装”；c4–31“因为心中有对传统文化的倾慕，哪怕不能拥有传世的珍品，沾了珍宝之气的也好”；c4–9“蛮喜欢，希望多出民族特色款”；c4–7“老婆非常喜欢中国风，是发自内心的喜欢。希望大家多支持国产”等。可见，故宫从消费者的心理、情绪、情感等方面入手，对消费者进行调研和揣摩，从中挖掘出“爱国情怀”“对中华优秀传统文化的尊重及传承”等重要的情感因素，并植入故宫文创及旅游地的服务中，从而与消费者产生情感共鸣，激发其消费行为。

基于上述分析，可得出如下结论：在IP内容开发过程中，深耕内容是通过人格化、差异化、匠心化、情感化四种途径实现的。通过给文化资源贴上人格化的标签，增加消费者将产品和品牌看作“人”的可能性及程度，实现操纵消费者的感知性行为；通过向消费者提供独特产品或服务，实现差异化优势；通过在生产、服务等各环节体现严谨专注、精益求精的工匠精神，形成良好的口碑效应；通过打造激发消费者积极情绪反应的内容，使消费者产生情感，激发其消费行为。

（2）创新驱动与IP内容开发。

在创新驱动条目中，文化符号条目34条，占比49.28%；技术手段条目35条，占比50.72%（表3–3）。从条目百分比来看，这两类条目占比为49%～51%，表明文化符号和技术手段均对IP内容开发具有重要的促进作用。

第一，文化符号，是指某一区域经过长期历史沉淀逐渐形成的一种特殊文化体系，包含多种文化特质及精神内涵。文化符号在产品设计中的文化识别与表达方法，主要涉及地域文化的构成元素、句法编排、转换及信息传输等方面。以故宫为例，其文化符号作为故宫文化的抽象体现，可以通过名称、口号、标志、营销文案、旅游标识等多种方式体现。这可以从如下代表性资料中得到验证，如d1–7“故宫和Kindle联合推出的Kindle Paperwhite X故宫文化联名礼盒及定制保护套，以‘阅动紫禁’为传播主题，产品的包装风格结合经典的故宫色调与元素，以及中国古代的祥瑞之物，给Kindle平添了一份浓郁的文化底蕴”；d1–30“故宫甄选水单，养心咖啡、康熙最爱巧克力、三千佳丽奶茶、佛手香茗、一骑红尘妃子笑——荔枝红茶等透着‘宫’味儿的饮品，吸引许多人排队购买”；d1–31“‘乾坤吉祥珠’系故宫和建行双方合作的首款产品，以故宫博物院馆藏古代帝王印玺中的‘心愿符初’印文为灵感依托，其主题是‘天地人和，乾坤吉祥’。产品根据不同的佩戴需求分为‘乾珠’与‘坤珠’两款，以表达‘天地人和，乾坤吉祥’的美好寓意”等。可见，故宫博物院通过对既符合时代发展要求，又具备故宫特色的优秀文物和文化进行提炼，并将其注入特定产品，赋予产品文化标志和内涵。这样既能保证故宫产品的独特性、创新性，避免与其他旅游目的地同质化，又能使消费者通过其延伸产品感知到故宫文化的博大精深。

第二，技术手段，是指通过运用各种成熟科学技术，如 VR、AR 等，革新文化遗产与消费者的连接途径，实现线上和线下、虚拟和现实各方面的有机结合，增强场景体验感，达到提高消费者满意度的目标。技术手段的运用可以从如下代表性资料中得到体现，如 d2–20“故宫博物院与全球领先的第三方全域数据服务商‘友盟 +’进行了长达 5 年的合作，借助‘友盟 +’的数据智能平台及互联网数据服务，全面提升数字平台运营能力，更好地为顾客提供智能便捷的服务”；d2–5“故宫开启 VR 节目观影周，启动‘V 故宫’全国巡展”等。可见，故宫博物院选择拥抱科技，通过引进数据库、AR、防损伤照明等技术，实现了传统文化资源与现代高新技术的有效结合，促进了故宫产品的创新与故宫文化的推广，是国内博物院科技运用的典范。

基于上述分析，可得出结论：在 IP 内容开发过程中，创新驱动通过文化符号和技术手段两个方面实现。故宫文创通过对自身特殊文化体系的归纳、构建与传播，形成特有的文化符号，并将其文化资源和内涵精髓通过实物载体输出给消费者群体，在避免同质化的同时有效提高了自身文化被感知的程度；通过引进多种成熟技术手段，实现传统文化资源与现代高新技术的有机结合，推动了文创产品的现代化改革。

（3）缩短感知距离与 IP 内容开发。

在缩短感知距离条目中，文化距离条目 14 条，占比 7.53%；时间距离条目 43 条，占比 23.12%；社会距离条目 129 条，占比 69.35%（表 3–3）。从条目百分比来看，社会距离条目占比超过 50%，显著大于文化距离条目和时间距离条目占比，表明社会距离对 IP 内容开发的促进作用最显著；相对而言，文化距离对 IP 内容开发的促进作用最小。

第一，文化距离，是指对不同地域或不同民族在文化规范和实践上存在差异程度的描述。在旅游领域的理论应用中，文化距离表现为消费者实际感知到的本土文化与文创产品文化的差异程度，受到消费者所处文化环境、个人素质、认知水平、感知方式等因素的影响。可以从如下代表性资料中看出故宫是如何缩短文化距离的，如 e1-3“中华传统文化传承与创新‘故宫藏美’故宫典藏书画作品展，于 2018 年 11 月 2—3 日在洛杉矶比弗利山庄市政厅举行”；e1-2“通讯：把故宫文化带回家——故宫互动体验课程走进悉尼中小学”；e1-4“两岸媒体记者走进北京故宫博物院，两岸故宫同根生”等。可见，故宫博物院通过完善线上平台、举办教育活动、举办展览等方法，积极推动故宫文化的国内外传播，有效缩短了民众与故宫文化距离，大大提升了故宫文化内涵被感知程度，有利于培养潜在的消费者群体。

第二，时间距离，是指人们以当下的时间点为基准，对事件发生的时间与自身关系远近的感觉和知觉。在旅游者行为研究中，时间距离表现为当消费者产生旅游体验动机时，自我预计要达到这一目的需要付出行动的复杂程度。可以从如下代表性资料中看出故宫是如何缩短时间距离的，如 e2-11“‘龙泰宸宇——故宫养心殿文物特展’在沈阳开展”；e2-12“2018 年 1 月 19 日上午，故宫学院（重庆）签约揭牌暨故宫文化传承活动，在安达森洋行旧址举行”；e2-9“2018 年元旦，百集系列纪录片《如果国宝会说话》，更是以萌趣的风格在 B 站和朋友圈圈粉无数”等。可见，故宫博物院通过开发线上展示产品，开办跨区域文物展览和故宫大讲堂，建设故宫文创馆和故宫学院等多种形式，一改以往被动等待的局面，主动接近消费者群体，不断搭建并拓宽消费者接触故宫的渠道，极大地缩短了时间距离，助力故宫 IP 和故宫文化的宣传推广。

第三，社会距离，是指旅游者（个体）与目的地居民（群体）之间的差异，其反映了个人与其他异质性群体之间关系亲密或疏远程度的心理状态。对消费者感知社会距离的缩短是缩短三大感知距离中最重要的部分。可以从如下代表性资料中看出故宫是如何缩短社会距离的，如 e3-34“故宫官网点击‘故宫游戏’故宫青少网站，这个以卡通和游戏为主的网站是专门为青少年量身定做的”；e3-46“故宫博物院与网易联合开发了手机游戏《绘真·妙笔千山》”；e3-7“故宫发布文化创意项目，‘过年邀您进故宫看戏’”；e3-27“QQ 上用到故宫主题的表情包”等。可见，故宫博物院别出心裁，通过将庄严的故宫文化与生活化的表情包、手游、戏剧等元素相结合，既实现了消费者不进故宫就可以感受故宫文化的愿望，又使故宫文化深入寻常百姓家，让广大群众能够感受到故宫文化的熏陶，对于实现文化自强和文化自信发挥着不可估量的作用。

基于上述分析，可得出如下结论：对感知距离的缩短主要包括文化距离、时间距离、社会距离三个方面。通过缩短文化距离，减小消费者与旅游地文化差异，提高旅游地文化内涵被准确感知的程度；通过缩短时间距离，完善消费者接触文创产品的途径，创新性地丰富了旅游形式；通过缩短社会距离，减小消费者旅游地感受的社会关系差异，从而拉近心理距离，促进旅游地文化和旅游地 IP 更好地推广。从这三个方面入手，采用不同的手段缩短感知距离，共同促进旅游地 IP 内容开发。

3. IP 运营的驱动因素分析

在 IP 运营层面的 239 条条目中，IP 赋能条目 159 条，占比 66.53%；IP 延伸条目 80 条，占比 33.47%（表 3–3）。从条目分布的百分比可以看出，IP 赋能和 IP 延伸都对 IP 运营起到了重要的驱动作用，其中 IP 赋能对 IP 运营的驱动作用明显大于 IP 延伸。

（1）IP 赋能与 IP 运营。

在IP赋能条目中，产品开发条目79条，占比49.69%；粉丝培养条目80条，占比 50.31%。从条目百分比可知，两类条目占比为 49%～51%，表明产品开发和粉丝培养对 IP 运营具有重要的促进作用，且两者所起的作用相当。

第一，产品开发，是指将 IP 内容产品化和商业化的过程。文化遗产 IP 作为旅游地丰富内涵的抽象化体现，需要有实体承载，这种实体既可以是商品，又可以是亲身感受到的服务体验。故宫的产品开发策略可以从如下代表性资料中得到体现，如 f1–18“2016 年 6 月 1 日，位于故宫博物院内景和门区域的‘故宫文创儿童体验店’将正式对观众开放”；f1–21“《上新了 · 故宫》的文创产品‘畅心睡眠系列’睡衣在淘宝上线，至目前仅一个月，项目认筹人数就达到了 15731 人，筹款超过 878 万元”；f1–17“故宫博物院出品的话剧《海棠依旧》将在近期上演”等。可见，故宫博物院一方面对景区进行大力整改，通过扩大开放面积、完善基础设施、丰富经营业态，成功实现了服务体验的全方位升级；另一方面牢牢抓住业已形成的文创产品优势，不断加大对故宫文创设计、生产、营销等板块的开发投入力度。通过推动故宫持续不断的专业化改造进程，初步实现了两条线齐头并进、产品开发全面开花的良好局面。

第二，粉丝培养，是指商家通过某个兴趣点聚集一个或多个“粉丝圈”，并持续向粉丝顾客提供多样化、个性化的产品或服务，使商家能够迅速定位目标消费人群，让他们形成新的消费习惯。故宫的粉丝培养策略可以从如下代表性资料中得到体现，如 f2–70“设计亲民，紧跟热点与萌点，独具特色的文创产品让故宫成了大家眼中的‘带货王’，故宫淘宝的流量猛增”；f2–38“一系列萌系文创类产品让无数路人转粉，成为文青潮人必须 get 的潮流单品”；f2–6“2017 年,《国家宝藏》自带槽点与段子引发了网友的跟风吐槽和表情包制作，不但捧红了‘农家乐审美’的乾隆，也成功打入了年轻人内部”等。可见，故宫博物院创造性地将粉丝经济引入营销，采取打造顾客需求产品、萌化产品、联合明星宣传产品、微博宠粉等措施，成功吸引了大批关注者和支持者，初步搭建起了故宫“粉丝圈”。这既提高了顾客忠诚度，增强了客户黏性，又推动了粉丝自传播，极大地吸引了广大消费者的注意力。

基于上述分析，可得出结论：IP 赋能通过产品开发和粉丝培养两种途径来实现。产品开发是将 IP 内容产品化和商业化的过程，从开发产品和完善服务两个方面为旅游地 IP 提供充足的实物载体；粉丝培养是通过某个兴趣点聚集“粉丝圈”，持续向粉丝提供多样化、个性化的产品或服务，快速定位目标客户，培养其消费习惯，最大限度实现获客、留存与促活、转化。

（2）IP 延伸与 IP 运营。

在 IP 延伸条目中，IP 融合条目 34 条，占比 42.50%；IP 授权条目 46 条，占比 57.50%（表 3–3）。从条目百分比来看，IP 融合和 IP 授权相辅相成，共同对 IP 运营发挥作用，其中 IP 授权影响度高于 IP 融合。

第一，IP 融合，是指 IP 持有者突破原始 IP 领域的限制，将其与其他一种或多种拥有共利点的 IP 进行跨界组合，从而实现共同的经济、社会、文化效益。这可以从如下代表性资料中得到验证，如 g1–19“2018 年 10 月 25 日，小米 MIX3 新品发布会在故宫博物院宝蕴楼举办，故宫博物院和小米集团合作推出小米 MIX3 故宫特别版”；g1–28“红旗将作为故宫官方的指定接待用车，并将于明年推出故宫 600 周年纪念款专属车型”；g1–30“故宫、腾讯、QQ 音乐古画会唱歌”等。可见，故宫博物院跳出“故宫”这一限制，将传统文化和文化遗产 IP 与小米手机、红旗汽车、腾讯等多种商业 IP 跨界合作，融合形成了崭新的含有多种 IP 元素的整合 IP，从而借助多品牌的能量进行传播推广，达到共赢的目的。

第二，IP 授权，是指 IP 持有者对已有 IP 的买卖、租用及许可使用行为。在 IP 授权的功能中，最主要的就是买卖、租用带来的变现功能。目前，IP 授权已从狭义的“衍生品授权”，发展成为拥有系统分支的授权体系。此外，IP 授权在文化产业领域还具备文化维度的功能，即通过纯粹公益性的许可使用，实现对文化的挖掘、研究、传承和弘扬等功能。这可以从如下代表性资料中得到验证，如 g2-5“故宫博物院与北京电视台共同出品大型文化季播节目《上新了 · 故宫》”；g2-26“华熙生物与故宫文创匠心出品‘故宫口红’，让中华文化隽永流长”；g2-28“故宫主题功能游戏《故宫：小小宫匠》”等。可见，故宫博物院通过将“故宫”这一主体 IP 授权给北京电视台、华熙生物等其他客体，允许其根据故宫原始 IP 进行内容再创作和形象再包装，使得改造后的产品在故宫 IP 原有基础上，增加了授权客体所需的价值、情感和符号。因此，通过 IP 授权，既实现了故宫 IP 的功能变现，又为故宫 IP 注入了活力，从而推动了故宫 IP 的延伸推广。

基于上述分析，可得出如下结论：IP 延伸主要包含 IP 融合和 IP 授权两种方式。通过 IP 融合，在经济、社会、文化等方面实现共赢；通过 IP 授权对原始 IP 进行内容再创作和形象再包装，增加了授权客体所需的价值、情感和符号，进而实现了经济效益和文化效益。

4. 品牌 IP 化促进品牌成长的影响效应分析

在品牌 IP 化促进品牌成长的 165 条条目中，品牌形象定位条目 51 条，占比 30.91%；IP 内容开发条目 64 条，占比 38.79%；IP 运营条目 50 条，占比 30.30%（表 3-3）。从条目分布的百分比来看，品牌形象定位、IP 内容开发和 IP 运营均对促进品牌成长发挥了重要作用，其中 IP 内容开发的作用相较其他两者更大。

（1）品牌形象定位对品牌意义的支持作用。

品牌形象定位主要从品牌意义和符号认知两个方面支持品牌 IP 化及品牌意义。这可以从如下代表性资料中得到验证，如 h1-14“感觉故宫换了单霁翔院长以后不再像以前那么封闭、那么高高在上，而是变得更加亲民了。《上新了 · 故宫》《国家宝藏》两档节目让人们更多地知道它、了解它、熟悉它，让我们更加深刻地体会到历史的厚重，以及我们的文化底蕴不输任何一个国家”；h1-17“看到这个片子之后故宫在我心里的形象有了变化。之前觉得它是高高在上的宫殿，是历代皇帝曾经生活的地方，但是并没有感觉到与我、与大家、与生活有什么关系。它承载的历史和文化太过厚重，厚重到无从下手去了解。但是，看到文物修复师傅一件一件地补贴、打磨、洗刷，小心翼翼地按揭书画作品，我突然感觉这一切都活泛起来了。仿佛经他们的手不光修复了宝贵的艺术品，也连接了古今光阴，让我那样清晰地体会到了时光的痕迹和中华文化中朴实厚重的精神源远流长、绵绵不尽，也让我重新对故宫、对国家文物饱含深情，即使在异国他乡也尽力保守一颗赤子之心”等。有关研究表明，旅游者的社会认知水平会影响旅游目的地满意度的形成，直接影响旅游者的满意度、口碑及社会评价。可见，故宫博物院通过品牌定位实现了对自身丰富文化资源的有效利用，对文化遗产的品牌 IP 化及品牌意义的加深起到重要的促进作用。

（2）IP 内容开发对品牌意义的促进作用。

IP 内容开发通过深耕内容、创新驱动、缩短感知距离 3 个方面促进了品牌 IP 化及加深了品牌意义。这可以从如下代表性资料中得到验证，如 h2-7“截至 2017 年底，故宫人研发了 10500 种文创产品，营业额 3 年前就突破了每年 10 亿元”；h2-31“节目中那些文创产品的设计，切合了年轻人的特点，也符合大众审美观，最关键的是，这些产品投放市场后能立刻见到经济效益，这会给那些从事文创工作的年轻人提供更多成功机会。故宫以民族性、文化性、原创性打造属于我们自己的商品”；h2-30“《上新了·故宫》电视节目紧紧抓住传统文化与现代思维的结合，使之撞击出创意的火花，不仅带动文创产业，而且让年轻人关注文化根脉，深入历史的细枝末节，这是很难能可贵的”；h2-39“在目前‘一带一路’及提升中国人自信心、软实力的背景下，故宫文创通过挖掘故宫文物的欣赏价值、实用价值、精神价值，真正地让文物背后的文化重新活跃了市场，以故宫文创引领了大众对于民族历史的新审美，而且该审美力度在逐步加大”等。可见，故宫博物院深耕内容，大力投入研发文创产品，一方面夯实了故宫的文化资源基础，另一方面使人们在感受博大精深的中华文化的同时，还近距离了解文化遗产的风土人情、生活方式和文化语言等。这极大地拉近了故宫与客群的感知距离，使客群增进了对故宫品牌的认同，进而提升了客群的文化修养，使其更好地了解、认同、喜爱、尊重和传播中华文化，争做中华文化的支持者、维护者、建设者和传播者。因此，IP 内容开发对品牌 IP 化及加深品牌意义有着重要的促进作用。

（3）IP 运营对品牌意义的促进作用。

IP 运营主要通过 IP 赋能与 IP 延伸两个方面支持和促进品牌成长。这可以从如下代表性资料中得到验证，如 h3–48“张岂之获第二届全球华人国学传播奖之‘年度公共服务大奖’”；h3–43“2018 年 4 月，轩灵携故宫系列高级珠宝入驻米兰设计周，融入中国‘扇’文化的当代珠宝于米兰斯福尔扎城堡一经亮相，就得到了米兰设计周评审会的高度重视和一致好评，特别为轩灵故宫颁发了其历史上首个珠宝设计大奖”；h3–15“新媒体运营的成功是故宫 IP 能够‘活起来’的一大关键”；h3–38“故宫博物院官方微博在新浪微博 2016 年政务 V 影响力峰会上荣获全国十大中央机关微博奖”；h3–21“故宫刷屏的案例，无论是文创周边、文化影视，还是跨界合作的 H5，其实都是基于故宫 IP 进行的衍生，赋予原本冰冷的历史故事鲜活的形象”等。

可见，故宫博物院在 IP 运营过程中，结合自身已有优势进行 IP 赋能，一方面打造优秀产品、完善实体服务、革新营销推广与运营；另一方面，借助新媒体与移动互联网的功能优势，加速进行粉丝培养，形成自己的品牌 IP 粉丝群，充分发挥粉丝对品牌定位的驱动作用，提高品牌形象和影响力，增加对游客的吸引力，从而实现品牌快速成长。此外，故宫博物院也从 IP 融合和 IP 授权两个方面入手，积极推进 IP 延伸，增加跨界合作机会，打破文化传播壁垒，让历史走进并融入生活，在保留历史沉淀下的精英文化的同时，发展各种喜闻乐见的大众文化，从而更好地保护和开发历史文化资源，并带来可观的经济效益、文化效益和社会效益。因此，IP 运营对品牌 IP 化及品牌意义的加深发挥着重要的促进作用。

四、小结

本部分以故宫文创产品为例，通过案例研究深入探讨了“故宫”品牌 IP 的内容开发、赋能与延伸机制，为品牌符号与意义的建构和传播提供了经验借鉴。主要结论见表 3–4。

表 3-4　文化遗产品牌 IP 化的研究问题检验结果

研究层面	研究方面	研究问题的验证结论
品牌形象定位	主观定位	品牌意义通过文化附着的方式影响其品牌形象定位。
	客观定位	符号认知对文化遗产品牌形象定位起补充调整作用。
IP 内容开发	深耕内容	将文化资源贴上拟人化标签，赋予其人格属性；关注文化遗产自身资源特性并运用差异化形式输出产品；将文化延伸产品的品质放在首位，将匠心精神极致化运用；打造能引起客群情感共鸣的内容，能进一步激发消费动机并培养客户忠诚度。
	创新驱动	将文化内涵符号化，赋予其创新意义；通过各种技术手段革新，运用科学技术全方位打造文化遗产，助力文化推广，推动产品创新。
	缩短感知距离	从文化维度、时间维度、社会维度可以缩短感知距离。
IP 运营	IP 赋能	产品开发能为 IP 赋能，粉丝培养也能为 IP 赋能。
	IP 延伸	通过 IP 融合实现 IP 延伸的促进因素有气质匹配、功能互补和生活化；通过 IP 授权实现 IP 延伸的主要途径是知识产权的买卖和租用。
品牌 IP 化促进品牌意义	品牌形象定位	通过主观定位和客观定位，促进了文化遗产品牌获得客户正面认知，培养客户认同，促进品牌成长。
	IP 内容开发	IP 内容开发对文化遗产自身丰富文化资源的有效利用和传播，带来文化效益和社会效益，促进品牌成长。
	IP 运营	IP 运营通过 IP 赋能和 IP 延伸带来经济效益、文化效益和社会效益，促进品牌成长。

（1）品牌形象定位机制。品牌形象定位由品牌意义和符号认知两大因素构成。品牌意义是由内而外的主观定位，体现在历史意义和文化意义两个方面，是定位形成的核心内容和基础。符号认知是由外而内的对旅游目的地主观定位的调整和补充。两者对于文化遗产品牌形象的共同作用使旅游目的地品牌形象定位明确。文化遗产蕴含的品牌意义较为确定，符号认知则由于消费者存在的认知偏差和选择偏差对品牌意义的认知存在差异。

（2）IP 内容开发机制。深耕内容、创新驱动、缩短感知距离是 IP 内容开发的 3 条主要途径。以缩短感知距离和深耕内容为目的的内容开发效果更明显。创新驱动往往与深耕内容或缩短感知距离综合运用，为其提供保障支持。深耕内容主要是从人格化、差异化、匠心化、情感化 4 个方面入手进行内容挖掘，其中匠心化是重点。缩短感知距离主要从文化距离、时间距离、社会距离 3 个维度实现。创新驱动主要由文化符号和技术手段两大因素构成。

（3）IP 运营机制。IP 运营主要通过 IP 赋能和 IP 延伸实现，其中 IP 赋能对品牌 IP 化的影响更显著。IP 赋能主要有产品开发和粉丝培养两条途径，IP 延伸主要有 IP 融合和 IP 授权两种方法。

（4）品牌 IP 化促进品牌意义机制。品牌 IP 化可以促进品牌成长，其促进机制包括品牌形象定位机制、IP 内容开发机制和 IP 运营机制；品牌 IP 化机制能较好地发挥促进品牌成长的作用；品牌 IP 化促进品牌成长的驱动因素包括品牌意义、符号认知、深耕内容、创新驱动、缩短感知距离、IP 赋能、IP 延伸等。

第三节　品牌 IP 开发的形成机制与增值机制：基于 9 个品牌 IP 的多案例分析

一、品牌 IP 化形成机制与增值机制

1. 品牌 IP 化形成机制

品牌 IP 化形成机制的本质是企业通过决策、计划、组织、领导、控制等管理活动传播和传递品牌符号与意义的过程。本部分拟从内核聚变和内核裂变两个方面探寻其关键因素及其对品牌 IP 化形成机制的影响。

（1）内核聚变包括内核要素和人格要素两个维度。内核要素（品牌意义），是指品牌 IP 化中品牌具有的能满足顾客精神需求和心理需求的品牌意义，包括社会核心价值点品牌传达出的社会潮点、满足的社会需求、治愈的社会心理；人格要素，是指企业在凝聚内核要素后，对其进行以具象化和拟人化为核心的人格化过程。这个过程是把意识层面的品牌意义通过物质化、实体化的方式形成一种实物，又拟人化地给实物配备人类所具有的神态、表

情、语言、动作等要素，让品牌具有人格化倾向的过程（张晓莉，2016）。顾客可以直接感受到满足精神需求和心理需求的品牌内核。内核要素和人格要素虽有时间上的先后顺序，但两者均可独立对内核聚变发生作用。内核要素的确立离不开对社会的深度洞察与发掘，只有极强的洞察力才能发现社会公众或顾客的基本心理，从而确定内核要素的根本点，因此内核要素起到建基作用。在此基础上，人格要素对内核要素进行逆向反推，把具有人格化倾向的根本点传递给社会公众或顾客。

（2）内核裂变包括内容裂变和营销裂变两个维度。内容裂变，是指品牌IP内容进行持续性、广泛性、深度性的爆点与传播，使内容发酵、裂变，让内容具有生命力。也就是说，品牌IP化必须拥有创造内容的能力和传播内容的能力，内容是建立消费者与品牌关系的纽带（余进，2018）。营销裂变，是指企业通过跨界营销、场景营销、情感营销、势能营销、数字营销、全局营销、整合营销、精准营销、差异化营销等营销方式（张罡，2019），把具有内核要素的企业产品销售给广大顾客。或者说，利用裂变营销理念和以VR、AR、混合现实（MR）、全息投影、CG电影为主的三维虚拟仿真技术，形成特殊的组合方式来传播全品类多品种的产品，把品牌IP的内核要素（品牌意义）进行对外传播。内容的持续发酵让企业的营销裂变成为一种可能，而营销裂变又为内容的发酵提供了更丰富的话题。虽然两者在时间上没有先后顺序，但两者相互统一、相互转化。内容的持续发酵伴随着内核要素的进一步深化，裂变营销方式伴随着内核要素进一步扩展，两个维度在深度和广度上同时使IP内核产生裂变效应。

（3）品牌IP化形成机制包括内核聚变和内核裂变两个层面。品牌IP化过程的主线是内核。从内核要素和人格要素的聚变到内容发酵与营销方式的裂变，就是品牌IP化的形成机制。品牌IP化形成机制的核心是IP内核的聚拢与发散，关键是内容和营销方式的突破与创新。

基于上述分析，可以初步建构品牌IP化的形成机制模型（图3-2）。

2. 品牌IP化的增值机制

企业是品牌IP化形成的主体，顾客是品牌IP化增值的主体。本部分拟从顾客层面和泛顾客层面建构品牌IP化的增值机制，并探寻其关键因素对品牌IP化增值的影响。

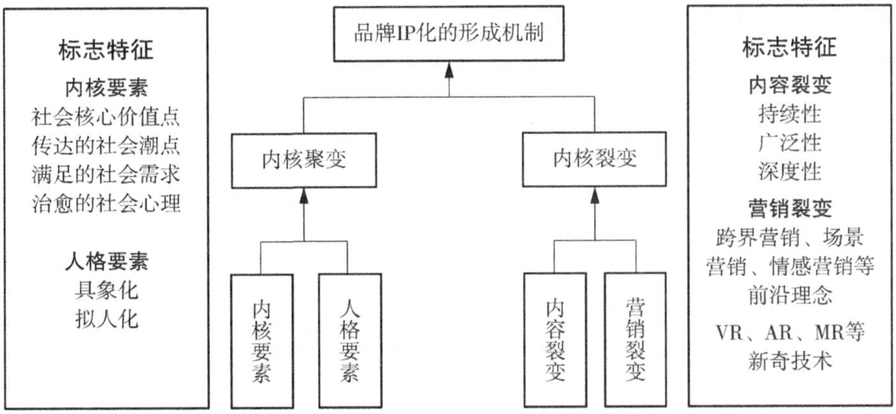

图 3-2　品牌 IP 化的形成机制模型

（1）顾客从最初接触品牌 IP 到最终成为品牌 IP 的忠实粉丝会经过 4 个阶段，即卷入式感受、交互式体验（王伊雨，2018）、沉淀式固化和人格化养成。由于偶然性和被动性，顾客在品牌 IP 辐射的范围内感受到品牌 IP 内核，产生卷入式感受。通过几次被动接触后，顾客便主动关注品牌 IP 并与之进行交互式体验。长此以往，顾客与品牌 IP 的交互行为会沉淀在顾客行为中，产生沉淀式固化。当品牌 IP 内核满足了顾客的精神需求和心理需求时，顾客便进入人格化养成阶段。这 4 个阶段的划分是由浅入深的过程，品牌人格化意义便转移到顾客身上，实现顾客个体自我和社会自我。在层次递进过程中，品牌 IP 与顾客之间建立的不再是传统商业模式下简单的“一锤子”买卖关系，而是多方面持久性和深层次的全方位情感共振，顾客黏性得到极大增强。

（2）品牌 IP 影响的泛顾客层次可以划分为 3 个阶段：社群顾客层、亚文化圈和 IP 生态体系。品牌 IP 诞生时，影响的只是基于某种兴趣爱好或者某一特殊事件而聚集在一起的顾客群体，即泛顾客第一层次——社群顾客层。其特征是通过顾客生成内容（UGC）主动分享品牌 IP。群外顾客聚集在社群顾客周边进行交流反馈，到达以品牌 IP 与新顾客发生被动强连接为特征的泛顾客第二层次——亚文化圈。当关注品牌 IP 的顾客主动分享其与品牌 IP 的故事，影响其朋友圈，主动为品牌 IP 引流并产生顾客裂变效果时，就形成了泛顾客第三层次——IP 生态体系。3 个阶段是层层递进的关系，只有前一阶段满足后才能到达下一阶段，IP 生态体系是品牌 IP 化的最终目标。在顾客从知晓、了解、认可、赞同到接受并受其影响产生改变的过程中，顾客对品牌 IP 的内核要素（品牌意义）产生了高度忠诚和绝对信任，以至于愿意接受品牌 IP 对其人身和心理的代理行为。顾客与顾客、顾客与品牌之间主要以在 IP 生态体系中扮演信任和货币角色的品牌 IP 来连接、交互和共鸣。

（3）品牌 IP 化增值的主体包括顾客和泛顾客两个层面。顾客是指单个顾客，是从顾客个体对品牌 IP 的接入和反应程度来增加吸收价值。泛顾客是指众多顾客组成的顾客群体，通过顾客群体在品牌 IP 化形成过程中的演化特征提升传播价值。两者完全独立，顾客与泛顾客共同构成品牌 IP 的顾客群体，同时对品牌 IP 化进行检验、反馈，起到对品牌 IP 化增值与保值的作用。

基于上述分析，可以初步得到品牌 IP 化的增值机制模型（图 3–3）。

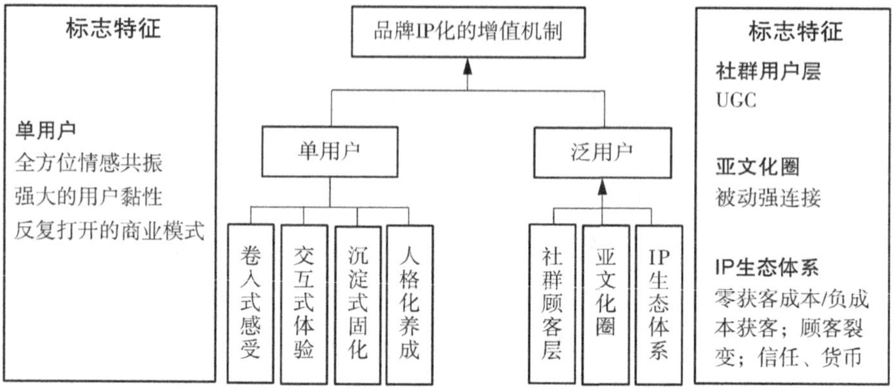

图 3–3　品牌 IP 化的增值机制模型

3. 品牌 IP 对品牌符号意义建构的促进作用

（1）品牌 IP 化形成机制对品牌符号意义建构的促进作用。城市繁荣下的孤独个体需要新的治愈系成为解决社会问题的一种方法（李单单，2018）。而在商业领域，品牌的 IP 内核就扮演着治愈系的角色。内核聚变凝聚的是通过人格化打造，能够满足社会个体心理和精神需求的品牌意识。企业通过商业手段给人格化的品牌意义打上品牌烙印，再通过内核裂变的方式满足顾客的物质需求。当顾客的精神和物质需求同时被满足时，产品就能迅速变现，商业价值和品牌符号价值就能得到极大提升。

（2）品牌 IP 化增值机制对品牌符号意义建构的促进作用。建立在品牌 IP 化形成机制上的增值机制赋能于品牌内核，促进品牌成长。在品牌 IP 化形成过程中，品牌内核随着顾客的增多得到广泛传播与吸收，传播价值和吸收价值稳步提高。当顾客到达第四阶段和泛顾客到达第三阶段时，品牌 IP 会拥有一个新的名词——“超级 IP”，即拥有 IP 四引擎（价值观、普世元素、故事和呈现形式）和具有可开发价值的真正 IP。

（3）品牌意义评价指标。根据品牌 IP 化形成机制和增值机制的特性，可以构建 4 个评价指标来衡量品牌符号意义建构的结果，即顾客价值类的传播价值和吸收价值，以及企业价值类的商业价值和品牌符号价值。其中，传播价值主要衡量品牌 IP 内核的传播广度，吸收价值主要衡量品牌 IP 影响顾客群体认知、赞同、接受和改变的程度，商业价值主要衡量品牌 IP 附属产品的变现能力，品牌符号价值主要衡量品牌 IP 的变现能力，因此品牌符号价值衡量了品牌 IP 的最终价值，是所有价值能力的综合体现。企业价值对应的是品牌 IP 化形成机制，顾客价值对应的是品牌 IP 化增值机制，从企业和顾客两个角度对品牌意义进行整合传播，以扩大品牌 IP 化的营销效应。

基于上述有关品牌 IP 化的形成机制、增值机制及其对品牌符号意义建构的影响和驱动因素分析，可初步得到品牌 IP 化促进品牌符号意义建构的形成与增值机制模型（图 3–4）。

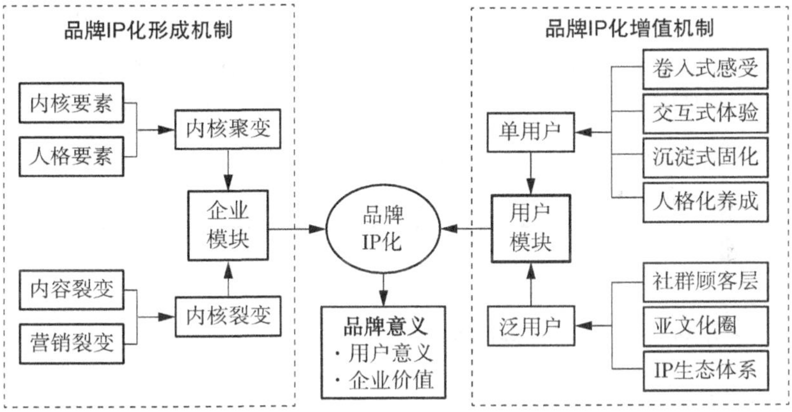

图 3–4 品牌 IP 化促进品牌符号意义建构的形成与增值机制模型

基于上述理论框架模型，本部分将着力检验以下 3 个方面的问题：一是品牌 IP 化的驱动因素有哪些；二是影响品牌 IP 化的增值因素有哪些；三是品牌 IP 化是如何促进品牌符号意义建构的？针对这些问题，本部分构建了一份由 3 个研究方面、6 个研究层面、15 个研究问题构成的品牌 IP 化形成机制与增值机制的验证性问题清单（表 3–5）。下面拟通过案例研究，深入分析品牌 IP 化的形成机制和增值机制及其对品牌符号意义建构的影响效应，从而验证品牌 IP 化促进品牌符号意义建构的理论模型及研究问题。

表 3-5　品牌 IP 化形成机制与增值机制的验证性问题清单

研究方面	研究层面	研究问题
品牌 IP 化的形成	内核聚变	核心价值点，即内核是否为企业品牌 IP 化形成的必要条件？ 内核的人格化，即品牌意义的具象化和拟人化是否为企业品牌 IP 化形成的必要条件？
	内核裂变	企业内容的持续发酵是否会影响品牌 IP 化的形成？ 企业的跨界营销、场景营销、情感营销等裂变营销方式是否会影响品牌 IP 化的形成？
品牌 IP 化的增值	顾客	单个顾客的卷入式感受是否会影响品牌 IP 化的增值？ 单个顾客的交互式体验是否会影响品牌 IP 化的增值？ 单个顾客的沉淀式固化是否会影响品牌 IP 化的增值？ 单个顾客的人格化养成是否会影响品牌 IP 化的增值？
	泛顾客	泛顾客组成的社群顾客层是否会影响品牌 IP 化的增值？ 泛顾客组成的亚文化圈是否会影响品牌 IP 化的增值？ 泛顾客组成的 IP 生态体系是否会影响品牌 IP 化的增值？
品牌 IP 化促进品牌成长	品牌 IP 化形成机制	内核聚变和内核裂变对品牌 IP 化形成机制的影响效果如何？ 企业模块因素是如何驱动品牌符号意义建构的？
	品牌 IP 化增值机制	顾客和泛顾客对品牌 IP 化增值的影响效果如何？ 顾客模块因素是如何驱动品牌符号意义建构的？

二、研究方法与资料搜集

1. 研究方法与案例选择

案例研究是一种实证研究，在不脱离现实生活环境的情况下，研究当时当地正在发生的现象，是对现象的理论化，也是从现象到认识，再到真理的探索过程。这种方法遵从可复制的逻辑原则，一般选取 4~10 个案例，通过反复比较得出有说服力的研究结论。在提出理论模型后，运用多案例对理论进行验证，以完善理论模型，使之与社会实际更加契合。实证研究的案例来源于实践，是对客观事实全面而真实的反映，从研究有效性的角度来看，将多个案例作为一项科学研究的起点能够切实增加实证的有效性和可信赖程度。

为此，本部分遴选了 9 个涵盖社交媒体、音乐软件、虚拟明星、饮食、游戏等不同行业，具有不同成长经历和发展规模的成功案例（表 3–6）。其中，“故宫淘宝”是文创类品牌，凭借其趣萌可爱的 IP 形象，赢得了一大批青年消费者的青睐。“江小白”巧妙地使用白酒标签，打造出独特的都市情怀，创造出独特的白酒格调（品牌意义），获得了一大批品牌 IP 粉丝。“熊本熊”是起源于日本的一个虚拟明星，凭借其可爱憨萌的外表获得了许多千禧一代的喜爱，成功带动了日本旅游业的发展。《王者荣耀》是腾讯公司旗下的王牌游戏，它用丰富多样的拟人化游戏形象风靡全国，吸引了各阶层的游戏玩家。“LINE FRIENDS”起源于韩国的社交媒体，它借助可爱、实用的各类表情包，收获了大量青年粉丝的喜爱，实现了从社交软件到全球知名品牌 IP 的蜕变。《快把我哥带走》是由幽灵姐妹创作的连载漫画，漫画中时分与时秒两兄妹真实生动的日常生活，引起了大批读者的共鸣，两兄妹的拟人化形象赢得了众多读者的青睐。“网易云音乐”是网易集团旗下的子公司，凭借特有的顾客情感解读和音乐评论体系，开启了通过音乐平台实现情感交流的先河，是情感音乐品牌 IP 的典范。“可口可乐”是美国饮料行业的领军企业，通过打造独特的昵称瓶、台词瓶、歌词瓶、四季瓶等，成功塑造了鲜明的品牌 IP 形象，促进了利润增长。“Pew DiePie”是一个凭借幽默风趣的网游解说，获得一亿多粉丝的网红直播达人，是个人形象与自媒体营销相结合取得成功的品牌 IP。

表 3–6　案例情况简介

序号	案例名称	所属类别	起源时间	起源地区	运营团队	主要成就
1	故宫淘宝	文创	2015 年	中国北京	故宫资料信息部	巧妙结合故宫藏品，用诙谐的差异化占领文创品市场，创造年销 10 亿元的神话
2	江小白	白酒	2011 年	中国重庆	陶石泉团队	依靠互联网建立人格化品牌，用 20 元售价撬动 2 亿元净利，成就白酒奇迹
3	熊本熊	旅游	2011 年	日本	熊本县政府	全日本认知度第一，风靡全球，惊创 1200 亿日元经济效益

续表

序号	案例名称	所属类别	起源时间	起源地区	运营团队	主要成就
4	《王者荣耀》	游戏	2015 年	中国深圳	天美工作室	两次登顶全国 App Store 应用收入排行榜，日流水超 2 亿元，月流水超 30 亿元
5	LINE FRIENDS	社交	2011 年	韩国	NHN Japan	LINE 已经位居 Google Play 下载量 Top10，铸就年收入 30 亿元的惊人业绩
6	《快把我哥带走》	漫画	2015 年	中国北京	幽灵姐妹	创造漫画 5 亿阅读量，电影 3 亿多元票房，微博超话阅读量 24 亿的爆火 IP
7	网易云音乐	音乐	2013 年	中国杭州	网易	用独特的黑胶片设计和人格化情愫，在红海市场 4 年内创造 3 亿顾客奇迹
8	可口可乐	饮料	1886 年	美国	可口可乐公司	凭借多种瓶身设计吸引消费者，创造饮品业奇迹，位列世界百强第 7 名
9	Pew DiePie	直播	2009 年	瑞典	Pew DiePie	突破 6000 万订阅量并获得上亿粉丝，人气指数超过美国前总统奥巴马和女星碧昂丝的总和，号称“世界第一游戏主播”

2. 资料来源与搜集

本部分资料来自二手资料搜集，资料来源有以下几方面：①在所选案例的各大贴吧、论坛和网站上与发表言论的粉丝交流，了解他们对品牌 IP 的观感；②在品牌 IP 的商品化衍生产品的官方旗舰店，通过客服人员搜集有关顾客满意度的信息；③在各品牌的官网上搜集品牌发展的历程资料与促成其 IP 不断进化、衍生和发展的相关资料；④在品牌 IP 衍生产品的旗舰店中，搜集相关商品的消费者评价和顾客评论，以及通过对产品使用新体验的采访调查，搜集顾客相关资料；⑤案例企业发表过的与品牌 IP 打造相关的文章，以及从专题材料中选取的代表性文章；⑥各大新闻网站上有关所选案例的产品或活动的相关新闻报道或信息总结文章；⑦中国知网上有关所选案例的研究文献和调查报告，以及案例品牌涉及的原始资料和文案资料；⑧查阅案例品牌的企业报告、招股说明、公司章程、股东大会决议报告，以及所属组织的公约条例、发展规划，搜寻其内容裂变和营销裂变的资料。

3. 资料处理与编码

为了验证品牌 IP 促进品牌符号意义建构的形成与增值机制模型及研究问题（表 3–5），本部分拟采取以下编码方案进行资料记录与整理。①案例编码规则：A 代表“故宫淘宝”、B 代表“江小白”、C 代表“熊本熊”、D 代表《王者荣耀》、E 代表“LINE FRIENDS”、F 代表《快把我哥带走》、G 代表“网易云音乐”、H 代表“可口可乐”、I 代表“Pew DiePie”。②建构模型因素编码规则：a 代表内核要素、b 代表人格要素、c 代表内容裂变、d 代表营销裂变、e 代表卷入式感受、f 代表交互式体验、g 代表沉淀式固化、h 代表人格化养成、i 代表社群顾客层、j 代表亚文化圈、k 代表 IP 生态体系。③用阿拉伯数字代表资料条目顺序，如 D–b3 代表“王者荣耀”人格要素下第三条资料。

由于案例较多，资料搜集工作量较大，采用分类搜集和混合整理的方法进行。第一步，由 3 位研究人员分别对 3 个案例资料进行搜集与归类；第二步，由 3 位研究人员采用混合的方式独立对另外两位研究人员搜集的案例资料进行检查；第三步，由 3 位研究人员共同对各自发现的问题与不足进行讨论并整改，完成案例资料搜集；第四步，对可以同时归入几个因素的部分案例资料进行讨论并整改，最终得到 766 条有效条目（表 3–7）。

表 3–7 品牌 IP 化促进品牌符号意义建构的条目构成

研究方面	研究层面	研究问题	条目数/条	百分比/%	资料记录
品牌 IP 化形成机制（434 条）	内核聚变（174 条，40.1%）	内核要素	68	39.1	A–a1～A–a10，B–a1～B–a9，C–a1～C–a5，D–a1～D–a8，E–a1～E–a14，F–a1～F–a4，G–a1～G–a5，H–a1～H–a9，I–a1～I–a4
		人格要素	106	60.9	A–b1～A–b29，B–b1～B–b15，C–b1～C–b11，D–b1～D–b18，E–b1～E–b9，F–b1～F–b4，G–b1～G–b5，H–b1～H–b9，I–b1～I–b6
	内核裂变（260 条，59.9%）	内容裂变	129	49.6	A–c1～A–c10，B–c1～B–c14，C–c1～C–c11，D–c1～D–c21，E–c1～E–c25，F–c1～F–c8，G–c1～G–c7，H–c1～H–c15，I–c1～I–c18

续表

研究方面	研究层面	研究问题	条目数/条	百分比/%	资料记录
品牌 IP 化形成机制（434 条）	内核裂变（260 条，59.9%）	营销裂变	131	50.4	A-d1～A-d25，B-d1～B-d14，C-d1～C-d9，D-d1～D-d15，E-d1～E-d17，F-d1～F-d10，G-d1～G-d14，H-d1～H-d20，I-d1～I-d7
品牌 IP 化增值机制（332 条）	顾客（184 条，55.4%）	卷入式感受	52	28.3	A-e1～A-e7，B-e1～B-e4，C-e1～C-e7，D-e1～D-e4，E-e1～E-e4，F-e1～F-e5，G-e1～G-e10，H-e1～H-e3，I-e1～I-e8
		交互式体验	48	26.1	A-f1～A-f9，B-f1～B-f7，C-f1～C-f5，D-f1～D-f4，E-f1～E-f3，F-f1～F-f4，G-f1～G-f6，H-f1～H-f4，I-f1～I-f6
		沉淀式固化	49	26.6	A-g1～A-g3，B-g1～B-g8，C-g1～C-g7，D-g1～D-g3，E-g1～E-g6，F-g1～F-g6，G-g1～G-g6，H-g1～H-g7，I-g1～I-g3
		人格化养成	35	19.0	A-h1～A-h3，B-h1～B-h4，C-h1～C-h4，D-h1～D-h3，E-h1～E-h5，F-h1～F-h4，G-h1～G-h4，H-h1～H-h5，I-h1～I-h3
	泛顾客（148 条，44.6%）	社群顾客层	32	21.6	A-i1～A-i3，B-i1～B-i4，C-i1～C-i6，D-i1～D-i5，E-i1～E-i2，F-i1～F-i3，G-i1～G-i6，H-i1，I-i1～I-i2
		亚文化圈	51	34.5	A-j1～A-j4，B-j1～B-j4，C-j1～C-j4，D-j1～D-j8，E-j1～E-j4，F-j1～F-j7，G-j1～G-j8，H-j1～H-j6，I-j1～I-j6
		IP 生态体系	65	43.9	A-k1～A-k5，B-k1～B-k4，C-k1～C-k12，D-k1～D-k8，E-k1～E-k7，F-k1～F-k10，G-k1～G-k9，H-k1～H-k5，I-k1～I-k5
品牌意义促进机制（766 条）	品牌 IP 化（766 条）	顾客模块	332	43.3	A-e1～A-k5，B-e1～B-k4，C-e1～C-k12，D-e1～D-k8，E-e1～E-k7，F-e1～F-k10，G-e1～G-k9，H-e1～H-k5，I-e1～I-k5
		企业模块	434	56.7	A-a1～A-d25，B-a1～B-d14，C-a1～C-d9，D-a1～D-d15，E-a1～E-d17，F-a1～F-d10，G-a1～G-e10，H-a1～H-d20，I-a1～I-d7

注：限于篇幅，资料条目详细内容省略。

三、案例分析与理论结果

品牌 IP 化的形成与增值过程是复杂、动态、发展和权变的，因此对于搜集到的案例原始资料不能以简单、静止、割裂的眼光看待。为此，由 3 位研究人员分别对原始资料进行了比对分析，得到品牌 IP 化形成机制资料条目 434 条、品牌 IP 化增值机制资料条目 332 条和品牌意义促进机制资料条目 766 条（表 3-7）。

1. 品牌 IP 化的形成机制分析

在品牌 IP 化形成机制的 434 条条目中，内核聚变条目有 174 条，内核裂变条目有 260 条。根据条目数量及其占比可以明显看到，内核聚变和内核裂变对促进品牌 IP 化形成有着十分积极的作用，其中内核裂变对品牌 IP 化形成的影响更大。

（1）内核聚变与品牌 IP 化形成机制。

内核聚变条目有 174 条，其中内核要素条目 68 条，占比 39.1%；人格要素条目 106 条，占比 60.9%。对比内核要素条目与人格要素条目，人格要素条目占比远大于内核要素条目占比，表明了人格要素对品牌 IP 化形成的驱动力更大。

第一，内核要素。内核要素是一个品牌的内驱力，能够对品牌消费者产生积极影响。这可以从如下代表性资料中得到验证，如 A-a4 “创作者希望，通过以视听文化解读戏剧文化带来的乐趣，让顾客体验畅音阁带来的畅心之旅”；A-a9 “看似段子的公众号文章，实则是以正史为依据的。这样的传播方式更加符合年轻人的娱乐心态，让更多的受众对故宫文化中的历史文化信息感兴趣，吸引他们了解传统文化与历史知识”；B-a4 “江小白秉承‘创享愉悦’的理念，致力于为年轻人提供更多的平台，让他们活出真我，突破自我，享受生命与生活”；C-a5 “熊本熊的各种有趣‘经历’，也使得很多关注熊本熊的年轻人对这个可爱的熊有了更多的精神寄予，是压力较大的工作者排泄压力的出口”；E-a6 “LINE 没有受制于特定的年龄层，而是以一种‘宽泛’的概念让顾客自动找寻认同感”；F-a1 “《快把我哥带走》演绎的兄妹感情，触动了很大一部分当代青年的情感需求，产生了强烈的共鸣”；G-a4 “网易云音乐从 UGC 解析顾客需求，强化品牌与顾客情感联系，满足了当代青年人在听歌时想要与人分享此刻心情的情感需求"等。由此可见，品牌 IP 化的形成必须有对其精神层面的诠释，必须将这种精神层面的体验带给消费者，才能促使消费者产生品牌忠诚，从而被品牌精神吸引。因此，内核要素是品牌 IP 化形成机制的重要因素之一。

第二，人格要素。品牌被赋予人格之后，消费者对其角色产生认可，这时的品牌不再是冰冷的 Logo，而是具有人性温度的精神慰藉形象。这可以从如下代表性资料中得到验证，如 A–b1 "'顶戴花翎官帽伞'：承包了象君一整年的笑点。这大热天的戴上它，妈妈再也不用担心我上朝被晒晕了"；C–b7 "熊本熊拥有自己的微博，偶尔还要客串一下电视节目"；C–b9 "熊本熊做麻薯掉手套，呆萌形象火遍日本"；C–b10 "熊本熊和厨师做饭时，煮饭起火被吓跑"；C–b11 "熊本熊在舞台上接受女生采访时，掀女生裙子"；D–b12 "《王者荣耀》中 80% 以上的英雄及故事构架来源于历史著名人物的再创作"；E–b1 "2013 年出过两个动漫系列 LINE TOWN 和 LINE OFFLINE，将 LINE FRIENDS 虚拟成 Line Corporation 的员工，讲述他们的日常生活"；E–b4 "布朗熊是踏实稳重的青年，可妮兔是机灵活泼的女生，也是布朗熊的女朋友"；G–b3 "网易云对每一位听众的'智能测评'，让听众对网易云的依赖情愫更加立体化"；G–b4 "'网易云很懂我'已经成为听众最真切的感受"；I–b6 "Pew DiePie 还喜欢自黑，把自己的头像 PS 到女性角色身上"等。由此可见，拥有一个有趣、贴心的品牌形象能够激发消费者对品牌的喜爱。科特勒指出，一个成功的人格化品牌形象就是其最好的公关，能够深化顾客与品牌的关系，加深消费者对品牌及其内在文化的感情。由此，品牌在消费者心中的形象已经不再是一个产品，而是渐渐演变成了一个形象丰满的人，甚至拥有自己的形象、个性、气质和文化内涵。可见，品牌可以通过人格化与消费者建立起长久的亲密联系，传递品牌意义。因此，人格要素是品牌 IP 化形成机制的重要因素之一。

基于上述分析，可得出如下结论：内核聚变主要由内核要素和人格要素两大因素构成；从条目分布上看，内核要素是人格要素形成的基础，可以通过一定的精神内涵赋予品牌人格形象，拉近品牌与消费者之间的距离，增强消费者对品牌形象的认同感，实现品牌意义向消费者的转移。

（2）内核裂变与品牌 IP 化形成机制。

内核裂变条目共有 260 条，其中内容裂变条目 129 条，占比 49.6%；营销裂变条目 131 条，占比 50.4%。从条目分布的百分比来看，两类条目占比相近，表明内容裂变和营销裂变均对品牌 IP 化形成机制具有重要的促进作用，但不能判断两者对品牌 IP 化形成机制的作用效果差异。

第一，内容裂变。内容裂变是指品牌通过开发不同的产品以迎合消费者需求，使消费者满意度上升。这可以从如下代表性资料中得到验证，如 A–c8 “2014 年 10 月推出《皇帝的一天》节目更受欢迎。它虚拟了一个故事：少年皇帝想要出宫，于是乾清门外的小狮子帮忙为皇帝找替身。从清晨 5 点起床穿衣开始，读书、骑射、上朝、用膳，玩家就这样当起了‘皇帝’。游戏中，小狮子还客串‘讲解员’，通过弹出文字介绍清代宫廷礼节，以及服装、文化等知识”；A–c9 “《雍正：感觉自己萌萌哒》被疯转，内文为‘动态图 + 萌萌的文案’，动态图是由故宫博物院工作人员创作的，图片原材料则来自《雍正行乐图》。在这些雍正行乐动态图中，雍正或是泡脚，或是打虎，或是松下抚琴……各有造型”；C–c1 “这头熊诞生之后，很快就登上了熊本县各种产品的包装，又开通了专属的脸书和推特账号”。D–c3 “《王者荣耀》会为每位英雄配上一段千余字的背景故事，不断完善游戏的世界观，以构建出一个更有底蕴的王者大陆”；D–c17 “《王者荣耀》制作了一系列叫作《王者萌萌假日》的短篇漫画，让《王者荣耀》中的英雄以 Q 萌版二次元形象，上演了一系列搞笑的小剧场”等。

第二，营销裂变。营销裂变就是通过跨界营销、情感营销、场景营销向顾客销售产品及服务，通过多种方式使品牌形象深入人心。这可以从如下代表性资料中得到验证，如 A–d10 “一部《我在故宫修文物》的纪录片，在网络播出后点击量轻松破百万”；B–d14 “我乐家居联合江小白及樊登读书会，三大品牌上演跨界联合，推出全新的营销方式，迎合更多的年轻消费群体”；C–d6 “2018 年，熊本熊周边商品销售额达到 1280 亿日元，相当于该县年 GDP 的 2%”；D–d8 “原创文学巨头阅文集团与电竞游戏界王牌《王者荣耀》已经展开跨界合作，名为‘致爱王者　共书荣耀’的主题征文活动全网发布”；D–d10 “‘YSL 王者荣耀联赛’整个游戏联赛通过各大媒体、直播平台专题页、知名主播直播解说等方式，曝光量达到千万以上”；D–d14 “以大受欢迎的甄姬昆曲皮肤作为艺术展主题，借助全息 3D 智能炫屏，诠释‘游园惊梦’皮肤的设计理念与文化内涵，以另外一种方式解读昆曲《牡丹亭》的魅力”；E–d2 “LINE FRIENDS 与韩国偶像团体防弹少年团合作，推出新角色BT21，上线26天下载量突破800万”；E–d6“优衣库于2014年推出与LINE FRIENDS合作的UT，一共10款，在中国、日本和韩国引发了粉丝的疯狂抢购”；F–d5“《快把我哥带走》的商业模式现已覆盖付费阅读、动漫出版、影视动画、IP授权与衍生品、游戏、广告营销和‘IP+文旅’等领域”；G–d4“网易云音乐和《开心消消乐》合作联动，以‘消减都市人工作压力、生活焦虑’为创意主题，以歌曲为主线，立足游戏IP立体化的需求，通过出道曲、MV的形式打造音乐营销，多维度激活游戏IP形象，为《开心消消乐》带来了巨大的品牌价值”；H–d11“可口可乐 ×Herschel Supply Co.包袋系列：用可口可乐弧形瓶从钱包、收纳包、平板电脑包一直武装到双肩包、旅行袋，成就了这一系列兼具实用性与设计感的联名作品”；I–d6“Pew DiePie通过跨界营销，实现了产品延伸，其产品包括原创视频、游戏、动画、服饰、音乐、综艺、文创等”等。由以上资料可以看出，营销裂变也是品牌IP化形成机制的重要因素，是品牌IP化形成机制的直接体现。

基于上述分析，可得出如下结论：内核裂变主要由内容裂变和营销裂变两大因素构成；通过内容裂变生成的产品，以及与其他品牌合作形成的联名款，可以帮助品牌更好地宣传和传递品牌意义，使消费者产生品牌信赖。企业内容的持续发酵，以及跨界营销、场景营销、情感营销等裂变营销方式会对品牌IP化的形成产生重要影响。

2. 品牌IP化的增值机制分析

在品牌IP化增值机制的332条条目中，顾客条目有184条，占比55.4%；泛顾客条目有148条，占比44.6%。从条目分布的百分比来看，可以明显发现，顾客层面和泛顾客层面都对品牌IP化的增值机制有着驱动作用，且顾客层面的增值作用要大于泛顾客层面的增值作用。

（1）顾客与品牌IP化增值机理。

顾客条目共有184条，其中卷入式感受条目52条，占比28.3%；交互式体验条目48条，占比26.1%；沉淀式固化条目49条，占比26.6%；人格化养成条目35条，占比19.0%。从条目百分比来看，相对于人格化养成，卷入式感受、交互式体验和沉淀式固化等3个要素对品牌IP增值的促进作用更大。

第一，卷入式感受。卷入式感受，是指顾客在与品牌IP首次接触时的体验和印象。这可以从如下代表性资料中得到验证，如C–e4“我现在买了配套的熊本熊相纸，笔记本和钥匙圈也值得搜集，不知道大家会不会喜欢熊本熊呢”；F–e5“这个非常好看，我看了触动泪点”；H–e1“红衣鹿又帅又暖，支持代言人，可口可乐喝起来”等。可见，品牌的卷入式感受能够激发顾客对品牌的消费欲望，实现品牌 IP 增值，对品牌 IP 增值和商业价值的实现具有重要的驱动作用。

第二，交互式体验。交互式体验，是指顾客通过多次接触品牌 IP，逐渐对品牌 IP 产生情感，开始主动关注和体验品牌 IP，并在交互式体验中表达情感诉求。这可以从如下代表性资料中得到验证，如 A–f7“凤仪天下的眼影和荷花腮红会上线吗”；B–f5“想问一下江小白的青春版和表达瓶是分两个系列，还是说表达瓶是每个系列都有呢”；C–f4“去玩儿的时候，一只巨大的‘熊本熊’端坐在马当路和兴业路口的咖啡店门面上，一直与路过的人互动玩耍，十分引人注目”；G–f2“无论是乐评专列还是音乐专辑，最关键的传播内容均来自网易云音乐海量的顾客原创乐评及歌单，这是网易云音乐区别于其他音乐 App 的核心竞争优势之一”；H–f2“喝饮料就是为了开心，为什么‘+c’要减糖”等。可见，顾客的交互式体验有助于提升顾客对品牌 IP 的体验感，促进品牌 IP 增值和商业价值的实现。

第三，沉淀式固化。顾客在接触品牌 IP 一段时间后，会将品牌 IP 代入自己的生活习惯，久而久之，顾客与品牌 IP 的交互行为就会沉淀在顾客生活行为中，再加上品牌 IP 的内核满足的是顾客的精神需求和心理需求，IP 形象就在顾客的生活中得到沉淀和深化，这是顾客实现品牌 IP 增值的关键。这可以从如下代表性资料中得到验证，如 A–g1“我必须拥有这个，我准备好了”；B–g5“江小白小酒馆的主题是‘Say No’，这个就是我很想要的生活状态了，多希望喝了这杯混饮，自己就可以变成雷厉风行、大胆拒绝的人，遇到自己不喜欢的事情，可以直接‘Say No’”；B–g8“一说到青年人喝的酒，就会想到江小白”；D–g1“腾讯视频《王者荣耀》实景真人对抗赛‘王者出击’，号称全球首档游戏 IP 自主研发的实景真人对抗赛”；E–g3“后来索性变成了长销系列，现在点开优衣库的官网就可以看到 LINE 系列还在架上，足见其持久人气”；H–g6“可口可乐千万瓶，炸鸡薯条第一搭”等。可见，顾客的沉淀式固化可以提升顾客对品牌 IP 的忠诚度和认可度，从而对品牌 IP 增值和商业价值的实现有着重要的驱动作用。

第四，人格化养成。人格化养成是指品牌 IP 在满足了顾客内在心理需求后，顾客逐渐形成与品牌 IP 形象相似的人格特征。这是影响品牌 IP 增值的关键性因素，可以从如下代表性资料中得到验证，如 A–h3“逛了逛故宫淘宝店，感觉故宫再也不像以前那样冷冰冰、遥不可及，纯粹只是个旅游景点，现在的故宫给人的感觉就像一个脱离喧嚣很久，终于适应了现代社会生活的古代人，而且适应之后还利用其古代人特有的优势来抢我们的钱”；B–h3“看我看我，小白，有运营岗吗？应届生可以投简历吗”；B–h4“江小白卖的是情怀，也就是格调，而不是酒”；C–h1“熊本熊的可爱和憨萌性格带动了熊本熊的粉丝卖萌耍宝的风气”；C–h3“这样的形象具有显著的‘娃娃脸效应’，令人感觉亲切”；G–h3“网易云音乐的‘每年歌单’帮助听众深入了解自己一年的情绪，帮助听众逐渐改善自己的生活状态”等。可见，人格化养成可以提升顾客对品牌 IP 的追捧和喜爱程度，促进品牌 IP 增值和商业价值实现。

基于上述分析，可得出如下结论：顾客层面的品牌 IP 增值由卷入式感受、交互式体验、沉淀式固化和人格化养成等四大因素驱动。从条目具体分布上看，顾客对品牌 IP 增值的贡献是一个循序渐进的过程，即顾客在对品牌 IP 持续体验过程中逐步实现了对品牌的固有认知和认可。因此，品牌 IP 与顾客之间建立的关系不再是传统商业模式下简单的“一锤子”买卖关系，而是多方面的持久性和深层次的全方位情感共振，顾客黏性得到了极大增强，商业价值得以实现。

（2）泛顾客与品牌 IP 化增值机理。

泛顾客条目共有 148 条，其中社群顾客层条目 32 条，占比 21.6%；亚文化圈条目 51 条，占比 34.5%；IP 生态体系条目 65 条，占比 43.9%。从条目百分比分布来看，三者对品牌 IP 化增值均存在显著的促进作用，且作用大小存在显著差异，其中作用最大的是 IP 生态体系，其次是亚文化圈，社群顾客层的作用相对最小。

第一，社群顾客层。社群顾客是品牌 IP 形象从顾客层面向泛顾客层面转移的第一步，在此之前品牌 IP 形象影响的是一个较小的爱好群体，他们有着相同或相似的经历、爱好，聚在一起分享各自的生活习惯、畅聊共同话题。这是泛顾客层面的初始萌芽阶段，能够使同一社群顾客层的消费者提高消费能力和品牌忠诚度。这可以从如下代表性资料中得到验证，如 A–i1“故宫和老字号糕点稻香村推出高颜值礼盒（如春节糕点礼盒），因为颜值高引发了很多网友分享”；A–i2“目前，故宫博物院的策略是对成年人营销文创，对未成年人营销教育服务，对机构营销定制服务”；C–i5“熊本熊的第一台拍立得，原先是奔着熊本熊造型去的，结果大家都被拍立得迷住了，许多‘90 后’现在已经达到爱不释手的地步了”；D–i2“教师和学生来上几局游戏，让师生关系更为融洽”；E–i2“调查发现，LINE 顾客的性格和特征细分越来越明显，及时调整、不断更新卡通形象，让每个卡通都代表一个类型的消费者，以更好地网罗 18～35 岁年轻人”；F–i1“QQ 空间中随处可见这样的评价：我就希望妈妈给我生一个哥哥，好羡慕时秒有时分啊”；H–i1“主要消费群体是学生、白领、层次较高的自由职业者，许多年来可口可乐不断用创新的手段加强与消费者的联系，激发年轻人的共鸣，点燃他们对自由表达自我和追寻人生梦想的无限热情”等。由此可见，无论是同一顾客层面的相互交流沟通，还是不同顾客层之间的传播和推荐，都可以促进品牌 IP 的进一步传播，提升品牌 IP 的商业价值，为泛顾客提供了更好的体验。因此，社群顾客层是品牌 IP 增值的关键性驱动因素之一。

第二，亚文化圈。亚文化圈是品牌 IP 在泛顾客层面的深化，当更多的顾客聚集在一起使用并分享品牌产品时，品牌 IP 与顾客群的关系更加紧密，达到了泛顾客的第二个层次——亚文化圈。这可以从如下代表性资料中得到验证，如 A–j1“‘故宫淘宝’微信公众号推出文章《她比四爷还忙》来推荐一款骨瓷的杯子，连《人民日报》都转载了，朋友圈超过 100000+ 的阅读量”；A–j3“故宫淘宝店收藏粉丝人数共 48 万人，为五冠卖家”；A–j4“故宫淘宝微博账号粉丝有 49 万个”；B–j2“江小白表达瓶向消费者创造了一个全新的表达情绪的玩法，从上线以来便引发了一大波消费者在社交平台晒语录瓶”；B–j4“江小白刚刚出来时附带的语录句句戳中消费者心坎，加之中国人往往容易通过酒瓶宣泄自我，所以酒瓶附带的语录更容易产生情感共鸣，留下深刻印象，很好地实现了二次传播，而之后更新语录版本更是与顾客产生了深度互动”；C–j4“熊本熊的受众已经渐渐从‘90 后’开始向‘00 后’和‘80 后’方向延伸了”；D–j1“《王者荣耀》日活跃顾客达 1000 万个，突破国内 MOBA 手游的最高日活跃数据”；D–j7“这种文化跨越了社会属性的区隔，营造了一种共识与认同”；F–j6“在电影放映后的两周，ins 上都是这样的影评：这个非常好看，我看了触动泪点”等。可见，无论是同一亚文化圈中的顾客交流，还是文化圈与泛顾客之间的传播和推荐，都为泛顾客创造了更好的体验，提升了品牌 IP 的商业价值。因此，亚文化圈是品牌 IP 增值的关键性驱动因素之一。

第三，IP 生态体系。泛顾客在关注品牌 IP 的发展动态和前景后，开始在朋友圈、QQ 空间分享自己与品牌 IP 之间的故事和感情，带动其人脉圈主动关注品牌 IP 的动态、购买品牌的产品，当能为品牌带来极大的经济效益和商业价值时，就到达了泛顾客的第三层次——IP 生态体系。这可以从如下代表性资料中得到验证，如 A–k1 “故宫与腾讯合作举办了‘表情设计’和‘游戏创意’两个比赛，腾讯提供平台，开放了 QQ 8.77 亿月活跃账户，让更多网民参与故宫文化创意，诞生了一批‘雍正剪刀手’等好玩有趣的表情包和红极一时的朱元璋皇帝《穿越故宫来看你》，还有好多互动有趣的小游戏”；A–k5 “根据新浪舆情通统计，在‘口红宫斗’的第一阶段，相关事件的全网信息量达到 19.6 万条，其中来自微博的信息量达到 18.1 万条，占比 92.3%，成为该事件传播的主要平台，而该事件不仅获得了网友的关注，还引起了澎湃新闻、北京青年报、央视新闻等众多媒体的围观报道”；B–k1 “据悉，新收录的 48 条语录均筛选自江小白‘我有一瓶酒，有话对你说’小程序的后台留言，截至发稿日，江小白已收到上千万条网友原创语录，上评论的优秀语录已超过 100 条，并通过产品传播至全世界”；B–k3 “上架京东 1 年，江小白在京东年货节期间销售额突破 1000 万元，荣获京东‘年度合作伙伴奖’”；C–k12 “2017 年，该县吉祥物‘熊本熊’的周边产品销售额达到 1408.742 亿日元，同比增加 10%，刷新历史最高纪录”；D–k1 “注册顾客超 2 亿，日活跃 5000 万，成为全球顾客数最多的 MOBA 手游”；D–k8 “广泛的衍生品也会触碰到非玩家群体，形成外围文化圈，促进虚拟和现实的联动，在大众化的社会交往中发挥影响力”；E–k1 “优衣库与 LINE FRIENDS 合作，于 2014 年推出 10 款 UT，在中国、日本和韩国引发了粉丝的疯狂抢购”；F–k8 “截至 2018 年 8 月 22 日，漫画《快把我哥带走》在快看漫画平台上的总热度超 40 亿，人气值高达 165 亿，获得 671 万人的关注，产生超 111 万条评论”；I–k2 “早在 2015 年就以 110 亿的浏览量久居人气榜首，人气指数超过了美国前总统奥巴马和美国著名女星碧昂丝的总和，号称‘世界第一游戏主播’”等。由此可见，IP 生态体系的形成可以促进品牌 IP 的进一步发展和传播，提升品牌 IP 的商业价值，为泛顾客提供更好的体验。因此，IP 生态体系是品牌 IP 增值的关键性驱动因素之一。

基于上述分析，可得出如下结论：品牌 IP 影响的泛顾客层次可以划分为社群顾客层、亚文化圈和 IP 生态体系 3 个阶段。品牌 IP 刚诞生时，影响的只是一个小社群，这个社群由具有某种共同兴趣爱好或基于某一特殊事件聚集在一起的一群人构成，这是品牌 IP 萌芽阶段影响的泛顾客——社群顾客层。当越来越多的顾客聚集在社群顾客层时，品牌 IP 就与这些新顾客发生被动强连接，就到达了泛顾客的第二层次——亚文化圈。当关注品牌 IP 的顾客主动分享他们与品牌 IP 的故事，带动其朋友圈主动为品牌 IP 引流并产生顾客裂变效果时，就到达了泛顾客的第三层次——IP 生态体系。

3. 品牌 IP 对品牌符号意义建构的促进效应分析

品牌 IP 促进品牌符号意义建构的条目有 766 条，其中企业模块（品牌 IP 化形成机制）条目 434 条，占比 56.7%；顾客模块（品牌 IP 化增值机制）条目 332 条，占比 43.3%。从条目分布的百分比来看，企业模块对品牌符号意义建构的促进作用更明显，但顾客模块的作用也不容忽视。

（1）企业模块对品牌符号意义建构的促进作用。

企业模块主要通过内核聚变和内核裂变促进品牌符号意义建构，提升品牌形象。这可以从如下代表性资料中得到验证，如 A–a1 “精准的顾客画像制造出具备互联网属性的产品以顺应潮流，打造出故宫淘宝卖萌的品牌形象”；B–a2 “和其他白酒品牌不同，江小白花样的举措会给消费者带来一种差异化的冲击感，而这种差异化更容易使品牌获得注意力；D–a8 “游戏的魅力不仅在于胜利本身，更在于和朋友一起努力，在嬉笑怒骂中获得胜利”；E–a10 “对价值观的诉求是相对论述的，这与受众的个人情感、意识形态和社会文化背景有关，所以从宽泛的角色设定出发，对 LINE 品牌的发展未尝不是一件益事”；E–a14 “以极简扁平化的时尚审美吸引了各大品牌争相成为其周边产品”；I–a1 “Pew DiePie 解说的游戏遍及各种平台，游戏种类繁多，其解说结合了他个人的独特幽默感，同时配合搞笑的视频剪辑和字幕，吸引了很多 Youtube 顾客”等。由此可见，品牌 IP 化的形成机制有助于促进品牌符号意义的建构与传播，加速品牌成长。

（2）顾客模块对品牌符号意义建构的促进作用。

顾客模块主要通过顾客与泛顾客来促进品牌符号意义建构和品牌成长。这可以从如下代表性资料中得到验证，如 B–j2 “江小白表达瓶向消费者创造一个全新的表达情绪的玩法，上线以来引发了一大波消费者在社交平台晒语录瓶”；C–k7“熊本熊的表情包和动图在各个国家都很受欢迎，已经成为受国际消费者认可的形象”；D–k5“因《王者荣耀》IP 化而暴富的相关公司已达 191 家”；D–k6“几乎所有的社交媒体、视频网站、二次元阵地都被大量《王者荣耀》UGC 内容包围”；E–k6“LINE FRIENDS 所到之处是万人空巷，无论在北京、上海，还是成都、杭州，都是刷爆朋友圈”；F–k2“从 2015 年开更，已有超 5 亿阅读量，在快看漫画独家连载期间，累计吸引 600 多万人关注，人气值高达 162 亿，总评论量 110 万条”；F–k10“2019 年《快把我哥带走 2》动画 IP 给携程定制的番外故事，巧妙利用动画中原生人物的个性，将产品利益点自然渗透，将 IP 生态体系进一步延伸”；G–h4“网易云音乐时常能捕捉、洞察这层情感关系，以 UGC 反哺品牌，提供创意营销思路，帮助品牌 IP 更好地从顾客入手打造营销内容，提升音乐营销活动的顾客互动参与量”；H–h4“时至今日，可口可乐北极熊已经成为传递欢乐的重要象征。粉丝不仅可以在可口可乐的广告、产品上看到各种可爱造型，还可以在亚特兰大的可口可乐博物馆里看到真人布偶版的可口可乐北极熊，和它合影互动，纪念欢乐时刻”等。由此可见，品牌 IP 化的增值机制有助于促进品牌符号意义的传递与建构，加速品牌成长。

基于上述分析，可得出如下结论：一是品牌 IP 化可以加快品牌符号意义的建构，促进品牌成长；二是品牌 IP 化促进品牌符号意义建构的两大因素是品牌 IP 化形成机制和品牌 IP 化增值机制；三是品牌 IP 化形成机制对于品牌符号意义建构的效果较大；四是品牌 IP 化不但能交互、维持、增加品牌顾客，还能进一步保障品牌符号价值。

4. 案例分析结果

通过上述有关品牌 IP 对品牌符号意义建构促进机制的综合分析，所需验证的 3 个方面、6 个层面的 15 个问题均得到有效验证（表 3–8）。

表 3–8　品牌 IP 化促进品牌符号意义建构的研究性问题检验结果

研究方面	研究层面	研究问题的验证结论
品牌 IP 化的形成	内核聚变	品牌内核（通过定位选定的品牌意义）是企业品牌 IP 化形成的必要条件。 内核的人格化（品牌意义的具象化和拟人化）是企业品牌 IP 化形成的必要条件。

续表

研究方面	研究层面	研究问题的验证结论
品牌 IP 化的形成	内核裂变	企业内容的持续发酵会促进企业品牌 IP 化的形成。 企业跨界营销、场景营销、情感营销等裂变营销方式会促进品牌 IP 化的形成。
品牌 IP 化的增值	顾客	单个顾客的卷入式感受会影响品牌 IP 化的增值。 单个顾客的交互式体验会影响品牌 IP 化的增值。 单个顾客的沉淀式固化会影响品牌 IP 化的增值。 单个顾客的人格化养成会影响品牌 IP 化的增值。
	泛顾客	泛顾客组成的社群顾客层会影响品牌 IP 化的增值。 泛顾客组成的亚文化圈会影响品牌 IP 化的增值。 泛顾客组成的 IP 生态体系会影响品牌 IP 化的增值。
品牌 IP 化促进品牌成长	品牌 IP 化形成机制	内核聚变和内核裂变对品牌 IP 化形成机制的影响力巨大。 企业首先将社会新的治愈系内化为品牌 IP 的内核要素，其次通过人格化和拟人化的手段将品牌 IP 内核过渡到能使社会受众看得见、摸得着、听得到的层面；企业随之用商业手段将品牌 IP 的内容无限激发，同时辅以各种营销方式促使品牌 IP 在社会受众之间裂变，从而提高品牌的商业价值和品牌符号价值。
	品牌 IP 化增值机制	顾客和泛顾客对品牌 IP 化增值的影响力巨大。 单个顾客由于被卷入而接触到品牌 IP，慢慢与之产生交互，并受其影响，在人格养成中打上 IP 的烙印；对于受影响的整个社会顾客群来说，最开始受其影响的是一个简单的社群层，随着企业端第二阶段的推进，受其影响的群体越来越大，最终形成品牌 IP 生态体系，从而极大地提高了品牌的传播价值和吸收价值。

四、小结

本部分通过对 9 个典型案例的探讨，分析并验证了品牌 IP 对品牌符号意义建构的形成机制和增值机制，主要得到如下结论：①品牌 IP 化的形成机制包括内核聚变和内核裂变，其中内核聚变包括内核要素和人格要素，内核裂变包括内容裂变和营销裂变，二者是一种由内到外、由深到浅的关系；②品牌 IP 化的增值机制包括顾客和泛顾客，其中顾客的卷入式感受、交互式体验、沉淀式固化与人格化养成，以及泛顾客的社群顾客层、亚文化圈、IP 生态体系，体现了社会个体和社会群体对品牌 IP 的反应机制；③品牌 IP 化的形成机制与增值机制相互影响、相互促进，共同构成 IP 生态体系，最大化地实现品牌符号意义建构，提升品牌形象，创造品牌符号价值。

04

第四章

基于网络品牌对话的品牌符号传播与意义建构

随着互联网技术的发展，以微博、微信为代表的自媒体大量涌现，使得人们的交流沟通、消费生态和消费决策都发生了深刻变化，消费者可以自如地通过社交媒体广泛分享其品牌体验。可以说，互联网的开放、公众参与、共创、普惠、平等、脱媒、平台型整合、低成本的优势，为企业实施网络品牌对话，提高顾客满意度，培养品牌忠诚度，实现品牌快速成长提供了机会（张燚等，2017）。比如，坚果品牌“三只松鼠”通过使用3只可爱的松鼠形象与顾客互动，提升了“三只松鼠”在消费者心目中良好的品牌形象；海尔通过“海尔社区”“海尔开放创新平台”（HOPE）等途径，加强员工与顾客的实时互动沟通，为海尔创造了更高的品牌符号价值；美妆品牌“御泥坊”通过网络直播、明星见面会等互动形式，利用粉丝群体追求美和时尚的心理，掀起了一波又一波的粉丝购物狂潮；小米手机充分利用互联网平台与顾客互动，通过品牌对话，极大地提高了顾客的情感依赖性和忠诚度，促进了小米品牌的快速成长。目前，已有文献主要从顾客参与价值共创的视角进行了大量研究，但对如何开展品牌对话，以及品牌对话背后的理论逻辑却较少关注。上述企业究竟是在哪些平台上与顾客开展品牌对话的，其对话方式和对话内容是什么？品牌对话究竟对塑造品牌形象、促进品牌成长发挥了什么作用？本章以小米品牌为例，通过纵向案例研究，深入分析小米品牌在不同成长阶段采取的品牌对话平台、对话方式和对话内容，建构品牌对话实现模型及演化机制，旨在发展新媒体环境下的品牌对话理论，并为其他企业的网络品牌对话实践提供理论支撑和经验参考。

第一节 文献探讨

一、品牌对话的内涵和特点

品牌对话的概念源于“对话式营销”，是指通过网络对话直接联通市场的营销策略，是以直接、透明的方式与现有客户，以及潜在客户互动的一种营销策略（Myers，2008）。对话式营销主要利用顾客对话方式搜集市场信息，注重市场上顾客的即时反应（Myers，2008）。对话式营销被广泛应用于互联网平台（如微博、微信等）。微博的对话传播机制为“链式传播”（魏武挥，2010），即从信息源头开始，整条传播链条无限延长，链条上的每个信息接收者都可能成为传播者和消费者，从而影响商业活动。如果话题足够新颖，那么传播链条会无限延长。很多企业正是看到了对话式营销带来的成本锐减、品牌知名度快速提升的显著作用，开始将对话式营销作为企业扩大品牌知名度的主要营销模式，使对话与品牌相联系，从而衍生出“品牌对话”。

目前，有关“品牌对话”理论的国内研究还很匮乏，在国外也仅有少数学者进行了前瞻性探索。Maslowska 等（2016）提出了“客户参与生态系统”的概念模型，该系统包括品牌行为、其他参与者、顾客品牌体验、购物行为、品牌消费和品牌对话行为；该模型反映了当今市场环境相互关联的特征，指出消费者通过不同形式的品牌对话行为对品牌发挥的影响是不同的。通过品牌对话展示出的品牌透明度和公开性是维系品牌发展的关键因素（Singh，2017），企业应该通过社会媒体与顾客对话。与顾客对话比顾客单向交流更能增强顾客的品牌态度和购买意愿（Colliander et al.，2015）。这种影响可以部分解释为，企业通过与顾客对话增加顾客的感知绩效与感知关怀；情感的力量可以传达并将品牌理念提升到一个不同的层次，而一个品牌的情感链接来自顾客的生活和经历（Soderbom，2003）。因此，企业有必要与消费者展开一场精彩的对话，为他们讲述一段打动人心的经历，从而将他们的情感与品牌联系起来。1940—1950 年，通用磨坊（General Mills）利用贝蒂·克罗克（Betty Crocker）打造了一个强大的品牌社区，以促进消费者之间的对话。在在此期间，公司坚持与妇女对话，与她们产生共鸣，激发互动，将品牌符号价值具体化，为品牌建设做出了重大贡献（Swenson，2016）。

二、品牌对话对品牌成长的影响

随着产品同质化竞争的加剧，如何更好地发展品牌与顾客之间的良好关系，调动顾客更高的参与度已经成为企业成功与否的关键战略（张燚等，2013）。顾客参与的根源在于生产与消费的不可分离，顾客不仅参与服务的生产和交付，而且服务的履行和质量离不开顾客的贡献，服务结果在相当程度上依赖于顾客的参与和合作（范秀成等，2012）。代表性观点和结论如下：望海军等（2007）的研究表明，顾客参与对顾客的感知控制具有正向影响，顾客的参与程度对感知控制和顾客满意之间的相关关系具有正向调节作用。贾薇等（2011）的研究表明，顾客参与能够显著提高其对实用价值和享乐价值的感知。张新国等（2014）的研究表明，顾客参与正向促进开发创新，顾客参与与探索创新呈“U”型关系，战略柔性对顾客参与和两类创新之间的关系具有正向调节作用。陈菊红（2014）指出，价值共创机制不仅能提升制造企业的产品服务质量，而且有助于增加消费者的感知价值。姚唐等（2013）认为，在网络环境下，顾客参与价值共创的动机在于感知到成就感、体验到愉快情绪、获得心灵归属感，并由此提升自我实现的快乐感和愉悦性享受。李朝辉（2014）以虚拟品牌社区顾客为研究对象，结果表明，顾客参与发起的价值共创和自发的价值共创均对品牌体验具有正向的显著影响，因此顾客参与是提升品牌体验的有效路径。申光龙等（2016）以体验价值为中介变量，实证检验了虚拟品牌社区顾客间的互动对顾客参与价值共创的影响。研究表明，顾客间的互动对顾客参与价值共创具有正向影响，这种影响以品牌体验为中介。陈李红等（2016）实证探讨了网络品牌社群中顾客价值的形成与作用机理，结果表明，品牌价值中的关系价值和体验价值对品牌忠诚度具有较为显著的正向影响。牛振邦等（2015）从科技型企业的顾客视角出发，探讨了顾客与企业互动激发顾客价值共创意愿的机理，研究表明，企业需要努力实现顾客与员工的“点”互动，以及顾客间的“交集”互动，这两种互动都对顾客品牌体验和价值共创意愿具有正向影响。

三、品牌对话的路径和机制

目前，学者从不同角度提出了顾客参与品牌符号价值共创的方式。Fang（2008）按照顾客在产品创新中扮演的角色将顾客参与划分为信息提供和共同开发两种方式；按照情感或情绪差异把顾客参与行为划分为主动参与和被动参与，其中主动参与是指顾客自发地愿意加入，甚至自发地帮助企业推进互动活动，被动参与是指企业产品质量反馈、服务投诉等不得不处理的顾客参与活动。李朝辉（2014）指出，顾客参与价值共创过程就是顾客参与企业产品设计、开发、生产、消费等方面持续、社会化、动态化的互动过程。刘宏等（2017）从顾客参与品牌价值共创的DART模型和价值创造的三阶段理论出发，提出了众包模式下顾客参与品牌价值共创的直接网站型和众包平台型两条路径。张燚等（2017）以小米手机品牌成长为例，总结出顾客参与网络品牌价值共创的五大机制，即建立契合互联网文化的企业文化和团队发展机制，建立“专注、极致、快”的新产品开发、更新与服务机制，建立培养顾客忠诚感的粉丝体验与互动沟通机制，建立有效激发和提升顾客参与新产品开发与更新的动力机制，构建基于新媒体或社会营销渠道的顾客口碑传播机制。这在一定程度上间接验证了顾客参与对品牌成长的作用模式与效果。

综上所述，现有文献从不同层面和视角验证了顾客参与对品牌符号价值共创的正向作用，提出了顾客参与品牌符号价值共创的路径和机制。虽然品牌对话必须有顾客参与，但对话的目的是增强顾客对品牌的情感依赖和对品牌的符号认知，培养顾客忠诚度。比如，品牌对话的平台、方式和内容究竟有哪些，品牌对话是如何促进品牌成长的，其内在的理论逻辑是什么，这些都是被顾客参与品牌符号价值共创理论忽视的。目前，品牌对话已经成为企业品牌塑造的新型营销模式，顾客通过社交网络平台，随时随地与企业及其他顾客对话，分享产品使用经验及感受，传播品牌符号价值与消费意义。许多企业通过将品牌对话融入品牌建设，持续放大粉丝的沉淀效应，迅速在竞争中占据了领先地位。因此，通过案例研究探讨品牌对话的路径模型及其演化机制，建构网络品牌对话理论，无疑具有重要的理论和现实意义。

第二节　研究方法与案例选择

一、研究方法与案例选择

本章拟采用单案例方法，基于品牌成长的时间顺序，对案例进行纵向分析，保证研究的深入和准确（许晖等，2016）。案例对象的选取条件：一是要与研究主题高度契合；二是资料的获取具有较高的可操作性，能够为质性研究提供高质量的分析资料。小米公司自成立以来，一直以顾客参与为出发点，通过自媒体和自创 App 平台（如微信、手机 QQ、小米社区、爆米花等），积极与顾客对话、沟通，为品牌树立了良好认知，实现了品牌强势成长（黎万强，2014）。同时，小米社区、爆米花等顾客体验平台全面对外开放。因此，选择小米品牌作为案例研究对象，能够较好地保证研究资料的质量和搜集的便利性。

二、资料来源与搜集

本章主要从以下 4 个方面进行资料搜集：①通过小米科技公司的官方网站和公司公告获取该公司的发展历程、企业文化、业务领域、经营理念、公司制度、公司重大事项等方面的相关资料，便于深入了解小米公司的背景，以及不同发展时期的主要活动，完成对小米公司的案例概况整理；②通过 CNKI、万方、维普、百度文库等资源，获取有关小米公司的论文和研究报告，了解顾客对小米公司及品牌符号意义的认知程度；③通过证券交易所、中华财经网、CNNIK 等数据库网站，获取小米品牌市场份额及经营状况，划分小米品牌成长阶段；④通过登录小米社区、米聊、爆米花等顾客体验平台，搜集顾客与小米客服、顾客之间的对话信息，提炼出小米品牌对话的平台、内容、方式等，进而概括出小米实现品牌对话的模式。

三、资料整理与编码

通过对上述资料的记录整理和编码分析，尽量排除主观定见、专业背景和个体偏好的影响，在完全忠于资料本意的基础上，分解、发掘出有效资料

1068 条、三级指标 23 个、二级指标 14 个、一级指标 5 个。编码方案和整理结果如表 4–1 所示。

表 4–1　资料编码分类

资料编码	三级指标	二级指标	一级指标
a1～a70	—	品牌导入期（X–Ⅰ）	品牌成长（X）
a71～a164	—	品牌成长期（X–Ⅱ）	
a165～a243	—	品牌成熟期（X–Ⅲ）	
a244～a290	引起兴趣（Y–Ⅰ–i）	品牌符号认知深度（Y–Ⅰ）	品牌符号认知（Y）
a291～a348	情感依赖（Y–Ⅰ–ii）		
a349～a400	顾客忠诚（Y–Ⅰ–iii）		
a401～a457	单一产品（Y–Ⅱ–i）	品牌符号认知宽度（Y–Ⅱ）	
a458～a500	品牌生态链（Y–Ⅱ–ii）		
a501～a536	企业形象（Y–Ⅱ–iii）		
a537～a562	小米社区（Z–Ⅰ–i）	自建 App（Z–Ⅰ）	对话平台（Z）
a563～a587	小米商城（Z–Ⅰ–ii）		
a588～a604	小米金融（Z–Ⅰ–iii）		
a605～a614	微博（Z–Ⅱ–i）	第三方自媒体平台（Z–Ⅱ）	
a615～a655	—	顾客—客服（S–Ⅰ）	对话方式（S）
a656～a695	—	顾客—顾客（S–Ⅱ）	
a696～a732	价格（W–Ⅰ–i）	顾客—客服对话的产品认知（W–Ⅰ）	对话内容（W）
a733～a757	质量（W–Ⅰ–ii）		
a758～a769	设计（W–Ⅰ–iii）		
a770～a812	性能（W–Ⅰ–iv）		
a813～a826	生活感受（W–Ⅱ–i）	顾客—客服对话的情感交流（W–Ⅱ）	
a827～a867	表明忠心（W–Ⅱ–ii）		
a868～a897	消遣（W–Ⅱ–iii）		
a898～a915	服务态度（W–Ⅲ–i）	顾客—客服对话的售后服务（W–Ⅲ）	
a916～a928	物流（W–Ⅲ–ii）		
a929～a959	产品评价（W–Ⅳ–i）	顾客—顾客对话的产品认知（W–Ⅳ）	
a960～a991	社区操作（W–Ⅳ–ii）		
a992～a1036	产品操作（W–Ⅳ–iii）		
a1037～a1068	生活感受（W–Ⅴ–i）	顾客—顾客对话的情感交流（W–Ⅴ）	

注：限于篇幅，上述品牌对话的原始资料省略。

（1）一级指标品牌成长（X），包括品牌导入期（X-Ⅰ）、品牌成长期（X-Ⅱ）和品牌成熟期（X-Ⅲ）等3个二级指标，主要根据小米科技公司官方网站发布的发展历程和各数据库中关于小米品牌的最新统计资料（共243条，即a1～a243）划分。

（2）一级指标品牌符号认知（Y），包括品牌符号认知深度（Y-Ⅰ）和品牌符号认知宽度（Y-Ⅱ）等2个二级指标。其中，二级指标品牌符号认知深度（Y-I）由引起兴趣（Y-Ⅰ-i）、情感依赖（Y-Ⅰ-ii）和顾客忠诚（Y-Ⅰ-iii）3个三级指标构成；二级指标品牌符号认知宽度（Y-Ⅱ）由单一产品（Y-Ⅱ-i）、品牌生态链（Y-Ⅱ-ii）和企业形象（Y-Ⅱ-iii）等3个三级指标构成。主要根据各论坛及贴吧上顾客的交流和评论，以及各期刊论文的研究结论（共293条，即a244～a536）综合整理而来。

（3）一级指标对话平台（Z），包括自建App（Z-Ⅰ）和第三方自媒体平台（Z-Ⅱ）等2个二级指标。其中，二级指标自建App（Z-Ⅰ）由小米社区（Z-Ⅰ-i）、小米商城（Z-Ⅰ-ii）和小米金融（Z-Ⅰ-iii）等3个三级指标构成；二级指标第三方自媒体平台（Z-Ⅱ）主要有微博（Z-Ⅱ-i）1个三级指标。主要根据小米业务模式、成长路径等方面的资料（共78条，即a537～a614）归纳总结而来。

（4）一级指标对话方式（S），包括顾客—客服（S-Ⅰ）和顾客—顾客（S-Ⅱ）等2个二级指标。主要根据小米顾客体验平台上，信息传递的发出者与接收者的不同衡量（共81条，即a615～a695）归纳总结而来。其中，发出者只有单一主体——顾客，而接收者有两个主体——客服和顾客。

（5）一级指标对话内容（W），包括顾客—客服对话的产品认知（W-Ⅰ）、顾客—客服对话的情感交流（W-Ⅱ）、顾客—客服对话的售后服务（W-Ⅲ）、顾客—顾客对话的产品认知（W-Ⅳ）和顾客—顾客对话的情感交流（W-Ⅴ）等5个二级指标。其中，二级指标顾客—客服对话的产品认知（W-Ⅰ）由价格（W-Ⅰ-i）、质量（W-Ⅰ-ii）、设计（W-Ⅰ-iii）、性能（W-Ⅰ-iv）等4个三级指标构成；二级指标顾客—客服对话的情感交流（W-Ⅱ）由生活感受（W-Ⅱ-i）、表明忠心（W-Ⅱ-ii）、消遣（W-Ⅱ-iii）等3个三级指标构成；二级指标顾客—客服对话的售后服务（W-Ⅲ）由服务态度（W-Ⅲ-i）和物流（W-Ⅲ-ii）等2个三级指标构成；二级指标顾客—顾客对话的产品认知（W-Ⅳ）由产品评价（W-Ⅳ-i）、社区操作（W-Ⅳ-ii）

和产品操作（W-Ⅳ-iii）等3个三级指标构成；二级指标顾客—顾客对话的情感交流（W-Ⅴ）主要由生活感受（W-Ⅴ-i）1个三级指标构成。有关对话内容的资料有373条，其中关于顾客—客服对话内容的资料有233条（a696～a928），关于顾客—顾客对话内容的资料有140条（a929～a1068）。

第三节　品牌对话的纵向案例分析

本章将小米品牌对话的演化过程划分为3个阶段，即品牌导入期（2010年8月至2013年1月9日），标志事件为MIUI全球顾客突破1000万；品牌成长期（2013年1月10日至2015年8月16日），标志事件为小米品牌生态链建成；品牌成熟期（2015年8月17日至今）。

一、导入期的品牌对话分析

小米品牌诞生初期，将MIUI系统作为第一个产品推向市场。MIUI系统是首个为中国人深度定制的Android ROM系统，具有自己独立的MIUI论坛。MIUI开发团队会在MIUI论坛上直接与顾客对话，接收顾客反馈并持续改进系统，让顾客参与到系统开发中（百度知道，2018）。MIUI第一次内测时只有100个顾客，但在品牌导入期完成时，MIUI的全球顾客已有1000万个（创业网，2016）。借助这一对话平台，小米成功积累了一定规模的忠诚客户。随后，小米从众多目标粉丝中筛选出了100个核心粉丝顾客（孟磊，2016）。随着现有产品的迭代更新，将这100人作为粉丝文化传播原点，使其不断参与后续产品的设计研发。

2011年8月1日，小米论坛对外上线。小米论坛是小米官方建立的以小米粉丝为主体的专业性论坛，论坛内容包含小米旗下所有产品。在此论坛中，小米顾客可以与其他顾客自由分享和交流自己的意见，并对这种交流方式产生信任和依赖，因此逐渐沉淀下来。此时，小米论坛粉丝已经积累了近2000万人（新浪综合，2016）。在此基础上，小米相继推出爆米花、小米同城等一系列顾客体验平台。然而，随着顾客对话平台的粉丝或顾客逐渐增多，单纯以论坛形式实现信息的交流沟通会弱化粉丝或顾客的参与感。为此，小米官方经过适时调整和优化，将小米论坛与小米学院、同城会、爆米花等平台整合，在2012年8月正式创建了小米社区。

小米社区是一个以具有共同兴趣的米粉互动交流为基础的品牌社区。在小米社区中，顾客可以通过发帖的方式随时与其他顾客对话。只要在自己的账号里发出疑问，系统就会自动将消息公开到社区交流页面中，凡是留意到的顾客都可以在其下方回答。其中，绝大多数顾客会采取拍照的方式分享自己的产品，并附上自己对该产品的评价，其他顾客在此时也会发送自己购买的产品进行对比。在此对话过程中，顾客有时还会提出关于产品某些功能如何操作的疑问。通过这样的对话方式，顾客可以进一步了解自己的产品，解决自己的疑问。对新顾客来说，这样的对话平台可能存在一定的陌生性，但通过与老粉丝不断对话，营造出了极强的组织性和归属感（新浪综合，2016），进而将新顾客沉淀为老粉丝，如此不断循环。老粉丝在对社区有了强烈的熟悉感后，通常不仅限于满足对产品的兴趣，而是将其看作一个普通意义上的对话平台使用。他们通常会选择交流自己的感情、生活琐事等，不过这只限于少数人。

小米在品牌导入期，核心产品只有MIUI、米聊与小米手机，产品线相对单一。这就间接影响了顾客对小米品牌符号的认知深度（顾客对小米的了解程度）。小米公司成立3年，虽积累了大量的粉丝或顾客，但毕竟成立时间较短，依旧无法与其他国产手机品牌“中华酷联”相抗衡，顾客对其关注度不高，了解程度也不深。

二、成长期的品牌对话分析

由于小米前期对话模式活动的成功，小米品牌已经在顾客心中占据了一定的地位。2014年，小米手机销量超过6000万台，IDC数据显示，小米以12.5%的智能手机出货量市场份额，排名年度第一位，成为中国第四大互联网企业（搜狐科技，2016）。2014年，小米的口号变成“让每个人都能享受科技的乐趣”。这一年，小米公司发布了很多让人意想不到的产品，如落地灯、无线插座、小米空气净化器、小米路由器等，完全覆盖了智能家居领域，成为小米旗下重要的战略部署，小米品牌进入了成长期。

从原有手机的对话平台来看，小米手机于2011年6月注册新浪微博账号，截至2014年，共吸引粉丝近1360万个（凤凰科技，2016）。在此基础上，小米进一步拓宽了对话平台。2013年2月，小米手机创建官方微信订阅号，随后又新增了QQ空间等。由于QQ和微信面对的顾客群整体呈年轻化趋势，小米手机进一步针对年轻顾客群扩大其品牌传播范围。

从对话方式来看，2013 年，小米商城 App 成立。该商城集合了小米手机预约、产品分类浏览、产品购物车、手机摇一摇幸运抽奖等功能，并配有相应的客服管理（凤凰科技，2016）。在该对话平台上，顾客不仅能与其他顾客对话，还能与小米客服对话。比起与其他顾客对话，与小米客服直接沟通效果更好，也更能激发顾客兴趣。在顾客之间的对话交流中，情感诉求方面的对话显著增多，甚至超越了对产品及社区的了解。而且，随着老粉丝的数量越来越多，其对新顾客的带动能力也越来越强，缩短了粉丝的沉淀周期。

小米品牌成长期的核心产品虽然仍是手机，但小米品牌已从手机领域拓展开来，涉足小米家电、影视、广告等很多行业。小米从一家手机公司，到全面开花的生态链硬件产品，再到现阶段依靠顾客流量筹划下一阶段内容的盈利，实现了从硬件生态圈向内容生态圈的稳步推进（凤凰科技，2016）。从品牌符号认知深度来说，随着小米的快速成长与业务拓展，顾客对其认知已经不仅局限于手机，更是对其品牌的感知。从品牌符号认知宽度来说，小米的渠道全面铺设，品牌覆盖率提升，辨识度极高，顾客可以从多渠道随时随地了解小米，拓宽了品牌符号认知宽度。

三、成熟期的品牌对话分析

小米品牌发展的同时，品牌对话也在不断推进。小米集团从 2016 年开始搭建 IoT 生态链，把米家系列的智能设备与小米 IoT 开放平台相连接，随着小米手机的强势销量，以及小米生态链的盈利，在 2017 年小米的营业收入已超过 1000 亿元（搜狐科技，217）。2020 年，小米集团新 10 年的核心战略从“5G+AIoT”变成“5G × AIoT”（叶敏等，2023）。小米在业绩方面的表现十分优秀，在品牌对话方面也是不遑多让。此时小米的品牌对话建设已经相当成熟。

从对话平台来看，小米的品牌对话平台趋向稳定。首先，小米利用原有的小米社区等自建平台与顾客对话，实现双向的沟通交流。其次，第三方平台也是小米平台的重要组成部分，其中包括原有的微博、微信，以及 QQ 等第三方社交媒体。此外，随着时代的发展，直播受到越来越多消费者的追捧，为适应这种新的营销渠道，扩大市场占有率，小米创始人雷军开始和顾客进行直播互动。2016 年 5 月 25 日晚，小米史无前例地举办了一场纯在线直播的新品发布会。在五彩城的一间办公室，雷军通过小米直播 App，以及十几家视频网站、其他直播 App，发布了其生态链产品小米无人机。在此次新品发布会上，小米借由直播的营销渠道推出小米无人机，以及此次事件最大的受益者——小米直播。小米直播 App 在雷军 19：32 正式上线后，于 19：53 同时在线人数突破 17 万人。19：58 突破 20 万人，20：26 同时在线人数达到了 41 万人，在发布会临近结束时，同时在线人数超过了 57 万人（虎嗅网，2016）。小米直播的高流量使顾客和小米之间的关系更加紧密。

从小米的对话方式来看，顾客—客服对话、顾客—顾客对话的频次均在品牌成长期有明显的增速。现阶段，增速逐渐放缓，实现了两种对话方式的协同。本节将雷军与顾客的互动统一放置在顾客—客服的对话方式中，但与之相比，雷军与顾客的互动效果远远强于一般客服—顾客的互动。不过，这一结果只是在单次的效果比较上得出的，长期的效果还依赖于客服与顾客的对话。通过直播，不仅拉近了小米与顾客的距离，而且增强了粉丝黏性，将粉丝和小米紧紧地联系在一起。

在小米品牌成熟期里，小米在对话内容上侧重于情感交流方面。在前期，小米的对话内容主要涉及产品认知、情感交流和售后服务等 3 个方面。比如，顾客对产品的初次购买体验、疑问解答等关于产品认知的对话内容，以及退货服务、物流配送等售后服务和晒图分享、表明忠心、休闲调侃等情感交流方面的内容。在品牌成熟期里，顾客对小米积累了足够多的了解，对话内容逐渐转变为表达对产品的喜爱、对小米的忠诚，以及在使用过程中提供的回馈建议等。

通过对小米品牌不同发展阶段的对话平台、对话方式、对话内容及其差异的分析可知，小米的品牌对话首先是从自建顾客体验平台，通过对话沉淀粉丝开始的；其次，以自有对话平台的拓展为主线，辅以第三方自媒体平台进行完善和巩固；最后，不仅实现了顾客之间的相互对话，更实现了直接与客服对话。将客服作为品牌形象大使，改善顾客对小米品牌符号的认知，增强了顾客的归属感与情感依赖，使顾客的品牌偏好凌驾于产品质量之上，实现了小米品牌的快速发展。

第四节 品牌对话的演化过程与模型建构

一、品牌对话的演化过程

1. 品牌对话平台的演化过程

（1）品牌塑造初期，通过自有平台与顾客对话激发顾客兴趣，建立品牌记忆是关键。在品牌导入期，吸引顾客的方式主要有两种：一种是通过自有平台吸引顾客，如小米社区、爆米花等平台；另一种是借助第三方自媒体流量，直接使用第三方自媒体或与第三方自媒体形成战略合作关系。一个有效契合企业核心理念和组织文化的自建平台，能够更具有针对性地满足顾客的购物需求和社交需求，对顾客具有较强的吸引力。同时，自建平台可以更好地满足顾客需求和适应企业的品牌变化，增强企业的迭代适应能力和持续发展能力。但是，在品牌培育初期，自有平台的流量受到限制，而第三方自媒体因其特性，拥有较高的客户流量。因此，在导入期，品牌对话的两种对话平台相互依存、优势互补，共同为网络品牌导入期提供顾客流量，增强网络品牌的竞争力。这可以从如下代表性资料中得到验证，如 a554“有幸参加了小米同城会百城年夜饭活动，更开心的是在活动中抽中了一个云米不锈钢真空保温杯”；a562“手机端的小米社区反应好慢啊，大家有没有这种情况？上论坛浏览帖子也有点慢，明显不如系统自带的 MIUI 浏览器速度”等。

（2）在品牌成长阶段，品牌对话的平台逐渐演变为“以自有平台为主，第三方自媒体为辅”或“由第三方自媒体向自有平台转型”的结构模式。在此阶段，企业以自有平台建设为主，大力推行企业社区、软件等互联网对话平台，加强与顾客的沟通，持续吸引顾客，不断加强沉淀效应，逐渐形成顾客忠诚度。同时，企业减少与第三方自媒体的战略合作，弱化顾客对第三方自媒体的依赖，实现从第三方自媒体到自有平台的转型。这可以从如下代表性资料中得到验证，如 a566“开心、满意，我这个米粉正在步入小米生活”；a580“外形还行，大小我觉得合适，就一点，看直播还得研究一下”等。由此，小米手机逐渐形成“以自有平台为主，第三方自媒体为辅”的结构模式，加深了顾客对小米品牌符号意义的认知，促进了顾客沉淀。

（3）在品牌成熟阶段，对话平台的数量和质量趋于稳定，持续遵循“以自有平台为主，第三方自媒体为辅”的结构模式。在品牌成熟前期，自有平台通过不断迭代更新来满足甚至超越顾客需求，使顾客满意，实现顾客沉淀。此时，自有平台成为影响品牌符号认知和品牌忠诚的关键因素，同时合理利用第三方自媒体，持续扩大品牌的传播范围，不断吸引潜在顾客。这可以从如下代表性资料中得到验证，如 a583“儿子超喜欢，我本人就不用说了，用过 5 个小米了”；a599“我个人认为，MIUI 7 的高斯模糊状态栏非常好看，赏心悦目，但是 MIUI 8 中不知为何取消了这一设计，各位怎么看”等。在此阶段，对话平台的数量基本保持不变，精而不少；而平台的质量也保持在一个较高水平上，对加深、拓宽顾客的品牌符号认知，提高顾客忠诚度有显著意义。在这一发展阶段，顾客通过稳定的对话平台（如小米社区、爆米花等）进行品牌对话，持续坚持“以自有平台为主，第三方自媒体为辅”的结构模式，不断加深顾客的品牌符号认知，实现品牌成长。

综上所述，纵观小米品牌成长的各个阶段，企业积极建设自有对话平台，并合理利用第三方自媒体平台加以辅助，在横向的动态环境中调整最佳的结构模式；同时，系统管理企业与顾客的关系，不断拓展顾客对品牌符号的认知深度和宽度，从而促进品牌成长。在品牌成长的纵向过程中，品牌对话平台的变化也是处于不断调整中。随着网络信息技术的不断发展，第三方自媒体不断更新迭代，自有平台的建设更是如此，在发展中不断创新改进，如网络直播和网红视频等。

2. 品牌对话方式的演化过程

（1）在品牌导入期，品牌对话的方式主要是顾客—顾客对话。此时，顾客对品牌的熟悉程度较低，基于就近原则，顾客倾向于向周边人（包括消费者和潜在消费者）分享购物体验及使用感受，借此获得相应反馈。顾客与顾客在一定范围内实现对话交流，形成特有的小型对话圈。从市场的角度来看，导入期的对话可以简化为数个毫无交集或略有交集的小对话圈，并辅以顾客与客服之间的单线连接。在此阶段，顾客—客服一直存在品牌对话，但对话频率和对话内容都受到极大限制，多局限在产品认知范围内。这可以从如下顾客—客服代表性对话资料中看出，如 a656 “(顾客 1) 货已到，不慌不忙、不急不躁、心平气和，好吧，我已经迫不及待地要拆开了。各位，我先开动了”，对应 “(顾客 2) 到手，不错，很喜欢”；a670 “(顾客 1) 超爱我米，直接从米 4 换成 MIX2，拿到 MIX2 那刻，我心澎湃”，对应 “(顾客 2) 我也是从米 4 直接 MIX2” 等。因此，在导入期，品牌对话以顾客—顾客为主，辅之以顾客—客服的组合方式。

(2) 到了品牌成长期，顾客—客服的交流迅速增加，和顾客—顾客的对话共同形成品牌对话的主要方式。此时，各个小型对话圈开始整合成为多个大型对话圈，顾客—顾客持续对话，同时逐渐加强与客服的对话，实现两种对话的相互融合。在此阶段，顾客—客服的对话频率显著增加，对话内容得到极大拓宽和丰富，顾客与客服的对话逐渐成为各个小型对话圈的连接接口，不断促进小型对话圈的整合。这可以从如下顾客—客服代表性对话资料中看出，如 a617 “(顾客) 上联：大米、小米、红米、黑米，各一台”，对应 “(客服) 下联：你买、我买、他买、都买，一起买。感谢您对小米的支持”；a624 “(顾客) 小米风光，千人疯抢，万人围观”，对应 “(客服) 让旺财当见证，为我们的相遇作证，感谢您对小米的支持” 等。同时，客服逐渐成为对话的主要对象。企业发布的最新商品或者时讯，都会通过客服传递至顾客，为顾客提供相关产品和时讯信息，客服逐渐演变为品牌对话的中心，实现对话交流的共享和传导。这可以从如下有关客服成为交流对象的代表性资料中看出，如 a627 “小生久闻佳人语，米家皆是珠玑人，夜读醉起涟漪心，闲问姑娘芳龄数”；a633 “快快快，送我去医院，我中小米毒了” 等。因此，在品牌成长期，顾客—客服的对话得到显著增加，同时顾客—顾客的对话也在持续增长中。

(3) 在品牌成熟期，顾客—顾客和顾客—客服两种对话方式相互融合，形成一个紧密的结合体。在这个阶段，顾客和客服都是顾客的对话对象，都是顾客交流情感的朋友，而不局限于人群范围和对话内容。此时，顾客成为品牌对话的主导，在内容、频率、方向等方面起着主导作用。如果说在品牌成熟前期，品牌对话多为单向的简单对话，略有互动，那么在品牌成熟期，顾客则可以利用直播等互动对话平台，实现顾客与客服的高度互动，进行双向的沟通交流，提升顾客对品牌符号意义的认知。这可以从如下顾客—客服代表性对话资料中看出，如 a643 “(顾客) 非常舒服，小米的品质很值得信任”，对应 b643“（客服）我就喜欢您这样知难而上的人，感谢您对小米的支持”；“（顾客）我们家目前有 6 部小米的手机，还不包括已经不用了的，不知道集齐多少样可以召唤雷总”，对应“（客服）这个简单啊，集齐 10 条回复，即可召唤，感谢您对小米的支持”等。由此，品牌对话的方式发展成熟，形成顾客—顾客、顾客—客服相互融合的结构模式。

综上所述，品牌对话的方式主要有顾客—顾客、顾客—客服两种。其中，顾客—客服包括顾客与官方客服的对话、顾客与品牌领导者的对话。两种对话方式虽然都存在于品牌成长的各个阶段，但侧重点各不相同。在品牌导入期，顾客对品牌熟悉程度较低，对话方式侧重顾客—顾客对话；在品牌成长期，顾客对品牌符号意义的认知逐渐加强，与客服的对话逐渐增加；到了品牌成熟期，品牌对话的两种对话方式相互融合，共同促进顾客对品牌符号意义的认知，加速顾客沉淀。

3. 品牌对话内容的演化过程

（1）在品牌导入期，品牌对话的内容多为产品交流，并伴随着情感交流的产生。在初期，顾客以谨慎的态度接触产品、了解产品，尝试和品牌建立起良好的情感基础。此时，顾客对品牌的熟悉程度较低，对产品的挑剔程度较高，主要围绕产品进行对话交流。这可以从如下代表性资料中得到验证，如 a758“外形好看，做工也精美”；a901“小哥吹着台风今天还给我送过来，收到就立马装上了，不错，挺好用的”等。因此，在品牌导入初期，品牌对话的内容主要是对产品本身或者辅助服务，如物流服务和售后服务等进行评价。随着顾客满意度的提高，对话内容向情感交流方面延伸。顾客通过多样化的对话平台分享其购物体验、使用体验和简单的生活感悟，开始产生情感交流。

（2）在品牌成长期，品牌对话的内容在导入期的基础上增加了更多的情感交流，强调顾客忠诚度的培养，形成“以产品交流为主，情感交流为辅”的结构模式。在这个阶段，对话内容被极大丰富，除了在导入期围绕产品质量特性、辅助服务质量等进行评价外，还包含更多的情感交流，如晒图分享心情感悟、以言语表达对品牌的忠诚等。这可以从如下代表性资料中看出，如 a805“煮出来的米饭很香、很好吃，饱满且粒粒分明”；a827“大爱小米电视，爽，再配上机顶盒看直播，完美”等。品牌成长期是品牌吸引顾客增速最快的时间阶段。此时，不断有新的顾客加入品牌符号认知、品牌对话的大军。因此，在此阶段，产品交流仍占据主导地位，而情感交流的相关内容则作为一个补充。此时，基于导入期顾客满意度的积累，顾客沉淀效应增强，逐渐形成顾客忠诚度。

（3）到了品牌成熟期，顾客的沉淀效应最强，顾客的忠诚度最高，情感交流持续增加，逐渐形成“以情感交流为主，产品交流为辅”的结构模式。在此阶段，普通顾客和忠诚顾客都维持在一个较高的水平上，产品交流式的对话内容增速放缓，而忠诚顾客产生的情感交流式对话内容产生了质的飞跃。在两者的相互作用下，对话内容呈现出与品牌成长期相反的结构模式——“以情感交流为主，产品交流为辅”。此时，顾客对品牌符号的认知深度最深、认知宽度最宽，与品牌建立的联系也最为紧密。这可以从如下代表性情感交流资料中看出，如 a830“路漫漫其修远兮，吾将上下而求索，与小米一起成长，小米不忘初心，加油”；a852“超爱，逐渐成为米粉，超开心”等。

综上所述，纵观小米品牌成长的各个阶段，品牌对话内容的频次呈现出递增趋势，即在保持产品交流不变的情况下，不断增加情感交流。在品牌导入期，对话内容的类型十分局限，增速较缓；在品牌成长期，基于情感交流的内容快速增长；在品牌成熟期，品牌对话内容的频次基本稳定，增速缓慢，保持在一个较高的水平上。在品牌成长过程中，品牌对话的内容质量不断提高，实现从产品认知到情感交流的转变，促使顾客加深对品牌符号的认知，不断沉淀，达到忠诚。

二、品牌对话对品牌符号认知深度和宽度的影响

1. 品牌对话对品牌符号认知深度的影响分析

品牌符号认知深度是指顾客对该品牌的了解程度。顾客通过对话模型实现与品牌的沟通，经历从“引起兴趣—初步了解—情感依赖—顾客忠诚”的情感变化过程，贯穿整个品牌生命周期。

（1）引起兴趣和初步了解阶段，主要发生在品牌导入期。在这一阶段，顾客对该品牌的了解程度仅限于实物方面，如产品质量、性能、使用寿命、价格等产品固有属性。这可以从如下代表性资料中得到验证，如 a245“第一

次使用小米手机，外观设计美感十足，手感舒适，重量适中”；a247“第一次买小米，拿到手的那一刻感觉很惊艳，本人以前用的是苹果 6，后面因为内存不够，屏幕太小所以才买的小米”；a248“手机确实很轻，手感很好，价格很公道，比起有些商品性价比高得多”等。此时，对企业而言，通过品牌对话模型大力宣扬产品本身，扩大品牌知名度，利用体验营销等手段，迅速打入市场是关键。

（2）情感依赖阶段，主要发生在品牌成长期。在这一阶段，顾客对该品牌符号意义的认知程度已经从物质层面扩大到精神层面，主要体现在对企业服务态度的要求及对产品附加价值的追求，如物流速度、细节服务、额外赠品等。这可以从如下代表性资料中得到验证，如 a292“发货速度非常快，包装非常仔细、严实，物流公司服务态度很好，运送速度很快，很满意的一次购物”；a345“包装精美，里面自带的勺子、铲子非常结实”；a347“随时开关功能挺实用，平时出门之前做好，万一有事回不去也可以随时断电”等。此时，对企业而言，通过品牌对话模型与顾客建立情感联系，尽力满足顾客需求，凸显自身品牌定位，使顾客对其产生依赖心理是首要任务。

（3）顾客忠诚阶段，主要发生在品牌成熟期。在这一阶段，顾客对品牌符号意义的认知形成是以产品质量为基础、以情感共鸣为主导的格局；强调产品感知质量，即与其他顾客产品对比后，顾客对自身购买产品质量的认知；甚至部分顾客会主动关注小米发展，并提出建议。这可以从如下代表性资料中得到验证，如 a349“饭煮好了之后，开锅有时会有电流的声音，不知道其他人的有没有”；a383“对甲醛净化能力好像指标不是很高，希望小米以后继续努力”等。此时，对企业而言，通过品牌对话模型与顾客保持随时沟通，鼓励顾客与顾客交流，进一步满足其共同需求并借此引导和带动新顾客，维持与老顾客之间的感情是企业的主要任务，进而拓展品牌符号认知深度。

2. 品牌对话对品牌符号认知宽度的影响分析

品牌符号认知宽度是指顾客了解该品牌的范围与途径。顾客通过品牌对话模型与品牌沟通，经历“单一产品—品牌生态链—企业形象”3 个层次的逐级演化过程。该过程通过持续丰富对话平台、对话方式及对话内容 3

个维度，不断拓展顾客对品牌符号的认知宽度，并最终建立起良好的企业形象。

（1）单一产品层次，即顾客对该品牌符号意义的认知来源仅仅建立在当前购买的具体产品上。这可以从如下代表性资料中得到验证，如 a411“小米 2 至今仍在维护，除节假日外，保持每周更新”；a421“小米手机的出现，让我们告别了山寨机的时代，开创了中国手机的低价市场”等。此时，品牌对话的平台、方式及内容都还仅限于初步阶段。

（2）品牌生态链层次，即顾客对该品牌符号意义的认知来源已经从单一产品延伸到整个品牌生态圈。在此阶段，顾客对小米的符号认知不仅包括手机产品，还包括小米社区、小米手环、小米家电等小米品牌旗下的所有产品。这可以从如下代表性资料中得到验证，如 a458“支持小米科技，全家都是小米的产品了”；a475“自从用了小米的手机后，我就成了米粉，对米家的每一样产品都是那么喜欢”等。同时，由于顾客对品牌符号的认知宽度增加，影响因素增多，企业更应注重各产品之间的协同效应，维持品牌形象。此时，品牌对话的平台、方式及内容都在不断完善中。

（3）企业形象层次，即顾客对该品牌符号意义的认知来源于该品牌背后的企业，企业形象是品牌符号认知宽度的最高层次。这可以从如下代表性资料中得到验证，如 a502“希望小米能继续带动新国货运动”；a511“我如果买小米绝对是为了买生态”等。在此阶段，小米科技公司旗下的所有产品或品牌都有可能成为顾客对小米品牌符号认知的决定因素。若公司旗下其他品牌出现问题，则会对小米品牌产生连带效应；反之亦然，且对拥有众多背书品牌的企业作用更明显。

经历这 3 个阶段以后，品牌已趋近成熟，要继续维持品牌对话的效果，利用不断扩大的品牌符号认知宽度吸引更多顾客，为品牌注入新的活力。

上述分析初步厘清了小米品牌发展各阶段的对话平台、对话方式和对话内容及其对品牌符号认知深度与宽度的作用机制，由此可绘制出小米品牌对话及其演化机制模型（图 4-1）。

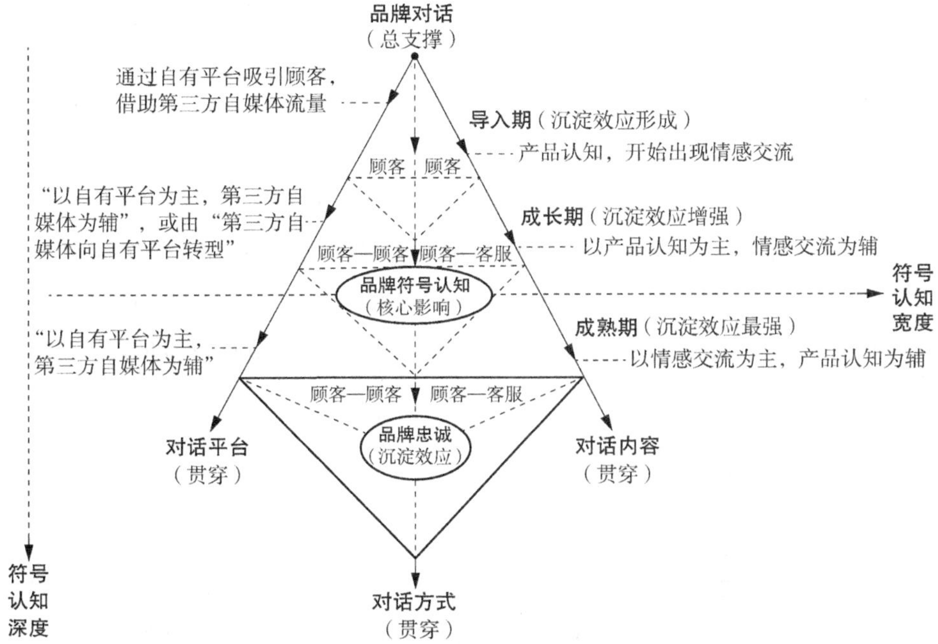

图 4-1　自媒体环境下的网络品牌对话及其演化机制模型

第五节　小　结

一、研究结论

本章通过案例分析表明，品牌对话贯穿小米品牌成长的整个过程，通过在品牌发展不同阶段建立品牌对话平台、更新对话方式和对话内容，充分调动顾客积极性，以品牌符号认知为影响核心，发挥顾客沉淀效应，培养顾客忠诚度，从而促进小米品牌的快速成长。具体结论如下：①品牌对话平台、对话方式和对话内容。品牌对话平台有两种演化方式，第一种是以自有顾客体验平台构建粉丝集群，向“以自有平台为主，第三方自媒体为辅”的演化方式转型；第二种是借助第三方自媒体流量进入市场，再逐步构建自有平台，最后向“以自有平台为主、第三方自媒体为辅”的演化方式转型。品牌对话方式经历了从单一的“顾客—顾客”到以“顾客—顾客”为主、“顾客—客服”为辅，再到以“顾客—客服”为主、“顾客—顾客”为辅的演变过程。在导入期，品牌对话内容绝大部分围绕产品认知，开始出现情感交流；在成长期，品牌对话内容仍然以产品认知为主，情感交流进一步发展；在成熟期，则以情感交流为主，产品认知交流逐渐弱化。②品牌符号认知深度和宽度。在品牌符号认知深度的演化过程中，顾客与品牌的对话沟通经历了“引起兴趣→初步了解→情感依赖→顾客忠诚”的情感变化过程，贯穿品牌发展各阶段。而在品牌符号认知宽度的演化过程中，顾客与品牌的对话沟通经历了“单一产品→品牌生态链→企业形象”3个层次的逐级演化过程，通过持续丰富对话平台、对话方式和对话内容，不断拓展顾客对品牌符号的认知宽度，从而树立起良好的小米品牌形象。

二、对策建议

第一，强调对话交流。随着顾客逐渐成为市场主导，企业必须坚持以顾客为中心或顾客至上的经营理念，真正将顾客需求融入企业的每项活动和产品开发中。因此，洞悉顾客价值需求就成为企业生存发展的关键，而对话交流则是获取顾客需求的重要手段。开展品牌对话可以从对话平台、对话方式和对话内容3个方面实施。积极利用第三方自媒体，合理构建自有平台，强化顾客对企业品牌符号意义的认知；加强顾客—顾客、顾客—客服的交流互动，实现品牌对话的多元性，强调情感交流。企业应在不同品牌塑造阶段采取相应的品牌对话组合策略，最大化地促进品牌成长。

第二，深化品牌符号认知。在品牌成长过程中，顾客的品牌符号认知包括认知深度和认知宽度两个方面。在品牌符号认知深度的演化过程中，企业要提高顾客对品牌的了解程度，在持续吸引潜在顾客的同时，与老客户建立良好的情感联系，培养顾客忠诚度。在品牌符号认知宽度的演化过程中，企业要将顾客对单一产品的印象和偏好延伸至产品生态链及企业整体形象，从而拓展顾客对品牌符号的认知宽度，树立良好的企业品牌形象。

第三，加速顾客沉淀。在互联网经济中，顾客选择变得多元化，消费思维处于不断更新迭代中，很难对某一品牌或某一产品产生持久的消费需求，因此培养顾客忠诚度是企业成长的难点。为此，企业需要坚持品牌对话，了解顾客需求，与顾客建立良好的情感联系，深化顾客的品牌符号认知，包括对品牌了解程度的加深和对品牌了解途径的拓宽，加强顾客沉淀效应，培养顾客忠诚度。

05

第五章

热点识别和热点营销的品牌符号传播与意义建构

在数字化时代，借助新媒体进行营销的趋势势不可挡，新媒体营销效率也越来越高。在传统营销渠道中，大多数企业依靠坊间传播、广告曝光等手段提升企业曝光率，受限于预算、渠道等因素，企业品牌符号意义的传递效率较低。但新媒体营销对传统营销传播进行了创新，企业借助热点很容易以低成本达到高质量的传播效果（党江辉，2018）。借助新媒体进行热点营销已成为一种潮流，一个企业蹭对了热点，往往可以让粉丝数量呈爆发式增长，甚至成为业界龙头。这一切背后的成功逻辑是什么，热点营销对企业品牌符号传播与意义建构究竟存在怎样的影响机制，企业应该如何识别热点并进行热点营销传播？这些都是当前研究的主要缺憾。本章将重点对热点营销的识别机制和实现机制进行探讨，以期为企业进行热点营销的符号传播提供经验借鉴。

第一节　文献探讨

一、热点和热点营销的概念及特点

热点（hot spot）在不同的领域有着不同的含义。在互联网中，热点是指网页中相关关键词内嵌的链接，在公共场合能为大家免费接入互联网的接入点；在基因学中，热点还指基因内自发或诱变处理后特别容易发生突变的部位。本章讨论的热点，是指《现代汉语词典》（第 7 版）中描述的“一个时期内引人注目的地方或问题，如‘古都西安成为旅游的热点’等”。

热点营销（newsjacking）起源于内容营销，是指以多种形式的媒体内容，通过多种渠道传递有价值、有娱乐性的产品或品牌符号信息，引发顾客参与，并在互动过程中建立和完善品牌符号意义的一种营销战略（周懿瑾、陈嘉卉，2013）。本章讨论的热点营销是指将正在发酵或者已经在社会上形成广泛影响的事件作为载体，将销售目的隐藏于文案中，借助热点事件传播的广泛性，使多领域、多地域的消费者能够潜移默化地了解企业品牌符号与意义，最终达到宣传、销售产品，以及提高产品知名度和企业曝光率的目的（李悦，2017）。热点营销比内容营销更进一步，热点营销以时下的热点事件为载体，通过多种渠道传播包含自身产品内容的热点新闻，诱发广大网友自发转载、二次创作，提高受众的品牌符号认知与认同，达到品牌意义传播的目的。

二、热点营销的影响效果

热点营销具有投入成本低、契合受众心理、更能传播品牌个性、传播路径多样化的优点（刘倩倩，2016）。相比传统营销方式，热点营销只需要适当的文案和“自来水”便可形成一方之势。除此之外，水军在传播热点文案时进行的二次创作，加强了产品的植入和顾客的认知，最终数量巨大的流量会源源不断地汇入该企业，并且会有数量可观的网民转化为顾客。

三、热点营销的实施策略

根据现有研究，可以将热点营销的实施分为 4 个步骤：一是识别热点；二是解剖热点关键信息；三是制造热点事件；四是热点推广和网民互动。

1. 识别热点

Simms 等（2012）认为，实时性、相关性、巧妙性是每个品牌在热点营销愿望清单上的 3 种属性，辅以正确的战略决策往往能使品牌成为热点新闻的一部分，并成为网民和媒体关注的焦点。潘颖（2018）认为，一个事件能否成为热点，很大一部分取决于网民的反应，因为新闻的受众不是特定的，受众是直接信息的接收者，同时也是信息优劣的反馈者。当然，相关性也异常重要，需要注意将品牌定位（品牌文化意义）与受众需求相结合，但不能强制将品牌与事件或人物相结合（苏落，2015）。如果与企业自身的品牌意义毫无交集，即使是再好的“势”，也没有借来营销的必要（王运启，2015）。同时，对于一些关乎政治、名人等敏感话题应保持冷静态度，避免传播含有负面或死亡信息的新闻热点，以免造成受众的逆反心理（苏落，2015）。

2. 解剖热点关键信息

Friesen（2015）认为，在创造热点事件的过程中，首先，关键词和内容的选择最好是对客户有利的；其次，通过向潜在客户展示品牌符号与意义，激发受众的兴趣、记忆和偏好。Schulaka 等（2015）认为，企业应当对新闻事件主题有所了解，对主题的了解要能够被媒体引用，被潜在客户注意。从网民共有特征来看，主题最好能激发大众强烈的情感、满足社会需求，且能被人们转发和讨论（窦文宇，2017）。

3. 制造热点事件

任何事物从不同角度分析都会有不同的观点与特征，热点事件也是如此，在借势营销之前，对借势对象要有一个基本的研判，权衡利弊，做到知己知彼、定位清晰（苏落，2015）。Simms（2012）认为，借势营销总是以幽默为中心，又用正确的语气表达自己的观点，并且保证不会成为一个糟糕的笑话。Stein 等（2016）认为，由于品牌主管对产品进行的回答“透明度”并不高，人们对公司所说的一般都不信任，“若是能让消费者自己看看，就会更加具有吸引力”，因此在进行社交和数字投资时，让顾客更多地了解关于品牌意义的信息至关重要。窦文宇（2017）认为，预期与匹配是热点营销的两个关键因素。苏落（2015）也提出，文案要与事件匹配，不要过分夸大自身品牌意义。

4. 热点推广和网民互动

高胜宁等（2010）指出，在借势营销过程中，在传播主题、互动形式明确的情况下，有门户、垂直网站、论坛、博客、SNS、微博等多种传播途径。Hegel 等（2017）指出，在企业与客户进行互动的过程中，总会有网民对企业进行批评，此时有的企业会反击，这可能给企业带来负面影响，而追随者希望看到企业是如何解决问题的，灵巧地处理实际上还会赢得更多的粉丝。积极的评论甚至可以帮助淹没负面消息，少量的负面信息不会损害品牌意义传播与客户认知。常见的互动形式包括作品征集、签名征集、传递接力，以及测试投票等类型（高胜宁等，2010）。

综上所述，从当前的社会现象来看，热点营销作为一种新的品牌符号传播模式，究竟包含了哪些构成要素、应该如何运用等研究问题，尚处于探索阶段。目前，从学术界对热点营销的已有研究来看，大多集中于对热点识别的研究上，也就是什么性质的热点能够作为企业的热点营销对象，而较少关注热点实现理论，尤其缺乏对受众主观感受的分析和研究；多数对于热点的研究较为笼统，并未对热点进行准确的分类。对于这些理论缺憾，本章将在已有文献的基础上，通过多案例的质性研究，重点探讨这些案例是如何通过热点营销达到品牌意义传播目的的，其背后的关键构成要素是什么。在此基础上，建构并验证品牌符号与意义传播的热点识别及热点实现理论模型，在实践上为其他企业更好地利用热点营销，更好地传播品牌意义，提升品牌形象提供经验借鉴。

第二节　理论框架与问题提出

本章将热点分为两大类：一类是固定性热点事件，这类事件的发生是确定不变的，如节日和重大社会事件（奥运会、全运会等）；另一类是突发性热点事件，这类事件不可预期，随时可能发生并得到社会的广泛关注，其大致可以分为商业、娱乐、体育、政治、自然、事故和社会等类型事件（窦文宇，2017）。由于固定性热点事件的发生时间和内容都是固定的，该种类型事件并不能激起广大网友的好奇心，而企业通过该类事件进行营销的方式也有迹可循，并不像突发性热点事件那样需要企业在敏锐性、创意性、执行力、传播效率上比拼。故本章只针对突发性热点事件进行探讨。

一、热点识别机制

热点识别机制包括热点性质和网民共有特征两个方面。

1. 热点性质

热点性质包括热点可利用性和热点影响力两个方面。“可利用性”是指该热点能够与企业的品牌意义融合，产生新的热点事件并实现热点营销的传播效果。热点可利用性可以从 3 个方面分析，即正负面性、乐趣和时效。其中，热点事件的正负面性又是事件能否利用的关键。品牌符号传播的第一要义就是引起消费者的关注，抓住受众的眼球，但是企业所借之“势”要有底线和原则，对于一些负面的东西应该回避。在面对灾难、违反社会道德等负面事件时，企业应该保持慎重态度。在负面事件中，网民对于事件在情绪上具有一致性，评论里更多的是急迫地改变这种负面现象的呼吁，并不具备多种角度，这类事件很难和企业品牌意义传播达成某种联系。“乐趣”也是一个热点，是能够被企业所用的关键，企业需要用创意性和趣味性吸引受众（赵子嘉，2017），具有乐趣的热点事件往往被接受度更高，能够在很大程度上被企业评论，无论是调侃还是参加讨论，都不需要像敏感话题一样小心翼翼，哪怕企业的文案手法并不高明，也能达到一定的效果。热点事件的周期变得越来越短，因此“时效性”很强。在信息高度碎片化的互联网时代，能够被企业所用的应当是实时热点，企业需要实时参与。研究表明，如果不能在 5 分钟内回复销售电话，那么作为客户拒绝的可能性将增加 7 倍（Schulaka et al.，2015）。因此，越早参与热点事件的品牌，获得高关注度的可能性也就越大。“影响力”主要是指热点事件的影响范围与影响时间，热点事件的影响范围越广、时间越长，企业品牌出现在受众目光范围内的机会就越多，自然能够获得更好的传播效果。

2. 网民共有特征

网民共有特征可以划分为认知和情感两个方面（窦文宇，2017）。本章将参考该分类，从社会心理学的角度将热点营销的网民共有特征分为网民认知和网民情感两个维度讨论。网民认知是指网民获取热点并产生相关认识的过程，可以将其分为网民对热点事件的期望和网民对热点事件的认识。网民的期望也是网民对热点事件的好奇度和关注度，网民迫切想要知道更多的信息，如马航事件，网民渴望了解后续发展的情况。网民对热点事件的认识来自社会生活经验、知识积累、价值观等，而媒体和网络大咖等对事件的解读与评论，能够对人们的认识方向和反应程度产生显著影响（官建文等，2016），企业要选择对其有利的方向，恰到好处地蹭热点，将受众引向对品牌意义传播有利的舆论方向。网民情感是指人们对于热点事件的态度体验，又可以分为消极和积极两个方面。企业需要明确网民情感方向，并在此基础上创建新的热点事件以引起共鸣。网民认知和网民情感是相互影响的，认知是一种较为理性的行为，包括网民对事件信息的搜集和分析；而情感则取决于网民对事件性质的分析，当网络上一片愤然的时候，他们往往会认为这并不是一件好事，但它可能并没有损害任何人的利益。情感是一种感性的表现，是人们在接触事件时的第一反应，情感并非一成不变的，随着对事件信息认识的完善和分析越来越透彻，情感也会随之发生相应的变化。

二、热点实现机制

本章将热点实现机制分为两个方面：一是凸显品牌，是指在广告文案中蕴含的产品信息，如产品或服务的质量、价格、功效、便利、文化意义、象征性等，借由文案字里行间表达的信息，潜移默化地传播品牌符号，建构品牌意义；二是关联热点，是指在文案创作中，有意识地将文案主体与当下热点事件联系起来，让受众感到超乎常理却又在情理之中，从而产生情感和认知共鸣，如网友对支付宝锦鲤的转发等。

1. 凸显品牌

凸显品牌包括创意性和参与性两个方面。创意性是指营销文案与现实生活背离的程度，在捕获热点进行“本土化”创作过程中，越是违反常理的文案，越是受大众喜爱。为了实现传播目的，必须下功夫打磨广告文案。姚冲（2017）认为，创作广告文案最关键的是要有创意，没有创意的广告文案必定是失败的，而富有创意的广告则可以吸引人们的眼球，把品牌的符号价值和意义最大化地传递出去，让看过该广告的人都对其留有深刻的印象。一个好的文案往往能超乎常理却在情理之中。参与性是指网民自愿并且乐于参与转发或对文案进行二次创作。这些行为都有利于延长热点的生命力，使热点营销的效果更持久。比如，“小猪佩奇”和“社会人”是两个热点 IP，有网友将这两个热点 IP 巧妙地联系在一起，在互联网上掀起了一场沸沸扬扬的二次创作之风，甚至在淘宝上多家店铺的相关商品栏都有显眼的“抖音同款”标识，种类多样、价格不等；一些商品需要预订，更有店铺明确标出“现货秒发、库存有限”等。在网民的热切参与下，“社会人”和“小猪佩奇”的梗在网上一次又一次被提及，甚至被二次创作，这些表情包和流行梗最终成了网友的聊天常用语，从而将“小猪佩奇”和“社会人”的梗推向了新一轮的传播高潮。

2. 关联热点

关联热点包括可读性和符合预期。可读性是指在文案创作过程中，企业要有意识地将文案主体内容与当下热点联系起来，使文章具有可读性。为了使营销内容有可读性，营销内容必须与品牌或产品本身具有一定的匹配度。在电影《华尔街之狼》中，主人公在应聘推销员时遇到一道面试题：请把这支笔推销给我。大部分推销员的做法如出一辙——“这是一支非常好用的笔”，只有主人公说道："能帮我签个名吗？"他知道要想把笔推销出去，就要先将营销内容与对方的需求匹配起来，而匹配方式就来自请求对方签名。在营销文案中也是一样，为使文章具有可读性，需要遵循以下步骤：①创造缺口，让读者时刻处于一种对营销内容渴望的状态；②匹配需求，让受众得到暂时的满足；③制造新的缺口，让受众感受到满足的同时又保持对营销内容的渴望。符合预期是指观众觉得品牌在主题活动中的植入是自然的（窦文宇，2017）。比如，电影《变形金刚》中，导演将"大黄蜂"的形象设计成科迈罗跑车，观众看完后会下意识地谈论科迈罗这款车的外观，但是将"瓜子二手车"的广告生硬地植入外国电影就不那么恰当了。因此，在创作营销文案时，一定要把符合大众预期放在第一位。

基于上述分析，可初步构建品牌符号与意义传播的热点识别和热点实现理论模型（图 5–1）。

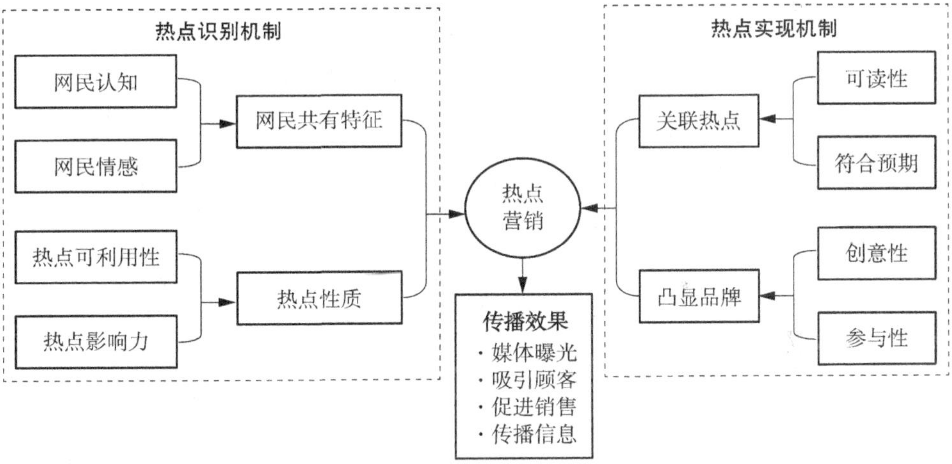

图 5–1 品牌符号与意义传播的热点识别和热点实现理论模型

三、研究问题的提出

基于上述理论模型，本章将着力检验以下 3 个方面的问题：一是如何识别热点事件且什么样的热点事件可以蹭；二是要保证热点营销传播的成功，蹭热点应遵循怎样的实施步骤；三是热点营销在品牌符号传播与意义建构方面发挥了怎样的效果或效应。由此，本章构建了一个由 3 个研究层面、6 个研究方面、15 个研究问题构成的热点识别与热点实现机制的验证性研究问题清单

（表 5-1）。下面拟通过多案例研究，质性分析热点识别与热点实现的机制及效应，从而验证品牌符号与意义传播的热点识别和热点实现理论模型及研究问题。

表 5-1　热点识别与热点实现机制的验证性研究问题清单

研究层面	研究方面	研究问题
热点识别机制	网民共有特征	网民对热点事件的认知是否会影响热点识别？ 网民对热点信息的情感是否会影响热点识别？
	热点性质	热点可利用性是否会影响热点识别？ 热点影响力是否会影响热点识别？
热点实现机制	关联热点	网民对热点事件的预期是否会影响热点事件的实现？ 品牌蹭热点文案的可读性是否会影响热点事件的实现？
	凸显品牌	品牌热点事件的创意性是否会影响热点事件的实现？ 品牌热点事件的趣味性是否会影响热点事件的实现？
热点营销	热点识别机制	热点事件有哪些类型？ 影响企业热点识别的因素有哪些？ 热点事件的可利用性和影响力，哪个对于热点识别更加重要？ 热点识别因素如何影响热点营销？
	热点实现机制	影响企业热点事件实现的因素有哪些？ 关联热点与凸显品牌，谁在热点事件实现中更加重要？ 企业热点事件的实现如何促进热点营销？

第三节　研究方法与资料搜集

一、研究方法与资料选择

本章采用多案例研究，先理论建构后验证，在通过各种文献整理和理论研究后提出相关理论模型，并在验证中完善理论模型，确保理论的普遍适用性。案例和数据皆为事实，是对客观现象的反映，将多案例作为验证理论的工具，能够有效增强其真实性。

由于选择案例有限，为了保证案例的代表性，案例选择应达到以下标准：一是案例需要有足够的传播度；二是案例的数据资料要便于搜集，各大公众平台都有大量相关数据；三是案例要有足够的创新程度，企业热点需要在同一热点下脱颖而出；四是案例比较完整地涵盖了本节需要探讨的问题；五是案例本身较为成功，具有广泛的代表性，经验值得参考；六是除了以自主品牌为主外，也适当遴选了少量国外品牌，以便学习其热点营销的品牌符号传播经验。

根据上述标准，本章最终遴选出 9 个具有代表性的案例（国内品牌 6 个、国外品牌 3 个）：①杜蕾斯——苹果 7 耳机发布热点；②关晓彤、鹿晗官宣，淘宝成最大赢家；③麦当劳改名“金拱门”；④我们是谁——闪送；⑤蓝月亮——“超级蓝月亮”；⑥故宫淘宝——“大鱼海棠”布鞋；⑦杨超越“锦鲤”；⑧支付宝“锦鲤”；⑨把乐带回家之猴王世家（表 5-2）。

表 5-2　热点识别与热点实现的案例简况

案例	热点企业或品牌名称	企业热点发生时间
杜蕾斯——苹果 7 耳机发布热点	杜蕾斯	2016 年 9 月 8 日 13：53
关晓彤、鹿晗官宣，淘宝成最大赢家	淘宝	2017 年 10 月 8 日
麦当劳改名“金拱门”	麦当劳	2017 年 10 月 25 日 20：10
我们是谁——闪送	闪送	2017 年 8 月 17 日 20：37
蓝月亮——“超级蓝月亮”	蓝月亮	2018 年 1 月 30 日
故宫淘宝——“大鱼海棠”布鞋	故宫淘宝	2016 年 7 月 8 日
杨超越“锦鲤”	闻澜文化	2018 年 7 月
支付宝“锦鲤”	支付宝	2018 年 9 月 29 日
把乐带回家之猴王世家	百事可乐	2015 年 12 月 25 日

二、资料来源与搜集

本章的数据资料主要来源于二手资料，包括微博上网民对热点事件的看法，知乎上网民对事件的解析和评论，微信上的网民评论，中国知网上相关事件的研究文献和调查报告，通过官网搜集企业的主营业务、了解企业使命，通过网络搜索平台查找企业于热点事件前后发生的重大事件。

三、资料处理与编码

针对前述3个研究层面、6个研究方面、15个研究问题（表5-1），本章采取以下编码方式对搜集到的所有资料进行处理（表5-3）。①热点事件的条目编码方案，分别是1代表杜蕾斯——苹果7耳机发布热点；2代表关晓彤、鹿晗官宣，淘宝成最大赢家；3代表麦当劳改名“金拱门”；4代表我们是谁——闪送；5代表蓝月亮——“超级蓝月亮”；6代表故宫淘宝——“大鱼海棠”布鞋；7代表杨超越“锦鲤”；8代表支付宝“锦鲤”；9代表把乐带回家之猴王世家。②热点事件中与企业行为有关的条目编码，分别是a代表企业业务条目，b代表热点事件条目，c代表企业热点事件条目，d代表时间间隔条目，e代表品牌关联条目。③热点事件与网民行为有关的条目编码，分别是A代表热点反应条目（热点事件），B代表参与程度（热点事件）条目，C代表热点持续时间条目，D代表对热点关注程度条目，E代表分享意愿（企业热点事件）条目，F代表品牌反应条目，G代表企业热点风格条目。

表5-3 热点营销的资料处理与编码

案例	企业（客观）	网民（主观）
杜蕾斯——苹果7耳机发布热点	1-a“杜雷斯（Durex）全球知名的两性健康品牌。杜雷斯的名称源自3个英文单词的组合——Durability（耐久）、Reliability（可靠）、Excellence（优良）；杜雷斯产品线覆盖了避孕套、润滑液、情趣用品等诸多领域”	1-A-1“这个消息真的是让人非常振奋”；1-A-2“喜欢这款产品的朋友不要错过”
关晓彤、鹿晗官宣，淘宝成最大赢家	2-c“淘宝工程师改写数据，只要在淘宝搜索‘鹿晗’就会出现一片‘原谅绿’”	2-A-1“大家觉得鹿晗与关晓彤不配的请点赞”；2-A-2“不喜欢关晓彤的赞我”
麦当劳改名“金拱门”	3-c“麦当劳在改名为‘金拱门’时借机大力宣传自己的产品和品牌，树立品牌形象”	3-A-1“走哇老铁！中午去吃金拱门呀”；3-A-2“坐等肯德基公司改名叫开封菜公司”

续表

案例	企业（客观）	网民（主观）
我们是谁——闪送	4–a“闪送，同城 1 小时速递，为顾客提供 7×24 小时，平均 1 分钟响应、10 分钟上门、60 分钟送达全城的同城速递服务”	4–A–1“哈哈，留个赞”；4–A–2“群里一张神图，笑岔气了”
蓝月亮——“超级蓝月亮”	5–b“‘月全食 + 超级月亮 + 蓝月’将组团亮相！血月常伴随月食出现，‘蓝月亮’则指一种罕见现象”	5–A–2“100 多年一次被我遇到了，还是我生日那天”；5–A–3“遇见了几十年不遇的地震，几百年不遇的蓝月亮，真是没白活啊”
故宫淘宝——“大鱼海棠”布鞋	6–d“于《大鱼海棠》电影上映当日发布‘大鱼海棠’布鞋”	6–A–2“湫的话太心酸，每看完一次就觉得遗憾一次，可还是忍不住看！自虐”；6–A–3“我会化作人间的风雨陪在你身边，这里真的受不了”
杨超越“锦鲤”	7–b“‘锦鲤’变为代表好运的符号在网络上被网民大量转载”	7–A–2“保佑我可以被成功录取”；7–A–3“要有好运啊”
支付宝“锦鲤”	8–c“支付宝从网络上提取一名‘锦鲤’获得大量品牌联合的免单大奖”	8–D–2“人生第一次这么希望自己成为一条鱼”；8–D–3“我已经开始有点担心到时候中奖的那个人的生命安全”
把乐带回家之猴王世家	9–b“猴年章金莱未能成功以‘猴王’的形象亮相春晚”	9–D–1“六小龄童的一生都献给了‘猴’，我心中的大圣，我想看到大圣”

注：限于篇幅，仅列出两类主客观描述资料记录（略有删减），其他资料记录省略。

第四节 理论模型和问题检验

一、热点识别机制的驱动因素分析

在以上 9 个案例的 12 个不同类型的条目中，有关网民共有特征的条目类型有 A、D 两类，有关热点性质的条目类型有 b、d、B、C 四类。从条目类型的具体内容和具体条目来看，可以发现，不论是热点性质还是网民共有特征，在热点识别中都具有关键性的作用，但是相比网民共有特征，热点性质更容易被企业把握和分析，而网民共有特征在个别案例中甚至会存在缺失的情况。因此，对于企业而言，掌握热点性质比网民共有特征分析得到的效果更好。

1. 网民共有特征与热点识别机制

网民共有特征的条目类型主要有 A、D 两类，其中网民认知条目类型为 A、D，网民情感条目类型为 A。从条目类型来看，网民认知与网民情感有交叉和促进关系，但是不能判断谁占据主要地位。具体分析如下：

（1）网民认知。网民对于热点的反应和对热点的关注程度都可以较好地反映出网民的特征，但并不是所有的热点都具有网民认知的全部特征，一些特殊的热点可能会有一些方面的缺失，如一次性的突发性热点。这可以从如下代表性网友评论中得到验证，如 1–A–1 “这个消息真的是让人非常振奋”；1–A–3 “看这个我就非常动心了”；5–D–2 “希望明天天晴，可以见证历史，一饱眼福”；8–D–1 “这谁要是中了，会不会当场晕厥？准备围观天选之子”；2–A–6 “为什么是关晓彤，不接受的赞我，反正我不接受”；5–A–2 “100 多年一次被我遇到了，还是我生日那天”等。可见，大众对热点都有很大程度的期待，并愿意在此类话题上讨论。因此，网民认知会影响企业对热点的选择和对热点话题的选择，认知是受众的基本特征，是热点识别机制的重要因素。

（2）网民情感。网民对于热点的反应是网民情感的主要表现形式，情感有好和坏、积极和消极、愉悦和悲伤之分。这可以从如下代表性网友评论中得到验证，如 4–A–2 “群里一张神图，笑岔气了”；5–A–1 “我瞟了一眼以为是蓝月亮的广告，又瞟了一眼，咦？不对！央视新闻？又从头到尾瞟了一眼、看了一下，还是觉得像蓝月亮的广告。蓝月亮：央视帮我免费打广告，服不服”；5–A–3 “遇见了几十年不遇的地震，几百年不遇的蓝月亮，真是没白活啊”；7–A–2 “保佑我可以被成功录取”等。可见，企业选择的热点事件都是以网民认为有趣或积极的为主，都以好的情感方向发展。只有选择好的情感方向才能获得广大网民的认同、推广，情感是网民对于热点事件的主观价值判断，这往往会决定在网民心目中借势企业的品牌形象。因此，情感是受众最主要的特征，是企业进行热点识别的关键因素。

基于上述分析，可得出如下结论：网民共有特征主要由网民认知和网民情感两大要素构成。从条目类型上看，网民认知和网民情感有交叉部分，但是认知要优先于情感产生，认知会决定情感，而情感又会影响网民对事件后续的认知。这也是网民认知和网民情感条目互相包含的原因。

2. 热点性质和热点识别机制

热点性质的条目类型主要有 b、d、B、C 四类，其中热点可利用性条目类型为 b、d，热点影响力条目类型为 B、C。从条目类型来看，热点影响力和热点可利用性之间没有任何关联，也不能判断两者对热点性质的影响程度是否存在差异。具体分析如下：

（1）热点可利用性。热点可利用性受到热点的趣味性、正负面性、时效性影响。与主观方面的特征不同，违背可利用性的热点原则上是不能使用的。这可以从如下代表性资料中得到验证，如 4–b“《我们是谁》漫画原型出自美国一位女画家 Allie Brosh，她在 2010 年 6 月 17 日创作出这个漫画形象，中文版最早可追溯到 2013 年，某游戏网站用来吐槽‘我们是胖子’，但是并没有得到大规模传播，这次《我们是谁》被重新推出后，在中文网络掀起了一股热潮”；5–b“‘月全食 + 超级月亮 + 蓝月’将组团亮相！血月常伴随月食出现，‘蓝月亮’则指一种罕见现象”；2–d“工程师改写数据在鹿晗与关晓彤官宣同时发生”；8–d“在热点事件正火热时，支付宝推出‘锦鲤’作为中奖者的代名词”等。可见，在上述案例中，企业热点都具有趣味性，且没有违背上述几种不能被蹭热点的类型，并且企业的反应速度也特别快，几乎是在热点事件发生的同时进行了热点营销。因此，热点可利用性是热点性质的重要因素，是热点识别的标准。

（2）热点影响力。热点影响力主要由热点的影响范围和影响时间决定。这可以从如下代表性资料中得到验证，如 2–B“有关鹿晗、关晓彤官宣的评论和转发高达 100 万 +，微博当天服务器爆炸”；4–B“在企业热点产生之时，传播量达到 75k”；4–C“热点事件从 2010 年起，持续火热了 8 年”；6–B“《大鱼海棠》最终获得 5.65 亿元票房，《大鱼海棠》共有 200 多个话题，官方话题点赞人数 50.1 万人”；7–B“微博有 295852544 条有关锦鲤的话题”；8–C“锦鲤自古就存在，但成为现象热点，从 2013 年开始才在网络上广为流传，这些热点要么成为年度事件，要么是现象级事件，都有着大量的数据和流量，而蹭热点的企业也成为热点事件的一部分”等。可见，热点影响力是热点性质的重要组成因素，也是热点识别过程中的重要参考因素。

基于上述分析，可得出如下结论：热点性质包含热点可利用性和热点影响力，二者没有任何实质性联系，它们是组成热点性质的两个不同因素。热点可利用性具有完全客观的特性，是热点识别机制中的基准线；热点影响力则具有一定的主观性和滞后性，是热点实现机制中的重要参考因素。

二、热点实现机制的保障因素分析

在以上 9 个案例、12 个不同类型的条目中，有关凸显品牌的条目类型有 c、A、E、F、G 五类，有关关联热点的条目类型有 a、b、e 三类。从条目类型的具体内容中可以清晰地发现，凸显品牌和关联热点在热点实现中都发挥了关键作用，但是相比关联热点，凸显品牌更容易被企业把握和分析。因此，对于企业而言，掌握“凸显品牌”比着重“关联热点”的分析产生的效果更好。

1. 凸显品牌与热点实现机制

凸显品牌的条目类型主要有 c、A、E、F、G 五类，其中创意性条目类型为 c、A，参与性条目类型为 E、F、G。从条目类型来看，创意性和参与性虽是一个性质的两个不同方面，但不能判断两者对热点性质的影响程度差异。具体分析如下：

（1）创意性。网民对于违反常理且具有新颖性的营销文案往往没有太大抵抗力。在捕获热点进行“本土化”创作的过程中，越是违反常理的文案，越受大众喜爱。这可以从如下企业行动及网友评论中得到验证，如 3–c“麦当劳在改名为‘金拱门’时借机大力宣传自己的产品和品牌，树立品牌形象”；7–c“因为杨超越的各种好运经历，于是将其包装为好运的象征，与锦鲤一样代表好运”等。可见，企业和个人在制作营销方案时都会尽量打破常理，以求主题新颖，能够在第一时间吸引受众注意，以达到更好地传播品牌意义，增强品牌符号认知、记忆和好感度的目的。因此，在凸显品牌时，做到创意性是实现热点营销最重要的一步。

（2）参与性。实现热点营销的第二步是让受众参与到营销文案的传播和创作中，让受众和主体共同使这场网络人际传播达到二次高潮。热点的参与性受到转发量和评论数的影响。这可以从如下代表性资料中得到验证，如 1–E“杜蕾斯于微博发布的热点信息有着 1.8 万的转发量，网民进行转发意愿较强”；1-F-3“文案我只服杜蕾斯”；5-E“当日所发内容一共转发1270次”；5-F-1“姨家里总用蓝月亮洗衣服，一家三口都是蓝月亮，对于我来说真是好帮手”等。可见，越多的转发量和评论量，越能带动网民参与这场热点营销盛宴，人人都是热点营销的接收者和传播者。

基于上述分析，可得出如下结论：凸显品牌主要包含创意性和参与性，但是两者没有任何实质性的联系，是两个不同的影响因素。创意性具有一定的主观特性，是热点实现机制中的重要参考因素；参与性则是一个比较客观的特性，是热点实现机制中的基准线。

2. 关联热点和热点实现机制

关联热点的条目类型主要有a、b、e三类，其中匹配度条目类型为a、b，符合预期条目类型为e。从条目类型来看，匹配度和符合预期之间并没有关联关系，且不能判断两者对热点性质的影响程度差异。具体分析如下：

（1）匹配度。关联热点是指企业品牌与热点事件之间的匹配程度。这可以从如下代表性资料中得到验证，如3-a“麦当劳（McDonald's）是全球大型跨国连锁餐厅，1955年创立于美国芝加哥，在世界上大约拥有3万间分店”；3-b“麦当劳改名为‘金拱门’，二者之间围绕着英文名和符号形象展开了改名风波，最终麦当劳从改名风波赚得盆满钵满”等。当然，匹配度是一个主观的特性。比如，1-a“杜蕾斯（Durex）是全球知名的两性健康品牌，杜蕾斯的名称源自3个英文单词的组合——Durability（耐久）、Reliability（可靠）、Excellence（优良）；杜蕾斯产品线覆盖了避孕套、润滑液、情趣用品等诸多领域”。由于长时间蹭热点，公众对杜蕾斯的印象就是任何热点的狂欢都少不了它，于是杜蕾斯可以无视匹配度这个影响因素，而成为蹭热点的高手。

（2）符合预期。能否关联好热点，还需要满足受众对热点和企业形象的期待。比如，5-e“热点事件名称与品牌名称相似，具有极强关联性，蓝月亮借蓝色月亮奇观进行的一次口碑营销，正好满足了受众对于蓝月亮品牌的期待”；6-e“电影《大鱼海棠》由于具有浓重的中国色彩，恰好与代表中国文化之一的故宫具有较强关联性”。因此，故宫淘宝在推出“大鱼海棠”布鞋时，小火了一把。

基于上述分析，可得出如下结论：关联热点主要包含匹配度和符合预期，二者没有实质性的联系，是两个不同的影响因素。虽然匹配度和符合预期都具有相对主观的特性，但两者并不能很容易地被企业把握，企业在进行热点营销时，要从以往的经历中总结经验，防止因为蹭热点太过牵强而产生相反效果。

三、热点营销的效果分析

企业经过详细的识别机制检验和合理的实现机制促进后，可以达到以下传播效果。

（1）媒体曝光。在麦当劳改名时，它获得了 10000+ 的转发量和评论量，并且在接下来的一段时间内持续排在各大新闻媒体软件热搜榜的前列。麦当劳在改名后的相当长一段时间持续被媒体曝光，不管之前的知名度怎样，在其对改名事件的持续营销后，麦当劳的名称都一度成为人们茶余饭后的谈资，这个名称几乎家喻户晓。

（2）吸引顾客。《大鱼海棠》上映后，故宫淘宝借电影的热度发布了“大鱼海棠”布鞋，短短十来天便被抢购一空，并且好评如潮。许多之前没有关注过故宫淘宝官方微博的人，通过这个事件也开始关注其官方微博并留言“希望故宫淘宝能够再出一次‘大鱼海棠’布鞋”等。更有甚者，点开故宫淘宝的淘宝店后将其每件“宝贝”都“扫荡”了一遍。

（3）促进销售。闪送借助“我们是谁”进行营销后，当晚软件下载量就增加了 9 倍，从 200+ 下载量变成了 2000+，并且在之后的一周内保持着日均 1500+ 的下载量。

（4）塑造品牌。淘宝及部分商家借关晓彤、鹿晗官宣事件，推出了多款“原谅帽”和“原谅”系列道具，让受众津津乐道并广为传播。传播最火时几乎霸屏朋友圈和各大公众号头条，许多淘宝客也借此机会在相关微信及微博公众号平台上发布自己的产品信息，以期让前来围观“原谅大战”的吃瓜群众知晓并记住自己的店铺和产品，既传播了品牌符号意义，又提升了品牌形象。

四、案例分析结果

通过上述有关热点识别机制与热点实现机制的要素分析可知，前述所需验证的 15 个问题都得到了检验，结论见表 5–4。已经验证的 15 个问题表明，前面建构的品牌符号与意义传播的热点识别和热点实现理论模型（图 5–1）是科学合理的。

表 5-4 热点营销的研究问题检验结果

研究层面	研究方面	研究问题的验证结论
热点识别机制	网民共有特征	网民对热点事件的认知显著影响热点识别。 网民对热点信息的情感显著影响热点识别。
	热点性质	热点可利用性显著影响热点识别。 热点影响力显著影响热点识别。
热点实现机制	关联热点	网民对热点事件的预期显著影响热点事件的实现。 品牌蹭热点文案的可读性显著影响热点事件的实现。
	凸显品牌	品牌热点事件的创意性显著影响热点的实现。 品牌热点事件的趣味性显著影响热点的实现。
热点营销		热点事件的类型包括固定热点事件，如节日和重大社会事件（奥运会、全运会等）；突发性热点事件，可以大致分为商业、娱乐、体育、政治、自然、事故、社会等类型事件。
	热点识别机制	影响热点识别的因素包括热点性质（由可利用性与影响力两个因素构成）和网民共有特征（由网民认知与网民情感两个因素构成）。 热点事件可利用性的重要性大于热点影响力的重要性。 网民共有特征是通过考虑网民认知来决定热点事件对企业的利益性，通过网民情感决定选取何种角度进行热点营销，从而促成热点识别；热点可利用性决定热点能否被企业利用，而热点影响力是影响企业热点传播效果的关键。两者共同决定企业选择何种热点事件进行营销。
	热点实现机制	影响热点事件实现的因素包括关联热点（由企业文案的可读性与符合预期两个维度构成）和凸显品牌（由企业文案的创意性与网民的参与性构成）。 关联热点的重要性大于凸显品牌的重要性。 关联热点是通过实现文案的可读性且符合网民的预期，使企业能够通过文案被网民接受并认同；而文案的创意性与网民的参与性共同凸显品牌，使企业文案的热度达到一定预期且能很好地宣传品牌，从而实现热点营销。

第五节　小　结

一、研究结论

通过对 9 个热点营销案例的质性研究，本章初步验证了品牌符号与意义传播的热点识别和热点实现理论模型及研究问题。研究结论如下：

第一，在热点营销识别机制中，热点性质和网民共有特征均对热点营销的识别起到了显著的驱动作用。热点性质由热点可利用性和影响力构成；网民共有特征主要由网民情感和网民认知组成，情感和认知互相促进。

第二，在热点营销实现机制中，凸显品牌和关联热点对热点营销的实现机制具有重要的驱动作用。凸显品牌由创意性与参与性构成，两者结合，拓宽了热点传播及实现的渠道；关联热点主要由匹配度和符合预期构成。

第三，热点营销对传播效果的影响主要体现在媒体曝光率、吸引顾客、促进销售、塑造品牌等方面。

二、对策建议

第一，关于热点营销识别的对策建议。企业在实施热点营销之前，一定要充分考量热点可利用性和影响力。只有当热点能够很好地改造为企业可以借力的热点时，才能将其作为依附的热点。同时，企业还要把握好网民的共有特征，了解受众的情感和认知偏好，在创作营销内容时着重受众喜好的内容。

第二，关于热点营销实现的对策建议。为了实现热点营销，需要将凸显品牌和关联热点结合起来。在凸显品牌时着重发力创意性和参与性；在关联热点时着重将热点和品牌意义相匹配，并做到符合顾客预期。同时，在热点事件发生之前做好允足的准备，授了相关机构和工作人员一定的权限，并且建立自己的热点素材库，以便第一时间捕捉并完成热点营销内容的创作，有效地传播品牌符号与品牌意义，从而提升品牌形象。

06

第六章

基于情感价值营销的品牌符号传播与意义建构

随着移动端音乐软件的涌现，相关市场逐渐扩大，市场竞争也越来越激烈。截止到 2017 年 6 月，网络音乐顾客规模达到 5.24 亿人，其中手机网络音乐顾客规模达 4.89 亿人，QQ、酷我、酷狗、虾米、百度等音乐软件的市场占比都很大，但其共同特点是从产品本身出发进行营销，很少从顾客一方和情感价值方面提升品牌形象。网易云音乐得以成为后起之秀，正是抓住了这一市场缺口，树起“情怀”的旗帜，着重顾客情感，引发顾客共鸣，进行情感营销，同时采取了功能弹性化、附加价值、差异化营销等手段。网易云音乐究竟是如何通过品牌符号传播沟通，培养消费者品牌情感知觉和意义的？这是当前理论研究的主要缺憾。

第一节　文献探讨

一、情感价值的含义及特点

情感价值包含在产品价值符号中，其内涵是指在情感上满足顾客需求，以唤醒他们的内在购买欲（翁鸣鸣等，2019）。郭景萍（2007）从心理学、社会学、行为学、管理学、伦理学、美学等众多学科多角度阐释情感，认为情感是一种主观社会现实，包括个人意义的主观体验和社会力量的现实性。巫月娥（2019）指出，“互联网 +”大规模定制共创体验价值，包括外在价值和内在价值。外在价值包含经济价值和功能价值，内在价值则体现为情感价值。顾客深入参与企业活动会对企业或品牌产生认同感，情感价值也会得到提升。当情感价值提升时，顾客对企业的忠诚度就会提高，会更愿意主动为企业进行口碑宣传。谢春昌（2013）的研究表明，顾客感知价值的情感维度对服务忠诚度有显著正向影响。贾薇等（2009）发现，当顾客在情感上对企业有承诺时，他们就会向企业传递积极情感，愿意与企业建立关系，并成为企业价值的共创者。Sheena 等（2012）发现，顾客的情感价值对顾客的品牌偏向有重大影响。因此，企业应当同顾客建立情感联系，丰富顾客情感层面的体验，通过激发顾客的情绪和情感，引起顾客情感上的共鸣和感染，形成情感价值，让顾客对品牌产生依赖。

二、4V 理论及其营销效应

4V 理论是在信息技术越发普及的新经济时代下应运而生的，包括差异化（variation）、功能化（versatility）、附加价值（value）和共鸣（vibration）4 个方面。吴金明（2001）等率先提出了 4V 理论。他认为，根据差异化营销，通过强化产品功能化和价值化来创造顾客价值，树立品牌形象，形成情感共鸣，占领市场先机。这一理论很好地契合了品牌意义建构的情感维度。

差异化营销是 4V 理论的核心。顾名思义，差异化营销就是与竞争对手区别开，使企业独树一帜，也使企业间的消费者相互区别，满足消费者差异化的需求。周锐（2014）认为，4V 理论主要有以下几个特点，即企业需要朝多元化方向发展，获得竞争优势必须从差异化入手，企业提供的产品需要更具柔性，4V 理论更强调与顾客之间的情感交流。可见，4V 理论的应用主要体现在产品和顾客两个方面。在对差异化营销的研究分析中，大多数研究都是从企业和产品一方改进以优化营销。比如，曹梦瑶等（2016）认为，打造差异化产品，从产品的生产、加工、销售和服务等方面入手，形成产品差异，树立自有品牌符号和良好品牌形象。但陈然（2018）认为，4V 理论的出发点应该是客户价值，最终是为了提高企业的核心竞争力。此外，李柱等（2010）也指出，企业必须从买方市场出发，优化营销策略组合，注重顾客需求，以便更好地塑造品牌符号。

三、情感价值对品牌意义生成的促进机制

基于 4V 理论的情感价值研究可分为功能弹性化、附加价值化、个体和群体差异化、显性需求和隐性需求共构情感共鸣 4 个角度。

1. 功能弹性化

吴金明（2001）明确定义了“功能弹性化”的含义，即将不同功能的一

定产品供给作为基础，根据顾客消费要求的不同，增加一些功能使其成为高档消费品，减掉一些功能使其成为中、低档消费品。消费者可以自主选择与自己的习惯和承受能力相匹配的具有相应功能的产品。其中，阐述一个企业的产品在顾客中的功能定位有3个：一是核心功能，二是延伸功能，三是附加功能。良好的功能弹性化营销策略使产品在同行业竞争中更具有渗透性与扩展性，是企业培养竞争力的基础。在功能弹性化的研究中，也有研究者提出根据其特点培养定价优势等理论。附加功能是产品附带的功能，除关注产品附带的实用功能外，目前的研究越来越关注附加功能在情感方面对顾客关系的维系。

2. 附加价值化

企业产品价值符号包括基本价值和附加价值，附加价值由技术附加、营销或服务附加，以及企业文化与品牌附加3部分构成（吴金明，2001）。舒洪瑞（2013）认为，技术虽然也是产品或可以成为产品，但更多是融合在产品中，这种融入的技术可称为“产品的附加价值”。高湘一等（2002）认为，企业核心能力包含市场、技术和管理3个层面，其中企业技术能力居于中心地位，是企业竞争优势的源泉，因此技术能力是一个企业竞争优势的核心。营销的附加价值是指良好的营销策略有利于提高经济主体价值，从而为产品提供附加价值。吴金明（2001）提出，高附加值产品源于服务创新与营销新理念，应注重营销与服务创新在产品中的附加价值。本章对附加价值的研究主要包括创新技术形成高价值的竞争优势和创新营销提供全方位的附加价值两个方面。

3. 个体和群体差异化

基于4C理论、4P理论、4V理论等的差异化营销理论，无一不是从企业自身的产品或服务、营销手段、品牌形象等出发，探讨差异化营销的方向、路径、成果和意义。刘菡等（2018）在讨论差异化营销理论定义时，认为创造“产品的不完全替代性”是差异化营销的目标之一，即企业为顾客提供同行业竞争对手不能提供的产品功能、质量、服务等。该研究还表明，差异化营销战略主要分为产品、形象、市场的差异化等3个方面。贵军娜（2015）认为，差异化营销的实质是建立起差别优势，以获得消费者青睐。上述两者都是从企业方面定义差异化营销的，并且是通过企业的横向比较来分析企业间差异，这是现有市场营销中最常见的营销视角。但也有不少企业从纵向角度，即以企业发展的时间轴进行差异化营销。吴飞平（2010）从市场细分角度研究，认为差异化营销是在已有市场细分的基础上，选择多个细分市场作为目标，并有针对性地对每个细分市场提供产品和服务，再辅以相应的销售方式，从而将差异化营销的主体从企业方转移到市场方。刘菡等（2018）基于4V理论，认为差异化不仅使企业自身与竞争对手相区别，树立起自己的独特形象，也使消费者群体的差异化显现出来，满足消费者个性化需求。其中，满足消费者个性化需求就是将消费者个体之间的需求差异体现出来，从而进行个体差异化营销；群体差异化则是放大的个体差异，即对于某个企业而言，其消费者群体与其他企业消费者群体的差异。Kotler 在 Wendell Smith 的市场细分概念基础上提出了 STP 理论，即市场细分（segmentation）、目标市场选择（targeting）和市场定位（positioning）。STP 理论认为，市场是一个多元且多层次的综合体，消费者差异化则是企业根据差异化需求，让消费者感受到自我价值与自我的独特性，从而对企业做到品牌忠诚，产生情感价值。

（1）群体差异化与市场细分对应。1956 年，Smith 首次提出了市场细分的概念。他认为每个企业在实行营销手段时必须进行市场细分和定位，这个过程就是把企业的消费者群体与市场同行业其他企业的消费者群体区别开来，但这只是群体差异化的第一步。企业在精准定位了消费者群体之后，基于企业文化、企业精神，通过营销手段和产品与服务，更多地关注于消费者群体并将企业文化和精神在消费者群体中体现出来，提升消费者的自我认知和品牌符号认知，让消费者获得差异化的个体自我和社会自我的象征意义，让消费者产生优越感，从而提高消费者忠诚度，形成粉丝群体，打造品牌差异，树立品牌形象。

（2）个体差异化是群体差异化的细分，在确定的具体消费者群体中，对每一类或每一个消费者进行差异化营销。个体差异化与顾客细分理论相对应，即使同为一个企业的消费者，每个消费者的需求也有所不同，如网易云音乐的人性化歌单推荐，就满足了每个顾客的不同喜好。类似“因材施教”，一对一的辅导定然比大班学习的反响好。企业营销也是如此，只有最大化满足每个顾客的差异化需求，才能更好地抓住顾客，提升顾客体验。另外，从消费者个体心理角度出发，关注每个消费者或是忠诚顾客，让消费者感受到自身价值的提升，体验到优越感，会让消费者更忠诚于企业，从而产生良好的品牌口碑。诚如迈克尔·波特认为的，企业只有具备了与竞争对手大不相同的策略，才称得上拥有强韧的策略。企业进行差异化营销是企业存活与强大的必要手段，而差异化营销须从消费者角度出发，也从消费者那里得到结果。

4. 显性需求和隐性需求共构情感共鸣

在显性需求及隐性需求的研究方面，范晓屏（2003）认为，消费者已觉察到并且有明确满足物的为“显性需求”，消费者尚未觉察到或者朦胧觉察到但没有明确满足物的为“隐性需求”。罗永泰等（2004）指出了挖掘消费者隐性需求的重要性，并且认为企业应衡量顾客需求价值，创新性定制顾客需求的产品。同时，企业应通过挖掘、满足消费者需求，提供不同的显性产品和隐性产品，使顾客产生较强的情感共鸣。王新海等（2010）指出，可将隐性需求这一概念抽象为以知识元素和价值元素为主要构成因素的实体。其中，知识元素为消费者对营销信息认知的学习和选择，价值元素为消费者对价值感知的相对比较和得失权衡过程。通过分析，可以看出隐性需求是相对显性需求而言的，具有群体与个体之分，是各个行为主体对某种已意识到但未满足的，或未意识到的潜在需求状态。基于满足显性需求和挖掘隐性需求的产品创新，将会从全方位、不同程度提高消费者满意程度和感知程度，保障情感价值。

综上所述，情感价值作为企业品牌意义生成的重要因素，对品牌意义生成的推动与保障受到许多学者的关注和讨论。本章将在已有文献的基础上，以互联网音乐品牌“网易云音乐”为例，以 4V 理论为指导，通过编码分析，重点探讨“网易云音乐”是如何激发和提升情感价值，从而生成品牌意义的。在此基础上，提出情感价值促进网络品牌成长的塑造与保障机制理论，以期为相关理论探讨者提供思路与启发，并为其他网络品牌如何更好地提升情感价值，生成品牌意义提供经验借鉴。

第二节 理论框架与问题提出

一、理论框架建构

1. 情感价值塑造机制

本节拟参考吴金明（2001）的维度划分，从功能弹性化和附加价值化两个方面，探寻其关键因素及对情感价值塑造的影响。

（1）功能弹性化包括核心功能和延伸功能两个层面。

第一，功能弹性化是指针对不同需求层次的消费者提供不同功能组合的产品。具体来说，就是对产品的核心功能进行改造，增加某些功能使产品成为高档消费品；否则成为中、低档消费品。本节主要探讨功能弹性化中的两个层次，即核心功能和延伸功能。功能弹性化营销策略要强化核心功能，并优化延伸功能。核心功能由企业提供产品，需要满足消费者的最基本需求，延伸或附加功能必须在核心功能的基础上增减。

第二，延伸功能是核心功能向纵深方向的发展，是一个产品区别于同类型产品并形成竞争优势的关键。延伸功能的横向发展是开发出更令消费者满意的产品，纵向发展是使该产品被整个行业追随和模仿。延伸功能在一定程度上满足了消费者的期望需求和兴奋需求。当消费者对产品的感知效能符合预期时，消费者就会感到满意。当消费者对产品的感知效能超过预期时，消费者就会非常满意和惊喜。延伸功能外在表现为产品功能的竞争力，更具有渗透性与扩展性；内在表现为对顾客的内在承诺，传达出某种特定价值组合，如产品、服务、内容或文化等。功能弹性化根据顾客的不同需求提供不同层次的产品，此种策略有利于提高顾客感知价值，促成顾客对产品情感价值的认可和认同，形成良好的品牌—顾客关系。在顾客关系的形成过程中，企业需要把产品的外在特定形象展现出来，并利用多样化的手段使之深入人心。一旦消费者接受了该品牌形象，就很容易对品牌产生强烈的多重复杂感情，包括归属感、依赖感和优越感等，这将有助于提高顾客忠诚度。

（2）附加价值化包括技术和营销两个层面。

附加价值是指通过一定手段创造的附加在产品原有价值基础上的新价值。吴金明（2001）的研究表明，企业产品价值包括基本价值和附加价值，附加价值由技术附加、营销或服务附加，以及企业文化与品牌附加3部分构成。现有文献主要探讨了创新技术形成高价值的竞争优势和创新营销提供全方位的附加价值两个方面。对于创新技术形成高价值的竞争优势，技术创新既可以是企业核心竞争力，也可以是企业附加价值的重要组成部分（舒洪瑞，2013）。创新营销提供全方位的附加价值是指良好的营销策略有利于提高经济主体的价值，是企业管理的利器，有利于增加企业经济效益，提高企业的核心竞争力。企业附加价值的形成离不开创新营销的支撑，利用创新驱动的营销理论引导企业运营，以此更好地满足顾客需求，提高顾客黏性，树立品牌形象，最终达到提升产品市场占有率的目的。产品附加价值受到创新技术和创新营销双重作用，共同作用于附加价值化；附加价值化又有利于情感价值的塑造；情感价值的塑造则促进网络品牌的意义生成。

2. 情感价值保障机制

情感价值塑造完成后，需要更好地维持情感价值，使其充分发挥联系差异显著的顾客群体、产生情感共鸣、激发顾客忠诚感的作用。通过文献分析可知，企业可以从差异化营销和情感共鸣两个方面保障情感价值。

（1）差异化营销包括顾客群体（社会自我）差异和顾客个体（个体自我）差异两个方面。

差异化营销也称“多样化营销”，企业的营销目标是在市场细分的基础上开发不同的价值组合方案，从而满足目标顾客的差异化需求。差异化主要有产品、形象、渠道、价格、服务等多个维度（宋甲财，2018；俞勇，2018）。差异化营销包括产品、推广手段、促销方法等多方位的、系统化的营销创新。产品、概念、价值和形象等是形成差异化的路径或手段，最终目的是留住消费者，将企业自身的顾客群体与其他顾客群体区别开，形成具有企业文化符号的顾客群体，构建品牌意义。

消费者个体差异化是企业根据自身消费者群体中每一个或每一类消费者的差异化需求以不同产品、价值等手段营销，个体差异化营销聚焦每一个或每一类消费者，提升自我象征性和符号价值感知。

（2）情感共鸣是基于他人所处情景，引起情绪或情感上相同或相似的心理倾向。

企业以高度创新的产品价值符号为基础，满足顾客显性需求；以顾客多样化情感需求为出发点，以交易和情感交流为纽带，挖掘顾客隐性需求，创造优质体验，并通过其产生的短时情绪生成长期情感，产生情感共鸣，进而形成顾客情感价值。

情感能产生共鸣主要依靠满足顾客显性需求和挖掘顾客隐性需求两个方面（卢政营，2007）。显性需求为顾客已意识到，且能被满足的基本期望与需求，如产品质量、性价比、功效等。隐性需求为顾客已意识到，但未被满足的潜在需求或未能直观表达的消费需求。挖掘顾客隐性需求的目的是在满足顾客基本需求之外，关注顾客真实的心理情感需求，使顾客产生较强的情感共鸣（罗永泰等，2006）。满足顾客显性需求时，需要依靠出色的产品价值符号；挖掘顾客隐性需求则是建立在对顾客需求的精准预测基础上，要求企业从顾客情感出发，为顾客提供创新价值，使其能更好地体会到产品的实际效用，实现“效用最大化”。满足顾客显性需求与挖掘顾客隐性需求，两者既相互独立又彼此关联。前者是构成情感共鸣的基础，后者是维系情感共鸣的保障。隐性需求还包括完全潜在的顾客需求，这需要企业将顾客的隐性需求转化为显性需求，使顾客意识到自身需求，从而能够更快地对企业刺激做出反应，提高顾客的使用优越感及使用参与度，抓准顾客的情感兴奋点，借用这种高度兴奋的情感力量形成情感共鸣。情感共鸣代表着产品符合顾客个人心理预期，满足顾客个人情感需求，保障顾客情感价值，使顾客产生对品牌较为积极、正面的情绪，有利于提升品牌形象，促进品牌成长。

3. 情感价值促进网络品牌成长综合模型

上述情感价值塑造机制和情感价值保障机制是情感价值促进网络品牌成长的两大机制。

（1）情感价值塑造机制对网络品牌成长的促进作用。企业需要把情感价值作为与顾客深入交流、在顾客群体中树立品牌形象的关键。在个性化时代，顾客期望的是自己的情感需求能被重视，自己的差异化需求能被满足。企业需要找准弹性化功能定位，追求附加价值化发展，与顾客进行积极的纵向沟通交流，并对自身功能不断完善和改进。通过上述方法进行情感化营销，有利于企业在顾客间构建基于产品质量的较为稳固和谐的紧密联系，从而提高品牌知名度，发展并稳固顾客对产品的情感归属，促进品牌成长。

（2）情感价值保障机制对网络品牌成长的促进作用。企业需要把情感价值作为顾客群体内部的纽带，主动促进顾客间交流，培养顾客情感依恋与忠诚度。互联网为人们提供了超越时空和地域的平台，即不依托现实社会条件，就能促进群体交流及人际关系的重构。情感价值区别于产品使用价值，是一种深层次的顾客感知价值，在于企业与顾客的双向交流。因此，企业为了保障已塑造的情感价值，可基于顾客的共同喜好，积极开展线上、线下活动以促进顾客—品牌情感联结，进行品牌符号与意义的横向沟通，从侧面了解并满足顾客需求，并积极向外拓展。这有助于企业从顾客角度选择并定义产品，以便更好地服务顾客，满足顾客的隐性需求，充分发挥情感价值的作用，扩大市场份额，实现品牌快速成长。

综合情感价值塑造机制和情感价值保障机制对网络品牌成长的影响，可初步构建情感价值促进网络品牌成长的塑造与保障机制综合模型（图 6–1）。

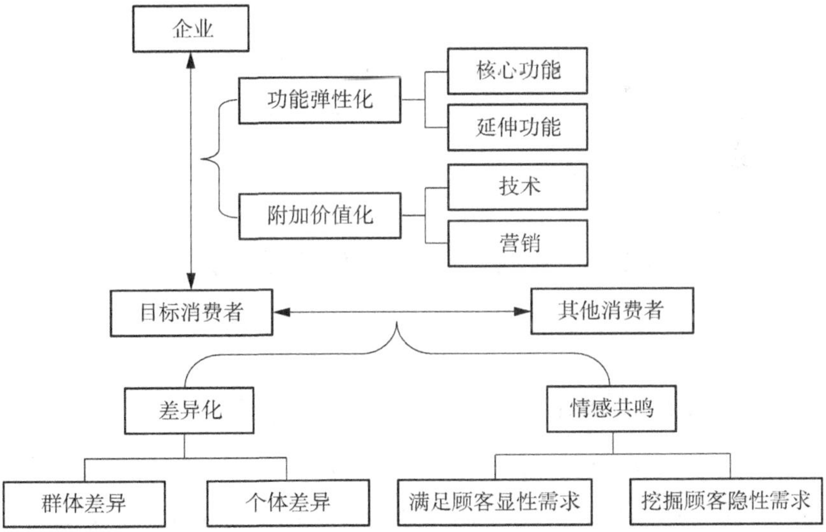

图 6–1　情感价值促进网络品牌成长的塑造与保障机制综合模型

二、研究问题界定

基于上述理论框架模型，本章将着力检验以下问题：情感价值是如何形成的，如何保障情感价值的持续？由此，本章构建了一个由 2 个研究方面、4 个研究层面、8 个研究问题构成的情感价值的形成与保障机制的验证性研究问题清单（表 6–1）。下面拟通过案例研究，深入分析情感价值的形成与保障机制及其对网络品牌成长的影响，从而验证情感价值促进网络品牌成长的形成与保障机制模型及其研究问题。

表 6–1　情感价值的形成与保障机制的验证性研究问题清单

研究方面	研究层面	研究问题
情感价值塑造机制	功能弹性化	顾客对产品的核心功能和延伸功能的认同是否影响情感价值塑造？ 顾客对产品的感知是否影响情感价值塑造？
	附加价值化	创新技术带来的附加价值是否影响情感价值塑造？ 创新营销提供的全方位附加价值是否影响情感价值塑造？
情感价值保障机制	差异化	个体差异化营销能否维持忠诚度或提升情感价值？ 群体差异化营销能否增强顾客黏性或提升情感价值？
	情感共鸣	显性需求的满足是否可以维持或提升情感价值？ 挖掘潜在隐性需求能否维持或提升情感价值？

第三节　研究方法与资料搜集

一、研究方法与案例选择

本章选择单一案例的研究方法，先提出理论框架，再通过后续的案例分析，验证和回答相关问题。通过对已搜集资料的初步分析，发现网易云音乐作为国内音乐类平台的成功典范，在其营销手段和品牌建设成长方面具有较强的借鉴意义。因此，本章拟选取网易云音乐作为研究案例。“网易云音乐”App 于 2013 年正式发布，依托优秀的个性化推荐、简洁的界面设计、出色的音乐社交等功能，辅以精准的市场营销手段，在几近饱和的在线音乐软件市场中后来居上。网易云音乐用 3 年时间实现从“0”到“1”的目标，积累了超过 2 亿人的顾客量。截至 2017 年底，其顾客数已破 4 亿人；2018 年 7 月，其顾客数突破 5 亿人。2018 年 11 月，网易云音乐完成新一轮融资，金额超 6 亿美元。在 2018 年我国网络音乐平台排名中，网易云音乐仅次于 QQ 音乐，排名第二位。

网易云音乐的成功离不开大数据和云计算技术的合理运用，挖掘并满足顾客的差异化和隐性需求，更重要的是网易云音乐对音乐本质的思考，对顾客需求的精准定位及定制化、个性化产品与服务的提供。一方面，网易云音乐始终从顾客角度出发，塑造并保障顾客的情感价值。通过对市场进行细分研究，针对顾客的功能需求与情感期望，确定弹性化的功能定位。同时，针对在线音乐软件市场上的技术性空缺，创新使用云技术，利用大数据提供个性化推荐，吸引顾客，形成高价值的竞争优势，合理塑造了较高的情感价值。另一方面，网易云音乐简洁优雅的设计，共情基础上的细致服务，创造了产品与服务的差异化营销，辅以特色的营销宣传活动，促进了品牌符号意义的有效传播，为企业塑造了一个与众不同的良好形象，同时优化顾客情感认知体验，强化顾客内心情感归属。综上所述，不仅顾客获得了良好的使用体验与心理满足，各界好评如潮，而且企业保障并提升了已塑造的情感价值。这给企业自身发展带来了显著的成效。可以说，情感价值的塑造与保障，是网易云音乐“红海突围”、短时间迅猛发展、顾客活跃数稳居市场前三位的重要原因。

二、资料来源与搜集

本章选择二手资料搜集方法。资料来源有：①与网易云音乐的重度使用者交流，了解他们对网易云音乐的使用感受和看法；②搜集网易云音乐在 Apple Store、华为应用商城、应用宝、豆瓣和知乎中有关顾客的评价；③各大新闻网站上有关网易云音乐的活动报道；④中国知网上有关网易云音乐的研究文献和调查报告；⑤查阅艾媒咨询、QuestMobile 等公司对在线音乐应用行业和网易云音乐的研究数据。

三、资料处理与编码

为了验证情感价值的塑造和保障机制综合模型及其研究问题，根据前述

2个研究方面、4个研究层面、8个研究问题（表6–1），采取以下编码方案对搜集到的资料进行条目归类。①网易云音乐功能化描述的条目编码方案，分别是A代表核心功能条目，B代表延伸功能条目。②网易云音乐附加价值化描述的条目编码方案，分别是C代表技术条目，D代表营销条目。③网易云音乐差异化描述的条目编码方案，分别是E代表个体差异条目，F代表群体差异条目。④网易云音乐情感共鸣描述的条目编码方案，分别是G代表显性需求条目，H代表隐形需求条目。

由4位研究者分别进行编码，然后核对讨论并整合。编码过程如下：首先，由4人独立编码，发现在网易云音乐的顾客评价中划分功能化、附加价值化、差异化、情感共鸣存在一定的重复项、差异项，以及模糊项；其次，由4人合作，删除重复项，对差异项进行讨论，对模糊项及无法归纳的条目进行删除和更换；最后，整合出所有符合条件的条目。经过以上步骤的编码检验，得到了233个有效条目（表6–2）。

表6–2 情感价值塑造与保障资料记录与编码及类别划分

主观评论资料记录与编码	类别划分
A5“很好，以前在酷狗音乐里听不到的歌，在网易云音乐里面有了，软件真的超好。下载了不会后悔” A6“真的超喜欢，但还是没有一些韩语歌，表示很伤心！！如果有把歌单顺序恢复到原来的模式就好了” A7“不错，但是版权越来越少。另外，一些外语歌曲如果有英译的话就可以更好地学习那些喜欢的音乐，能极大地方便他人，所以我希望网易云能越办越好” A8“里面的音乐挺全的” A9“想要的歌都有，也是一个很好的喜欢音乐的人的平台，超喜欢的”	核心功能
B1“可以聊天，很多功能” B2“个性皮肤也可以自定义，还可以定时播放” B3“网易云还是很不错的，如每日推荐，令人温暖的评论，以及简洁的界面” B4“评论很走心，真的特别好，希望越来越好吧，毕竟我是真的很喜欢，谢谢它让我鼓起勇气说出那些从前不敢说的话，为了不留下遗憾，拒绝我也无憾。五颗小星星啦” B5“简约时尚、简单，我喜欢”	延伸功能

注：限于篇幅，该表仅为部分编码资料，其余资料省略。

第四节　理论模型和问题检验

情感价值的塑造机制和保障机制之间既相互独立又有所联系，基于两者之间纵向与横向的构架联系，对研究条目进行了结构性分类。通过对 233 条有效条目进行分析，可将其分为两个方面，其中情感价值塑造机制条目为 162 条，情感价值保障机制条目为 71 条（表 6–3）。

表 6–3　情感价值促进品牌成长的条目构成

研究方面	研究层面	研究问题	条目数 / 条	百分比 /%	资料记录
情感价值塑造机制（162 条，69.5%）	功能弹性化（129 条，79.6%）	核心功能	79	61.2	A1～A79
		延伸功能	50	38.8	B1～B50
	附加价值化（33 条，20.3%）	技术	14	42.4	C1～C14
		营销	19	57.6	D1～D19
情感价值保障机制（71 条，30.5%）	差异化（10 条，14.1%）	群体差异化	3	30	F1～F3
		个体差异化	7	70	E1～E7
	情感共鸣（61 条，85.9%）	显性需求	25	41	G1～G25
		隐性需求	36	59	H1～H36

一、情感价值塑造机制分析

在网易云音乐情感价值塑造机制的 162 条条目中，功能弹性化的条目有 129 条，占比 79.6%；附加价值化的条目有 33 条，占比 20.3%。上述汇总条目均无任何手动操纵，具有真实性和可利用性，以框架分类并按数量和百分比形式展现，更清晰地表现了在情感价值塑造机制中，功能弹性化和附加价值化的影响力。可见，在情感价值塑造中，功能弹性化起主要作用，对于网易云音乐的情感价值塑造有着深刻的影响；而附加价值化的影响相对较小，起辅助作用。

1. 功能弹性化与情感价值塑造机制

功能弹性化条目共有 129 条，其中核心功能条目 79 条，占比 61.2%；延伸功能条目 50 条，占比 38.8%。产品的功能弹性化对顾客的使用感影响最直接，核心功能和延伸功能对情感价值的塑造有不同的作用。

（1）核心功能。

产品的核心功能需要满足顾客的基本需求，对于一款网络在线音乐应用软件来说，其核心功能是音乐播放。顾客的基本需求就是通过软件查找自己喜欢的音乐、在线收听音乐、下载音乐、收听已经下载的音乐、每首歌曲都有相应的歌词及 MV。音乐播放功能的强化需要注意以下几个方面的问题：一是音频资料库的建设，二是即时更新音频资料库，三是推送音频资料和维护平台运营。只有在顾客的基本需求得到满足时，平台才会得到好评。这可以从如下代表性资料中得到验证，如 A16“除了版权，一切都好，但我们主要还是去听音乐的啊，三天两头更新，版权却越来越少”；A17“刚下载还好，慢慢地，进去后会闪退，进去后又闪退”；A64“一款音乐播放软件，软件界面简洁，曲库丰富，分类详细，操作简单，推荐的音乐都不错，而且有各种电台内容，音质很好，播放流畅，建议丰富曲库内容”；等。网易云音乐的曲库除拥有大量热门歌曲版权外，还购买了大批小众音乐版权。例如，A4、A47、A71 中提到的英语音频资料、古典音乐、电子音乐资源丰富。小众音乐版权丰富的优势受到一大批小众音乐爱好者的追捧。针对音乐版权较少的问题，网易云音乐不断邀请音乐人入驻平台，已有入驻音乐人 20000 人以上，上传作品数超过 400000 首。同时，网易云音乐另辟蹊径开启“石头计划”和“云梯计划”，加大对平台上独立音乐人的扶持力度，发掘和帮助独立音乐人创作大量优秀的音乐作品。

（2）延伸功能。

核心功能向纵深方向发展即延伸功能。QuestMobile 的调查数据显示，2017 年 7 月在线音乐 App 顾客重合分析，网易云音乐与酷狗音乐独占顾客比分别是 88.7% 和 78.5%。想要获得更多忠诚的顾客，在线音乐应用软件还需要拓展和优化延伸功能，满足顾客的期望需求、兴奋需求。当顾客期望得到满足，甚至超过顾客感知时，顾客会对产品感到惊喜并形成情感价值。网易云音乐通过四大特色功能（交流评论、歌单推荐、电台和短视频）、附加功能、增值服务和音乐分享提高顾客互动性与忠诚度。延伸功能是核心功能的进一步发展，是产品形成独特竞争力、区别于其他产品的关键。这可以从如下代表性资料中得到验证，如 B4“评论很走心，真的特别好，希望越来越好吧，毕竟我是真的很喜欢，谢谢它让我鼓起勇气说出那些从前不敢说的话，为了不留下遗憾，拒绝我也无憾，五颗小星星啦”；B17“你可以看这里的短片，可以看微博热门，可以追踪明星日常点滴，可以看阅兵仪式，可以看游泳比赛，可以看历史短片，最震惊的是它还可以听音乐，只有你想不到，没有网易做不到”；B29“云村的私人 FM 和日推真的给力”；B45“有很多功能需要会员才能享受”；等。网易云音乐的众多功能深受顾客（听众）喜欢，主要有顾客体验好和参与度高两个原因。网易云音乐 UGC 内容丰富，给一大批渴望发声的顾客搭建了一个多元的平台，让普通顾客成为内容生产者，有情怀的内容增强了内容生产者及普通顾客对平台的黏性。根据调查和访谈结果发现，留住大部分顾客的功能是乐评和歌单推荐功能。音乐包和黑胶会员两种弹性化的会员制提供给顾客自由选择的机会，以满足顾客不同层次的需求。开通会员后可享受精选推荐、会员专属曲库、会员福利抽奖及会员专属皮肤等多种功能，为 VIP 顾客提供了良好的使用体验。付费会员制的设置可以给顾客一种优越感，而且会员权益让顾客产生更强的依赖感，享受过会员特权的顾客大多会选择续费。对比付费会员，普通顾客的权益依然很大，可以满足普通顾客的大部分需求，不会带给消费者强制消费的感觉。

基于上述分析，可得出如下结论：产品功能给顾客最直接的体验，强化核心功能和优化延伸功能是提高顾客感知的关键。顾客的期望很难估量，一旦没有超过顾客期望，顾客对产品的体验感就会变得极差，与产品之间的情感联系会迅速破裂。顾客对核心功能和延伸功能的认同是形成与塑造情感价值的必要条件。顾客在深入使用产品后，会对产品超出期望的部分产生极大的满足感，有利于形成更深的情感联系。至此，关于功能弹性化方面的两个问题得到了验证。

2. 附加价值化与情感价值塑造机制

附加价值条目共有 33 条，其中技术条目 14 条，占比 42.42%；营销条目 19 条，占比 57.58%。从条目百分比来看，这两类条目占比为 40%～60%，表明创新技术和创新营销均对情感价值的塑造机制具有重要的促进作用，但不能判定两者中谁对情感价值的塑造作用更大。

（1）创新技术形成高价值的竞争优势。

顾客对网易云音乐普遍有这样的感受——网易云音乐好像很懂自己，每次推荐的歌单都像是为自己量身定做的，似乎自己的每个心情都被记录了。这主要源于网易云音乐背后网易大数据的支撑。这可以从以下代表性资料中得到验证，如C1“会根据自己的喜好选择歌单，自动将那些好歌放入推荐，还会自动缓存，最近更推出了心动模式，真心喜欢”；C3“网易云日推和私人FM简直比我妈还懂我好吗！强烈推荐”；C4“网易云音乐的日推算法十分优秀，其他播放器的日推基本无感，而网易云音乐的红心从0点到了现在接近700点”；C10“作为一个学生党，网易云就是福利一样的存在，每次听歌、看评论、写作业都超级有感触啊，每日推荐的口味与自己契合度颇高，程序员真的厉害啊，页面排版简洁好看，还可以自定义背景，甚至连广告的选择都非常用心地贴合了设计风格”等。网易大数据是网易公司推出的大数据平台，它能对数据进行搜集、分析和管理，对顾客行为进行分析，使网易云音乐不仅能精准掌握顾客的音乐喜好，而且提高了曲库资源的利用率。由此，网易云音乐既得到了极高的顾客黏性，又提高了资源利用率，节约了公司在扩张曲库上的支出，有利于网易云音乐的网络品牌成长。

（2）创新营销提供全方位的附加价值。

近年来，网易云音乐以情感营销为中心，不断创新其营销手段，通过发展产品其他优势，把握顾客需求，全方位提升网易云音乐的核心竞争力，即通过UGC的情感优势，在顾客心中树立网易云音乐的品牌形象，使其快速成长。这可以从以下代表性资料中得到验证，如D2“网易云音乐与北京爱的分贝公益基金会联合推出‘声音，你好’公益活动，本次活动的公益大使林宥嘉出席并推出了公益歌曲《火焰小溪》，此次活动的全部收益将捐赠给爱的分贝公益基金会，用来帮助社会上需要帮助的听障儿童”；D3“网易云音乐制作的《2017网易云音乐顾客年度听歌报告》，让顾客看见音乐与自己这一年的陪伴，体现出无处不在的音乐力量”；D4“网易云音乐上的UGC评论被搬进了车厢和地铁站”等。

基于上述分析，可得出如下结论：附加价值的实现主要包括创新技术形成高产品价值和创新营销提供全方位的附加价值两个方面，两者相互作用，共同提升情感价值。创新技术立足为产品的硬件设施提供保障，创新营销则通过塑造产品形象来提高附加价值。因此，创新技术是提升附加价值的核心，而创新营销是提升附加价值的手段。至此，关于附加价值化的两个问题得到了验证。

二、情感价值保障机制分析

情感价值的保障机制条目共计 71 条，其中差异化条目有 10 条，占比 14.1%；情感共鸣条目有 61 条，占比 85.9%。从条目百分比来看，情感共鸣对于情感价值保障机制有着举足轻重的作用。由此可见，情感共鸣是顾客对企业情感保障的坚实纽带。

1. 差异化与情感价值保障机制

差异化条目共有 10 条，其中，群体差异化条目有 3 条，占比 30%；个体差异化条目有 7 条，占比 70%。顾客之间的差异化主要在于情感价值保障机制，保留的反馈大多融合在功能化、附加价值与共鸣中。针对网易云音乐的产品特点，个体差异化比群体差异化更为明显。

截止到 2017 年 11 月 17 日，网易云音乐对外公布顾客数量已超 4 亿人，实现了音乐软件市场占有率的突破。而网易云音乐能后来居上，必然有吸引顾客的独到之处——网易云音乐的差异化营销手段。首先，以细分市场为出发点，抓住市场多样化、精细化、个性化的特点进行目标市场定位，细分顾客；其次，通过个性化推荐、乐评等产品功能，以及社交、小众音乐人等营销手段，塑造出网易云音乐不同于其他音乐 App 的品牌符号意义，同时将网易云音乐的顾客群体与其他音乐 App 的顾客群体区别开。

（1）群体差异化。

在“在校学生”群体中，知名度排名最高的是网易云音乐，相比品牌老、渠道广的 QQ 音乐和酷狗音乐等更胜一筹。网易云音乐据此制定“对口”的歌单，满足多元化需求，除了基本的国内流行、欧美流行、民谣等音乐风格外，网易云音乐也很注重对年轻人喜欢的小众音乐人的培养。为此，网易云音乐开展了“石头计划”“云梯计划”等活动。在此基础上，网易云音乐打造充满情感故事的音乐评论，并进行乐评专列、专机等一系列营销活动，让网易云音乐“上天入地”。地铁和飞机都是封闭的空间更易引起人们的注意，而且两者都是在离去或归来的途中，更容易勾起人感性的一面，以及 slogan、广告标语等都传达和塑造了品牌意义——“情怀”，并将意义转移到消费者身上。在形成差异化顾客群体后，网易云音乐着重从歌单、乐评、分享功能等方面，利用社交化营销手段打造网易云音乐的社交氛围、顾客黏性、使用体验，增强和维系这一差异化顾客群体。相对传统音乐软件，网易云音乐的社交性不仅使顾客找到自己的音乐圈，增强了顾客的归属感，也提高了顾客的忠诚度，最终打造了音乐软件市场独一无二的“云村”。

（2）个体差异化。

在形成差异化顾客群体后，个体差异化营销成为网易云音乐的重点营销方向。网易云音乐的推荐算法让其个性化歌单推荐能够满足每个顾客不同的听歌需求。除此之外，每年引起一轮热浪的网易云年度 H5 分析，总结了每个顾客的听歌数量与风格，以及某个时刻听了某一首歌，让每个顾客都感受到自己的与众不同，不仅提升了顾客自我价值感知，还提升了对网易云音乐的情感价值，从而更加忠诚于网易云音乐。

结合上述分析，可得出如下结论：群体差异化促进企业品牌形象的提升，增强了顾客黏性，让顾客在情感上产生归属感；个体差异化提升了顾客忠诚度，深化了顾客对企业的情感依恋。两者都在一定程度上维持和深化了顾客情感价值，增强了品牌的“情怀”意义。

2. 情感共鸣与情感价值保障机制

情感共鸣条目中，显性需求条目有 25 条，占比 41%；隐性需求条目有 36 条，占比 59%。从条目分布的百分比来看，这两类条目占比差距较小，表明在情感共鸣中，显性需求和隐性需求的满足对情感价值保障具有重要的促进作用，但不能判定两者中谁更能维持或提升情感价值。

（1）显性需求。

显性需求主要通过产品特性、产品质量功能、使用时间及习惯，保障情感价值。这可以从如下代表性资料中得到验证，如 G4“网易云真的好，评论区里面都是人才，‘站友’大多数都是哲学家，感觉在里面跟谁都能说上话”；G9“界面还是可以的，有很多音乐人入驻”；G10“对我来说，网易云最深得我心的是在很久之前听过的一首歌曲，现在又在私人推荐里听到了，让我有种老友相见的感觉”；G11“一直用网易云，也向周围的人推荐，基本上大家下载了就不会卸载的样子，优点：第一，推荐歌单基本与个人品位相似，常常听到令人惊喜的歌；第二，无聊的时候看看歌曲评论，满满的都是故事；第三，没有太多垃圾网络歌曲出现”；G25“……非常人性化，可以给我推送喜欢的音乐风格与曲目专辑！音质很好……”以上是网易云音乐通过打造特定音乐人、评论区、个性化推荐、音质等优质功能，满足顾客显性需求的体现。企业应在情感共鸣中满足顾客对于产品质量、功能的显性需求，持续吸引顾客坚持使用，保障、提升已塑造的情感价值。也有顾客认为，G5“这一生最大的败笔就是这么晚才用网易云”；G6“用得最久的，感觉舍不得它”；G14“已经习惯用网易云音乐了，觉得网易云音乐是一个很不错的音乐软件”；G18“网易云音乐是很有个性的软件，我就喜欢这点，有这点就够了”；G20“用了一年很喜欢”；G22“心目中最优秀的音乐播放软件，真的超爱，永远不会卸载”等。以上是网易云音乐基于小众音乐爱好者的小众、个性化情感定位，为顾客构建了良好的使用体验，培养了顾客长期习惯。由此可见，显性需求是否被有效满足是决定音乐平台顾客满意度的重要因素，也是保障情感价值的关键因素之一。

（2）隐性需求。

隐性需求主要通过顾客个性喜好、顾客沟通及情感联结等保障情感价值。这可以从如下具有代表性资料中得到验证，如H15“比同类音乐软件好多了，虽然乐曲广泛，但是有很多歌曲没有版权，而且有些下架了，不过真的很喜欢啊！就像喜欢安静温柔的人一样，余生不改，半生不忘”；H16“不得不承认，网易云的评论是一道亮丽的风景线，比起QQ音乐，我更喜欢网易云，感觉每条评论都很走心，比QQ音乐多了一点人情味，多了一份温情”；H17“曾经在《春末的南方城市》这首歌的评价里写过一段心里话，得到了一些赞，陌生人的赞和微信里的赞是不一样的，从此觉得这个软件连接起了一些感同身受的人，不论他们在什么地方”；H18“我不是打广告，我只是觉得在这样一个浮躁的世界，竟然有这样的App让人安静”；H34“任何事物都不可能做到极致的完美，但是我知道网易云一直在努力做到最好，而这只为给云村人提供更贴心、更舒适的音乐环境，在云村听自己喜欢的音乐真的是一件很幸福的事情，这是我在其他音乐软件里体验不到的感觉，真心希望网易云能一直与云村人保持心贴心的距离，并且带给我们更加温暖的呵护与关怀，暖暖暖”等。由此可知，大多数顾客对制作精良、打动人心的网易云音乐有一定程度的好感，而相互的沟通交流，促进了这种心理上的主观情感，从而产生了良好体验、信任、分享、推荐等现象。企业对隐性需求的挖掘与满足能更好地保障情感价值，提升企业形象，建构品牌意义。

基于上述分析，可得出如下结论：情感共鸣的形成机制主要由显性需求的满足和隐性需求的挖掘两大因素构成，二者相互结合，共同促进情感共鸣的产生。显性需求的满足是企业挖掘隐性需求的基础。企业要塑造品牌形象、建构品牌意义，不仅要通过创新技术与服务提高产品的使用价值，还应有意识地挖掘顾客隐性需求，紧抓顾客的心理偏好，塑造情怀体验与良好口碑，保障情感价值。隐性需求的挖掘与满足是保障情感价值的关键，在个性化诉求越发强大的时代，可引起社交平台和媒体的关注，有效迎合大众喜好，吸引更多顾客加入。由此，隐性需求有利于增加市场份额，提高企业长期、可持续的市场竞争力。至此，关于情感共鸣方面的两个问题得到验证。

三、案例分析结果

在需要验证的问题清单中（表 6–1），2 个研究方面、4 个研究层面、8 个研究问题均得到了验证（表 6–4），即功能弹性化中的核心功能和延伸功能，附加价值化中的创新技术和创新营销均对情感价值的形成起到了重要的促进作用；差异化中的个体差异化和群体差异化，情感共鸣中的显性需求和隐性需求均对情感价值的保障发挥了重要的促进作用。已经得到验证的 8 个研究问题可以充分说明，本章的情感价值促进网络品牌成长的塑造与保障机制模型（图 6–1）是科学合理的。

表 6–4 情感价值促进网络品牌成长的塑造与保障机制问题检验结果

研究方面	研究层面	研究问题的验证结论
情感价值塑造机制	功能弹性化	产品的功能弹性化对顾客的使用感受影响最直接，核心功能和延伸功能对情感价值的塑造有不同的作用。 顾客对核心功能和延伸功能的认同是形成和塑造情感价值的必要条件。
	附加价值化	创新技术立足为产品的硬件设施提供保障。 创新营销则通过塑造产品形象来提高附加价值

续表

研究方面	研究层面	研究问题的验证结论
情感价值保障机制	差异化	个体差异化提升了顾客忠诚度，深化了顾客对企业的情感依恋。 群体差异化促进了企业品牌形象的提升，增强了顾客黏性和情感归属。
情感价值保障机制	情感共鸣	显性需求是否被有效满足是决定音乐平台顾客满意度的重要因素，也是保障情感价值的关键因素之一，也是企业挖掘隐性需求的基础。 隐性需求的挖掘与满足，是保障情感价值的关键，在个性化诉求越发强大的时代，可引起社交平台和媒体关注，有效迎合大众喜好，吸引更多顾客加入

第五节　小　结

一、研究结论

通过对互联网音乐品牌“网易云音乐”的案例研究，本章验证了情感价值促进网络品牌成长的塑造与保障机制框架模型及研究问题，并得到如下研究结论。

第一，情感价值塑造机制。功能弹性化和附加价值化均对情感价值的塑造产生了显著的驱动作用。其中，功能弹性化对情感价值塑造的驱动力相对附加价值化的影响更大，效果更明显；功能弹性化主要由核心功能和延伸功能两部分构成，顾客最直接的体验来源于产品功能，强化核心功能和优化延伸功能是提高顾客感知的关键。企业对核心功能的强化和对延伸功能的重视，对技术创新和营销创新的实践，本质上是从顾客出发、对话顾客需求的行为。两者形成相互作用力，共同促进情感价值的塑造与网络品牌成长。

第二，情感价值保障机制。营销的差异化和情感共鸣都对情感价值保障有较强的驱动作用。其中，情感共鸣的作用明显大于营销差异化，效果也更明显。营销差异化主要由个体差异化和群体差异化两部分构成，两者相互结

随着网络信息技术的发展，互联网拉开了全球新一代工业革命的大幕。中国工程院院士郭重庆指出，互联网的本质是开放、公众参与、共创、普惠、平等、脱媒、平台型整合，中国企业需要通过开源、开放、共创、共享的互联网思维推动创新。2015 年 3 月 25 日，国务院常务会议关于“中国制造 2025”的战略部署，目的就是要顺应“互联网 +”的发展趋势，在完成信息化和工业化深度融合的基础上，推动中国制造由“大”变“强”。可以说，互联网不仅对国家产业发展战略产生了重大影响，而且对企业品牌的价值创造理念和模式产生了革命性影响。这主要源于网络信息技术的发展，使人们的交流互动、生活方式，以及消费行为发生了深刻变化，也为顾客参与企业品牌意义共创开辟了新渠道。根据中国互联网络发展状况分析，2017 年中国手机网民规模近 8 亿人。可以说，互联网已经深刻地改变了顾客参与品牌符号价值创造的方式，以及品牌管理模式。

目前，一些企业已经开始探索如何在互联网环境下，引导顾客更多地参与品牌符号价值的生产创造过程。比如，海尔通过“海尔社区”“海尔创新交互平台”（HOPE）等途径，加强企业员工与顾客的实时沟通互动，为海尔创造了更高的品牌价值（牛振邦等，2015）。而小米科技公司则在创业之初就敏锐地意识到“专注、极致、口碑、快”的互联网文化，提出“做爆品、做粉丝、做自媒体”的战略理念，不仅鼓励员工成为顾客，也鼓励顾客入职企业。小米科技公司通过互联网累积了大量关注手机性价比的“米粉”或“发烧友”。小米科技公司正是借助互联网平台，通过顾客参与意义共创，实现了小米手机品牌的快速成长及其美誉度的极大提升。但是，有许多零售服务企业（如百货店等）因为没有适应网络购买方式的变化而破产，还有一大批制造企业由于不知道如何将传统产品制造及营销模式与互联网文化相结合，发出“不转型是等死，瞎转型是找死”的感慨。为此，本章以小米手机为例，运用扎根理论研究方法，探讨顾客参与小米手机品牌意义共创的模式和机制，达到丰富品牌意义共创理论并且为网络品牌塑造提供经验的目的。

第一节　文献探讨

一、消费者参与品牌意义共创的方式

顾客参与最早见于 Chase（1978）提出的有关顾客接触的概念，即顾客在企业提供服务过程中出现的程度。随着产品同质化竞争的加剧，如何更好地发展品牌与顾客之间的良好关系，调动顾客更高的参与度已经成为一个企业成功与否的关键战略（张燚等，2010；张燚等，2013）。顾客参与的根源在于生产与消费的不可分离，顾客不仅参与服务的生产和交付，服务的履行和质量也离不开顾客的贡献，服务结果在相当程度上依赖于顾客的参与和合作（范秀成等，2012）。特别是，随着互联网技术的发展，以微博、微信为代表的自媒体大量涌现，消费者能够通过社交网络更广泛地分享其品牌体验，这为顾客参与品牌符号价值创造提供了重要平台。

目前，学者从不同角度提出了消费者参与品牌意义共创的方式。Silpakit 等（1985）指出，顾客参与包括顾客精神、智力、体力和情感的努力与投入。Kellogg 等（1997）采用“关键事件法”推导出顾客参与的 4 个维度，即事前准备行为、建立关系行为、信息交换行为和干涉行为。Ennew 等（1999）提出了信息共享、责任行为和人际互动等 3 种顾客参与方式。而 Claycomb 等（2001）则将顾客参与维度划分为出席、信息共享和共同生产。Lloyd（2003）将顾客参与划分为付出努力、工作认知和搜寻信息等 3 个维度。易英（2006）在 Lloyd 的基础上，提出了付出努力、工作认知、搜寻信息和人际互动等 4 个顾客参与维度。朱俊等（2006）从顾客参与的层次、过程与时间维度出发，指出顾客参与应是全方位参与、全过程参与，以及最有价值的终身参与。彭艳君（2010）采用文献归纳法，总结出了顾客参与的事前准备、信息交流、合作行为、人际互动等 4 个维度。李朝辉（2014）指出，顾客参与意义共创过程就是顾客在参与企业产品设计、开发、生产、消费等方面进行的持续、社会化、动态化的互动过程。Fang（2008）则按照顾客在产品创新中扮演的角色，将顾客参与划分为信息提供和共同开发两种方式。从情感或情绪上，

可以把顾客参与行为划分为主动参与和被动参与，其中主动参与是指顾客自发地愿意加入企业的互动活动，甚至自发地帮助企业推进互动活动；被动参与是指对企业产品质量反馈、服务投诉等不得不处理的顾客参与活动。

综上所述，已有研究从不同角度对消费者参与品牌意义共创的方式进行了探讨，但对互联网环境下消费者参与品牌意义共创方式的研究尚处于起步阶段。

二、消费者参与品牌意义共创对品牌意义的影响

李朝辉（2013）认为，价值是共同生产的，顾客是共同生产者，顾客参与价值创造过程给顾客和企业都带来了利益。研究证实，在虚拟品牌社区环境下，顾客参与意义共创对品牌资产有显著正向影响。孔鹏举等（2013）认为，顾客在使用产品/服务的同时，会结合自身的知识和技能，在使用过程中创造价值。

综上所述，大量研究从不同维度和视角证实了顾客参与意义共创对品牌意义的正向影响，同时部分研究还探讨了虚拟品牌社区环境下消费者参与品牌意义共创的问题。但已有研究主要集中于相关变量的实证检验方面，对于互联网环境下消费者参与品牌意义共创的模式和机制研究还比较匮乏，尤其缺乏有关网络品牌塑造的案例研究和成功的经验总结。众所周知，随着互联网技术（特别是 Web2.0）的发展，粉丝经济已经成为一种商业模式。因为在互联网环境下，顾客不仅是新产品、新服务开发与创新的参与者，而且他们在新媒体平台上，通过评论、生成内容、生成广告、生成品牌故事等方式进行品牌传播，提升品牌形象，扮演了传播者的角色。小米的成功正是得益于其顺应了“互联网 +”的发展趋势，坚持以米粉（顾客）为中心，与米粉共创小米手机品牌，堪称互联网环境下消费者参与品牌意义共创的典范。因此，本章将以小米手机为例，通过质性研究探讨基于顾客参与的小米手机品牌意义共创机制，从而为相关理论的丰富和完善起到添砖加瓦的作用。

第二节　研究方法与资料搜集

一、研究方法

本章的目的是在自然情境下采用多种资料搜集方法，对顾客参与小米手

机品牌意义共创机制进行整体探索，以得到互联网环境下顾客参与小米手机品牌意义共创路径、效应和机制的定性理论。这就需要一种找寻或发现理论的研究方法，即通过“实质理论”的方法达到发展相关理论的目的，进而不断完善“形式理论”。扎根理论正是一种“自下而上”的归纳式质性研究方法，它通过把资料分解、概念化，将概念根据一定的逻辑关系重新组合，借此从现实资料中抽象出理论的操作规程。该方法由开放译码分析、主轴译码分析和选择译码分析组成（strauss et al.，1994）。译码过程有助于突破研究前带入的或研究中出现的偏见和假定，建立科学合理、解释力强的理论。

二、案例选择

要探讨互联网环境下顾客参与企业品牌意义共创模式与机制，需要有高质量的企业案例。小米科技公司从创立到发展，通过与顾客互动、新媒体传播等方式实现了品牌强势成长，具有丰富的实践经验，且资料获取度较高。因此，本章选择小米科技公司作为案例。该公司成立于 2010 年 4 月，是一家专注自主研发高端智能手机的移动互联网公司。其旗下有三大核心业务：小米手机、MIUI 和米聊。每个核心业务的背后都有专属的网上社区。小米使用者、爱好者和小米科技公司内部员工都可以在这些网上社区自由沟通交流，这既有助于提高消费者的品牌忠诚度，又有助于改进公司产品和服务。小米科技公司首创了互联网模式开发手机操作系统，且手机发烧友可以参与产品开发和提出改进意见。小米手机社区是小米科技公司的核心业务，它既是顾客自由沟通交流的平台，也是小米科技公司进行产品推广、提供售后服务的平台。2011 年 7 月 12 日，小米创始团队亮相；2011 年 9 月 5 日，小米手机开放网络预订模式；2015 年 1 月 15 日，小米手机在北京举办重量级旗舰产品发布会，推出一款集顶尖科技于一身的全新产品——小米 Note。自此，小米手机的销量一路高歌猛进，供不应求。短短 4 年，小米手机的销售额便达到了 300 亿元。2015 年 4 月 9 日，小米网打破了世界单一网上平台 24 小时销售手机数量的吉尼斯世界纪录。可以说，小米科技崇尚创新、快速的互联网文化，顺应“互联网 +”的发展趋势，坚持“为发烧而生”的产品理念获得了极大成功。课题组成员通过米聊、小米社区、“爆米花”等顾客体验平台，了解到顾客参与小米手机品牌意义的共创过程，从而显著提高了相关资料的可操作性，为本章获得了有质量保证的资料。

三、资料搜集与整理

本章主要通过以下途径搜集相关资料：①通过小米科技公司网站，搜集包括公司发展历程、重大事件与活动、企业文化、公司形象宣传片、企业故事、管理规章制度、成长业绩、荣誉、管理经验等方面的文本资料。②通过中国知网、维普、万方等全文数据库，搜集有关小米手机品牌发展的论文或评论等。③通过米聊、小米社区、爆米花等专门论坛，搜集顾客参与信息，顾客与企业及其他顾客之间的互动信息等文本资料。④通过百度、360 导航，搜集有关小米科技公司的新闻报道、评论、分析资料等。⑤搜集有关小米科技公司的公开出版物，如黎万强（2014）的《参与感：小米口碑营销内部手册》一书等。研究人员在阅读相关资料的基础上，对所有资料的内容效度、解释效度，以及饱和度进行了初步评估。在确认资料丰富性和饱和度后，对以上资料进行了整理、整合、质证，确保资料能准确反映顾客参与小米手机品牌意义共创的路径、机制和效应，并将资料命名为“顾客参与小米手机品牌意义共创资料记录”（表 7-1）。

表 7-1　顾客参与小米手机品牌意义共创资料记录

资料编码	资料记录	概念	范畴
a1	小米优秀技术团队成员由谷歌中国工程研究院原副院长林斌担任公司总裁，原微软中国工程院开发总监黄江吉、原谷歌中国产品经理洪锋、原金山词霸总经理黎万强、原摩托罗拉北京研究中心高级总监周光平、原北京科技大学工业设计系主任刘德担任副总裁	团队组成	团队理念（A1）
	雷军说，小米的团队是一支他一开始觉得“优秀得以至于不知道该拿来干什么”的豪华团队。以优秀的技术团队为支撑，是小米科技公司在人才力量上的优势		
a2	有玩者之心的团队，才会真正爱自己的产品、爱自己的顾客，这才是真正解放团队的核心	“玩”的团队	
a3	小米认为最重要的是团队，其次才是产品，有好的团队才有可能做出好的产品	团队重要性	
	在小米成立第一年，雷军绝大多数时间是找人才		

续表

资料编码	资料记录	概念	范畴
a4	雷军是小米手机的代言人，作为一个成功的互联网人士，他的奋斗史、成功史对年轻人具有很大的号召力和感染力，而他的个人魅力无形之中被投射在了小米手机上，从而打造了一个全新的具有个人品牌植入的自主品牌	经理文化	团队理念（A1）
	小米手机的创始人——雷军，凭借自身的名声和号召力，自称是乔布斯的超级粉丝，一场酷似苹果的小米手机发布会于 2011 年 8 月 16 日在中国北京召开。如此发布国产手机的企业，小米是第一个！不可否认，小米手机这招高调宣传发布会赢得了众多媒体与手机发烧友的关注		
……	……	……	……

注：限于篇幅，仅列出了与“团队理念”相关的部分资料记录。

第三节 范畴提炼与模型建构

一、开放译码分析

本节依据扎根理论的开放译码分析方法，遵循“定义现象→发掘范畴→为范畴命名→发掘范畴的性质和面向→各种不同的开放译码→写译码笔记”的程序，对范畴的性质和面向进行界定（Strauss et al.，1994）。通过对顾客参与小米手机品牌意义共创的资料记录进行多次整理，尽量排除主观定见、专业背景和个体偏好的影响，从中抽象出 78 个概念。在此基础上，根据概念类属，发掘出 16 个范畴，分别是团队理念、责任文化、信任文化、参与感原则、员工参与、顾客参与、米粉参与、发烧友参与、线下互动理念、“专注、极致、快”的产品开发与更新、“极致、快”的顾客服务、口碑传播、新媒体传播、新媒体竞争、新媒体思维、品牌意义，并在此基础上进一步对范畴的性质和面向进行了初步分析，得到开放译码分析结果，如表 7–2 所示。

表 7-2　顾客参与小米手机品牌意义共创资料记录的开放译码分析

资料编码	概念解释	范畴化	范畴的性质	性质的维度	结论
a1～a4	a1 团队组成、a2“玩”的团队、a3 团队重要性、a4 经理文化	A1 团队理念	1. 团队理念的性质：团结度、协作性	1.1 团结度的面向：高 / 低	高
				1.2 协作性的面向：高 / 低	高
a5～a7	a5 责任观念、a6 问题处理机制、a7 专注观念概念	A2 责任文化	2. 责任文化的性质：责任度	责任度的面向：高 / 低	高
a8～a9	a8 顾客关系、a9 用人制度	A3 信任文化	3. 信任文化的性质：信任度	信任度的面向：高 / 低	高
a10～a11	a10 3 个战略、a11 3 个战术	A4 参与感原则	4. 参与感原则的性质：战略、战术	4.1 战略的面向：科学 / 落后	科学
				4.2 战术的面向：科学 / 落后	科学
a12～a13	a12 朋友理念、a13 内部测试	A5 员工参与	5. 员工参与的性质：可行性、参与度	5.1 可行性的面向：科学 / 落后	科学
				5.2 参与度的面向：高 / 低	高
a14～a22	a14 销售创新、a15 顾客思维、a16 品牌时代、a17 参与式消费、a18 开放性理念、a19 顾客体验、a20 品牌调性、a21 顾客反馈、a22“玩”的理念	A6 顾客参与	6. 顾客参与的性质：可行性、体验性、反馈性、参与度	6.1 可行性的面向：科学 / 落后	科学
				6.2 体验性的面向：科学 / 落后	科学
				6.3 反馈性的面向：科学 / 落后	科学
				6.4 参与度的面向：高 / 低	高
a23～a24	a23 粉丝效应、a24 粉丝文化	A7 米粉参与	7. 米粉参与的性质：可操作性、效果	7.1 可操作性的面向：强 / 弱	强
				7.2 效果的面向：好 / 差	好
a25～a27	a25 发烧友理念、a26 顾客群模式、a27 核心顾客观	A8 发烧友参与	8. 发烧友 / 米粉参与的性质：可操作性、效果	8.1 可操作性的面向：强 / 弱	强
				8.2 效果的面向：好 / 差	好

续表

资料编码	概念解释	范畴化	范畴的性质	性质的维度	结论
a28～a31	a28 剧场式发布会、a29“爆米花”活动、a30“米粉节”活动、a31 初期的捆绑式销售	A9 线下互动理念	9. 线下互动的性质：参与度、开放性、积极性	9.1 参与度的面向：高 / 低	高
				9.2 开放性的面向：高 / 低	高
				9.3 积极性的面向：高 / 低	高
a32～a36	a32 明星产品思想、a33 产品品质性、a34 产品重要性、a35 产品人格化、ε36 产品设计观	A10“专注、极致、快”的产品开发与更新	10. 产品开发的性质：产品质量、产品人格化	10.1 产品质量的面向：好 / 差	好
				10.2 产品人格化的面向：科学 / 落后	科学
a37～a42	a37 服务信条、a38“小费”盈利、a39“快”的服务、a40 真诚的服务、a41 非标准化服务、a42 自媒体内容营销	A11“极致、快”的顾客服务	11. 服务理念的性质：服务质量、服务人性化、真诚度、服务速度	11.1 服务质量的面向：好 / 差	好
				11.2 服务人性化的面向：科学 / 落后	科学
				11.3 真诚度的面向：强 / 弱	强
				11.4 服务速度的面向：快 / 慢	快
a43～a50	a43 口碑传播渠道、a44 借力机制、a45 品牌故事、a46 口碑铁三角、a47 口碑本源、a48 品牌路径、a49 社会化媒体口碑、a50 推荐观	A12 口碑传播	12. 口碑传播的性质：口碑质量、信息传递度	12.1 口碑质量的面向：高 / 低	高
				12.2 信息传递度的面向：快 / 慢	快
a51～a55	a51 节约理念、a52 宣传理念、a53 时间理念、a54 抢首发、a55 信息传播观	A13 新媒体传播	13. 新媒体传播的性质：传播速度、传播积极性、信息覆盖率、顾客参与度	13.1 传播速度的面向：快 / 慢	快
				13.2 传播积极性的面向：高 / 低	高
				13.3 信息覆盖率的面向：高 / 低	高
				13.4 顾客参与度的面向：高 / 低	高

续表

资料编码	概念解释	范畴化	范畴的性质	性质的维度	结论
a56～a59	a56 预订机制、a57 预售机制、a58 低价策略、a59 发展观	A14 新媒体竞争	14. 新媒体竞争的性质：竞争强度、竞争积极性、竞争效度、顾客参与度	14.1 竞争强度的面向：强 / 弱	强
				14.2 竞争积极性的面向：高 / 低	高
				14.3 竞争效度：强 / 弱	强
				14.4 顾客参与度的面向：高 / 低	高
a60～a75	a60 互联网“七字诀”、a61 爆品策略、a62 借力机制、a63 口碑思维、a64 新媒体观念、a65 自媒体思维、a66 新媒体营销渠道、a67 互联网声音、a68 网络宣传、a69 互联网交流、a70 橙色星期五、a71 网络推动力、a72 论坛互动、a73 微博互动、a74 微信互动、a75 系统开发模式	A15 新媒体思维	15. 新媒体思维的性质：思维创新性、积极性、信息传递度、顾客参与度	15.1 思维创新性的面向：高 / 低	高
				15.2 积极性的面向：高 / 低	高
				15.3 信息传递度的面向：高 / 低	高
				15.4 顾客参与度的面向：高 / 低	高
a76～a78	a76 销售业绩、a77 公司成长、a78 品牌价值	A16 品牌意义	16. 品牌意义的性质：速度、质量、品牌价值大小	16.1 速度的面向：快 / 慢	快
				16.2 质量的面向：好 / 差	好
				16.3 品牌价值大小的面向：大 / 小	大

注：限于篇幅，表中的资料和概念仅列出序号，概念名称省略。

二、主轴译码分析

为了建立不同范畴之间的关联，并发展主范畴，本节依据扎根理论的主轴译码分析方法，遵循“因果条件→现象→脉络→中介条件→行动 / 互动策略→结果”的典范分析模式（Strauss et al., 1994）。在典范模型分析中，当设想好范畴间存在某种关系后，需要利用相关资料验证是支持还是否定这些想法。通过对 16 个范畴、78 个概念的主轴译码分析，可以得到 7 个主范畴，分别是品牌意义共创企业文化（AA1）、顾客在线参与（AA2）、线下互动（AA3）、“专注、极致、快”的产品开发与服务（AA4）、口碑传播（AA5）、新媒体传播（AA6）、品牌强势成长（AA7）。其中，品牌意义共创企业文化（AA1）由团队理念、责任文化、信任文化等 3 个范畴以及对应的 9 个概念构成；顾客在线参与（AA2）由参与感原则、员工参与、顾客参与、米粉参与、发烧友参与等 5 个范畴以及对应的 18 个概念构成；线下互动（AA3）由线下互动理念 1 个范畴以及对应的 4 个概念构成；“专注、极致、快”的产品开发与服务（AA4）由“专注、极致、快”的产品开发与更新、“极致、快”的顾客服务等 2 个范畴以及对应的 11 个概念构成；口碑传播（AA5）由口碑传播 1 个范畴以及对应的 8 个概念构成；新媒体传播（AA6）由新媒体传播、新媒体竞争、新媒体思维 3 个范畴以及对应的 25 个概念构成；品牌强势成长（AA7）由品牌意义 1 个范畴以及对应的 3 个概念构成。

借助典范模型，可以建构 78 个概念、16 个范畴和 7 个主范畴之间的紧密关系，这有助于理解各种策略、相关行动与结果之间的逻辑关系（图 7–1）。

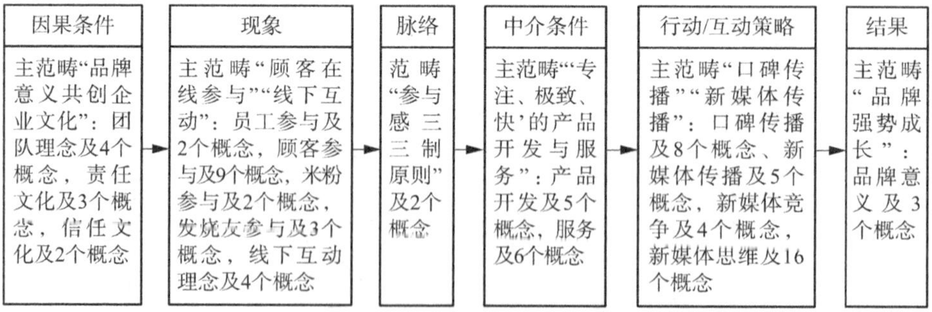

图 7–1　顾客参与小米手机品牌意义共创的典范模型

图 7–1 表明，主范畴“品牌意义共创企业文化”是顾客参与小米手机品牌意义共创的因果条件，主范畴“顾客在线参与”“线下互动”是现象，范畴

“参与感三三制原则”是脉络，主范畴“‘专注、极致、快’的产品开发与服务”是中介条件，主范畴“口碑传播”“新媒体传播”是行动 / 互动策略，主范畴“品牌强势成长”是结果。

三、选择译码分析

为了确定核心范畴，需要将其他范畴联系起来验证其间的关系，并把概念化尚未发展完备的范畴补充整齐。本章依据选择译码分析方法，通过对上述 16 个范畴的继续考察，尤其是对品牌意义共创企业文化、顾客在线参与、线下互动、“专注、极致、快”的产品开发与服务、口碑传播、新媒体传播、品牌强势成长等 7 个主范畴进行深入分析，结合原始资料记录进行互动比较、提问，可以用“网络环境下顾客参与小米手机品牌意义共创模式”（AA）这一核心范畴概括所有范畴。这是本章得到的扎根理论，其内涵就是基于潜在的市场需求与机会（高性能的“发烧手机”、全新的参与式消费、好用好看的用户体验、“专注、极致、口碑、快”的互联网文化等），小米科技公司构建了以参与感、责任、团队和信任为核心的小米文化，有效利用互联网的动态、普遍和实时交互特点，积极培养核心顾客、米粉，以及发烧友，充分调动其在产品体验感知、产品开发与更新等方面的积极性，发挥顾客口碑传播效应，最大化实现小米手机品牌美誉度的快速提升和强势成长（图 7–2）。

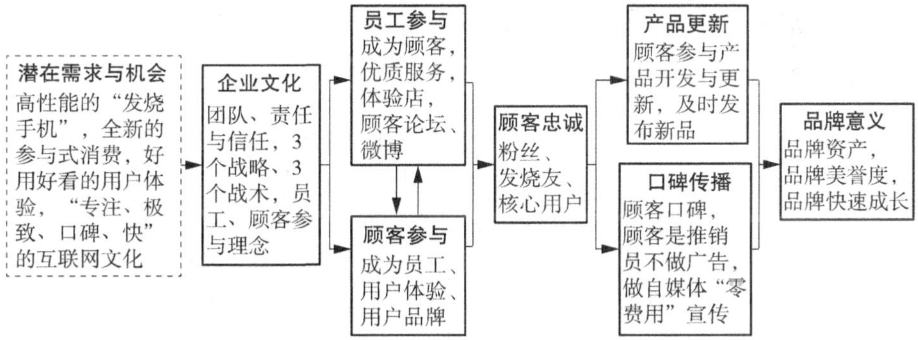

图 7–2　互联网环境下顾客参与小米手机品牌意义共创模式

图 7–2 描绘了顾客参与小米手机品牌意义共创过程中企业文化、参与感、意义共创与品牌意义的相互关系，直观反映了顾客参与小米手机品牌意义共创模式，即“建立适应互联网文化特点和顾客潜在需求的企业文化→建立以米粉为中心和消费者参与品牌意义共创的营销理念→通过员工与顾客的在线

互动交流，听取顾客在产品创新中体验性建议→重视顾客价值实现，积极培养米粉和发烧友→提高顾客忠诚度→激发顾客在线参与产品开发和口碑传播→实现小米手机品牌快速成长”的品牌意义共创模式。

第四节 理论检验与命题发展

根据扎根理论研究方法的要求，在完成理论雏形后，需要用搜集的资料验证这个理论，同时进一步发展相关命题。目前，4P 理论、4C 理论、4I 理论是学术界公认的营销管理经典理论，这为企业制定清晰的营销战略提供了基本框架。根据上述译码分析得到的概念、范畴等资料，将小米手机品牌意义的营销策略与 4P 理论、4C 理论、4I 理论模式进行对照检验，可以更好地总结顾客参与小米手机品牌意义共创的成功经验，从而验证互联网环境下顾客参与小米手机品牌意义共创机制，同时有助于了解经典营销理论的实践作用和局限性（表 7–3）。

表 7–3 顾客参与小米手机品牌意义共创经验的经典营销理论检验

经典营销理论要素		小米的营销策略（概念、范畴及策略）
4P 理论（传统营销模式）	产品战略	概念：a5 责任观念，a6 问题处理机制，a7 专注观念概念，a18 开放性理念，a19 顾客体验，a20 品牌调性，a21 顾客反馈，a32 明星产品思想，a33 产品品质性，a34 产品重要性，a35 产品人格化，a36 产品设计观，a75 系统开发模式。 范畴及策略：A10“专注、极致、快”的产品开发与更新
	价格战略	概念：a38“小费”盈利，a58 低价策略，a61 爆品策略。 策略：定位为低价高性能手机
	促销战略	概念：a43 口碑传播渠道，a44 借力机制，a45 品牌故事，a46 口碑铁三角，a47 口碑本源，a48 品牌路径，a49 社会化媒体口碑，a50 推荐观，a51 节约理念，a52 宣传理念，a53 时间理念，a54 抢首发，a55 信息传播观，a56 预订机制，a57 预售机制，a59 发展观，a60 互联网“七字诀”，a62 借力机制，a63 口碑思维，a64 新媒体观念，a65 自媒体思维，a66 新媒体营销渠道，a67 互联网声音，a68 网络宣传，a69 互联网交流，a70 橙色星期五，a71 网络推动力，a72 论坛互动，a73 微博互动，a74 微信互动。 范畴：A12 口碑传播，A13 新媒体传播，A14 新媒体竞争，A15 新媒体思维

续表

经典营销理论要素		小米的营销策略（概念、范畴及策略）
4P 理论（传统营销模式）	渠道战略	概念：a31 初期的捆绑式销售。 策略：网上销售，联通和电信合约手机，苏宁、国美等授权门店销售
4C 理论（以顾客为中心）	顾客需求	概念：a5 责任观念，a6 问题处理机制，a7 专注观念概念，a32 明星产品思想，a33 产品品质性，a34 产品重要性，a35 产品人格化，a36 产品设计观，a37 服务信条，a39 “快”的服务，a40 真诚的服务，a41 非标准化服务，a42 自媒体内容营销，a58 低价策略。 范畴：A10 “专注、极致、快”的产品开发与更新，A11 “极致、快”的顾客服务。 策略：市场定位是为发烧友定制的高性能低价手机
	顾客成本	概念：a37 服务信条，a38 “小费”盈利，a39 “快”的服务，a40 真诚的服务，a41 非标准化服务，a42 自媒体内容营销。 策略：高性能的低价手机
	顾客沟通	概念：a8 顾客关系，a9 用人制度，a12 朋友理念，a13 内部测试，a14 销售创新，a15 顾客思维，a16 品牌时代，a17 参与式消费，a18 开放性理念，a19 顾客体验，a20 品牌调性，a21 顾客反馈，a22 “玩”的理念，a23 粉丝效应，a24 粉丝文化，a25 发烧友理念，a26 顾客群模式，a27 核心顾客观，a28 剧场式发布会，a29 “爆米花”活动，a30 “米粉节”活动，a73 微博互动，a74 微信互动。 范畴：A4 参与感原则，A5 员工参与，A6 顾客参与，A7 米粉参与，A8 发烧友参与，A9 线下互动理念
	便利性	概念：a31 初期的捆绑式销售。 策略：网上销售，联通、电信合约手机，苏宁、国美等授权门店销售
4I 理论（网络整合营销）	趣味原则	概念：a22 “玩”的理念，a23 粉丝效应，a24 粉丝文化，a25 发烧友理念，a28 剧场式发布会，a29 “爆米花”活动，a30 “米粉节”活动。 策略：为发烧友定制的手机
	利益原则	概念：a6 问题处理机制，a32 明星产品思想，a33 产品品质性，a34 产品重要性，a35 产品人格化，a36 产品设计观，a58 低价策略。 策略：高性能的低价手机

续表

经典营销理论要素		小米的营销策略（概念、范畴及策略）
4I 理论（网络整合营销）	互动原则	概念：a8 顾客关系，a9 用人制度，a12 朋友理念，a13 内部测试，a14 销售创新，a15 顾客思维，a16 品牌时代，a17 参与式消费，a18 开放性理念，a19 顾客体验，a20 品牌调性，a21 顾客反馈，a22“玩”的理念，a23 粉丝效应，a24 粉丝文化，a26 顾客群模式，a27 核心顾客观，a28 剧场式发布会，a29“爆米花”活动，a30“米粉节”活动。 范畴：A4 参与感原则，A5 员工参与，A6 顾客参与，A7 米粉参与，A8 发烧友参与，A9 线下互动理念
	个性原则	概念：a25 发烧友理念。 策略：为发烧友定制的高性能手机
其他要素	企业文化	概念：a1 团队组成，a2“玩”的团队，a3 团队重要性，a4 经理文化，a5 责任观念。 策略：建立与“专注、极致、口碑、快”的互联网文化相适应的企业文化

由表 7–3 可知，在互联网环境下，除了注重顾客参与和互动原则的 4I 理论模式外，4P 理论和 4C 理论依然很重要，只是传统意义上的产品战略、促销战略、渠道战略、顾客沟通以及顾客需求，需要全面融入顾客参与意义共创的互联网思维。比如，“促销”不再局限于传统意义上企业自演自说的广告模式，而是需要充分利用顾客的口碑传播。顾客参与小米手机品牌意义共创的成功经验就在于设计了“三三制原则”，即 3 个战略（做爆品、做粉丝、做自媒体）和 3 个战术（开放参与节点、设计互动方式、扩散口碑事件）。具体策略就是将产品定位于为发烧友定制的高性能低价手机，遵循“专注、极致、快”的产品开发、更新与服务理念，有效发展线上（如论坛、微博、微信和 QQ 空间等）和线下（如剧场式发布会、“爆米花”活动、“米粉节”活动等）互动沟通平台，最大化地激发顾客参与新产品开发、更新及口碑传播的积极性，并设计了网上销售、合约手机以及授权门店销售等便利的销售渠道。可见，小米的营销策略很好地融合了 4P 理论、4C 理论、4I 理论。综合上述理论检验和质性分析，可进一步发展出顾客参与小米手机品牌意义共创的五大机制。

一、企业文化和团队发展机制

建立契合互联网文化的企业文化和团队发展机制。该机制主要体现为1个主范畴（品牌意义共创企业文化）、3个范畴（团队理念、责任文化、信任文化）和与之相对应的9个概念。小米之所以能向消费者推出性价比高的产品及服务，其团队和文化是保证执行力的关键。在成立之初，小米就组建了由谷歌、微软、摩托罗拉、金山等国内外公司资深员工组成的核心团队。小米创始人认为，最重要的是团队，其次才是产品，因为有了好的团队才能做出好的产品。以坚持超越米粉的预期为目标，做出有爱的产品，顾客就会回报爱。顾客对产品和服务的吐槽，小米要快速回应，能解决的以最快速度、最大投入第一时间解决；如果不能马上解决，就要果断道歉及善后。此外，只有做企业就像做人一样，朋友才会真心为你传播、维护你的口碑，朋友是信任度最强的顾客关系。信任是小米企业文化的特色，在用人制度和问题处理等方面突出责任与信任并重。由此，可提出如下命题：建立契合互联网“专注、极致、快、信任”的企业文化和团队理念是实现品牌意义共创的基础，是执行力的保证。

二、新产品开发、更新与服务机制

建立“专注、极致、快”的新产品开发、更新与服务机制。该机制主要体现为1个主范畴（“专注、极致、快”的产品开发与服务）、2个范畴（“专注、极致、快”的产品开发与更新、“极致、快”的顾客服务）和与之相对应的11个概念。小米通过MIUI积聚起数量庞大的发烧友，他们对于理想手机的标准也就成为小米手机“为发烧而生”的核心定位。纵使小米有大量的米粉积聚，如果没有好的产品和服务同样是站不住脚的。米粉的累积，及米粉参与小米活动的积极性源于不断更新的小米产品和不断完善的服务。苹果的更新是一年一次，谷歌是一个季度发布一个版本，而小米则是一个星期发布一个版本，且风雨无阻。不仅如此，小米认为，如果你发货不够快，顾客咨询回复不够快，售后维修不够快，那么什么个性化、差异化服务，都是空谈。做好服务的核心就是一个字——“快”。小米做的是互联网手机品牌，以互联网为主的销售渠道不仅节省了零售渠道成本，而且使小米可以通过低价出售，赢得青年一代的青睐。由此，可提出如下命题：建立契合顾客需求和利益原则的"专注、极致、快"的新产品开发、更新与服务机制是实现品牌意义共创的关键。

三、互动沟通机制

培养顾客忠诚的粉丝体验与互动沟通机制。该机制主要体现为2个主范畴（顾客在线参与、线下互动）、3个范畴（米粉参与、发烧友参与、线下互动理念）和与之相对应的9个概念。"粉丝效应"不可设计，但可以通过给予粉丝更多可参与的互动方式因势利导。小米通过论坛聚拢核心顾客，将微博和QQ空间等自媒体的信息传播与论坛有机结合，很好地解决了碎片化问题，而微信则由于互动性较强成为客户服务的主战场。小米科技在高品质产品和服务的基础上不断强化"参与感"，不仅让员工成为粉丝，还尝试让粉丝成为员工，使员工和顾客天然结合，将顾客培育成米粉、发烧友和核心顾客。在此过程中，小米论坛和小米员工的个人博客功不可没。小米通过铺天盖地的网络宣传，赢得了米粉的支持。从2012年开始，小米科技每年都要举办大量剧场式发布会、"爆米花""米粉节"等线下活动，充分实现与顾客的线下互动交流，培养粉丝。其中，"爆米花"是小米官方组织的大型线下活动，成为小米的顾客见面会。同时，小米把公司的庆典定义为一年一度的"米粉节"，做活动回馈顾客，与顾客同乐。而剧场式发布会则是小米最显著的标志之一，也是每年小米品牌建设中最关键的环节。由此，可提出如下命题：企业与顾客的线上、线下互动沟通越频繁，顾客对企业的信任度越高，口碑传播越广。

四、动力机制

有效激发和提升顾客参与新产品开发与更新的动力机制。该机制主要体现为1个主范畴（顾客在线参与）、3个范畴（参与感原则、员工参与、顾客参与）和与之相对应的13个概念。小米的顾客关系指导思想是和顾客做朋友，因为如今不是单纯卖产品的时代，而是卖参与感的时代。互联网思维的核心是口碑为王，口碑的本质是顾客思维，就是让顾客有参与感。小米内部建立起一套基于顾客反馈的产品改进系统，让顾客参与进来，成为产品改进、品牌传播的"大明星"。为了让顾客深入参与产品研发过程，小米设计了"橙色星期五"的互联网开发模式，核心是MIUI团队在论坛与顾客互动。顾客的意见，甚至创新都可以在每周的更新中得到体现，这极大地激发了米粉的参与热情。由此，可提出如下命题：有效激发和提升顾客参与新产品开发与更新的动力是培养忠诚消费者（米粉和发烧友）的重要策略。

五、口碑传播机制

基于新媒体或社会营销渠道的顾客口碑传播机制。该机制主要体现为 2 个主范畴（口碑传播、新媒体传播）、4 个范畴（口碑传播、新媒体传播、新媒体竞争、新媒体思维）和与之相对应的 33 个概念。广告的最高境界是没有广告，只有资讯。消费者抗拒广告，但需要产品的相关信息与资讯。直接推销类的销售方式被吃闭门羹的概率很大，但是化身成为消费者提供资讯，面对免费利益，消费者接受度自然会提高。可见，线上、线下互动的有机结合加强了小米与米粉的接触，激发了米粉参与的积极性。米粉不但是小米的忠诚顾客，还是小米免费的“广告商”和忠诚的“推销员”，为小米手机做足了宣传，借此达到“零费用”宣传的效果，而且口碑事件的扩散极大地提升了品牌形象。随着社交媒体的出现（如大众点评网、微信、微博、论坛，视频、照片和信息分享网站等），其数字化、可视化，无处不在，实时可用和动态的特点，使消费者口碑成为一个品牌意义的中心；一个品牌不再是厂家告诉消费者是什么，而是消费者互相告诉它是什么（Gensler et al.，2013），消费者已经成为品牌传播的主角。由此，可提出如下命题：顾客口碑传播与口碑事件扩散是互联网环境下品牌形象提升最重要的途径。

第五节　小　结

本章以小米科技公司为例，通过对质性资料的三重译码分析，得到了如下扎根理论：小米科技公司顺应“互联网 +”的发展趋势，利用自媒体平台，以参与感为核心，开放顾客参与节点，设计顾客互动方式，积极引导顾客体验、反馈和参与产品的开发与改进，激励顾客进行线上、线下的口碑传播，充分发挥品牌意义共创中的顾客参与作用，实现小米品牌形象和业绩的快速提升。小米手机存在“建立适应互联网文化特点和顾客潜在需求的企业文化→建立以米粉为中心和消费者参与品牌意义共创的营销理念→通过员工与顾客的在线互动交流，听取顾客在产品创新中体验性建议→重视顾客价值实现，积极培养米粉和发烧友→提高顾客忠诚度→激发顾客在线参与产品开发和口碑传播→实现小米手机品牌快速成长”的品牌意义共创模式。在此基础上，总结出消费者参与品牌意义共创的五大机制，即建立契合互联网文化的企业文化和团队发展机制，建立“专注、极致、快”的新产品开发、更新与服务机制，培养顾客忠诚的粉丝体验与互动沟通机制，有效激发和提升顾客参与新产品开发与更新的动力机制，基于新媒体或社会营销渠道的顾客口碑传播机制。

08

第八章

基于病毒营销的品牌符号网络传播机制与保障机制

随着信息时代的到来，互联网经济逐渐成为世界经济发展的主流，科学技术的发展也带动了新媒体技术的不断革新，从而形成了泛媒体环境。在泛媒体环境下，一些企业借助新媒体营销，推广品牌，树立形象，实现了企业的快速发展。随着新媒体的发展，各种网络平台越来越多，如博客、微博、微信、抖音等平台受到大众青睐，品牌传播手段不再局限于电视广告，品牌营销的方式更加多元化。自媒体不断渗透人们的生活，传播媒体不再只是传播机构，而是已经进入人人都是自媒体的时代。如何更好地利用这些优势与便利传播和塑造品牌，已经成为企业面临的重要课题。

目前，一些企业已经在探索如何利用环境优势进行网络品牌传播，促进品牌快速成长。比如，OPPO 手机通过拍摄视频和建立 OPPO 社交平台，加强与顾客的沟通互动，传播产品符号与品牌意义，塑造品牌形象，培养顾客忠诚度。RIO 鸡尾酒将泛媒体环境下新媒体数量多、类型丰富、主体广泛的特点糅合在一起，对产品进行病毒营销符号传播；通过明星代言与企业网络平台幕后推动协同，加强品牌符号与意义的传递，增强顾客对品牌的认知感；同时，通过影视广告植入和商家冠名扩张，拓宽品牌宣传渠道以吸引更多顾客，逐步拓展 RIO 品牌符号的深度与广度，培养顾客忠诚度，提升品牌形象。为此，本章采用纵向案例研究法，以 RIO 鸡尾酒为研究对象，深入分析泛媒体环境下网络品牌传播与沟通机制在品牌意义不同阶段的符号意义建构方式，为新媒体环境下企业品牌意义研究提供理论依据和实践参考。

第一节　文献探讨

一、品牌形象塑造

对于品牌形象塑造的策略，不同学者从不同角度进行了理论分析。代表性观点如下：在互联网领域，在线体验是品牌形象塑造的关键。Geoffrey（2007）提出了构建网络品牌的四大支柱，即了解顾客、营销传播、交互性，以及内容。周霞等（2012）认为，网络品牌战略应从品牌特色、品牌理念和品牌推广 3 个方面实施。许喜林等（2007）提出了品牌建设的 9S 过程管理模式，即品牌调研—品牌诊断—品牌定位—品牌规划—品牌创意—品牌设计—品牌推广—品牌评估—品牌调整，周而复始，呈螺旋式上升。如今，各企业为适应泛媒体环境，纷纷转向互联网进行品牌宣传，运用各类媒体实行营销策略，以推进品牌形象塑造的进程。2003 年 10 月 16 日 6：23，“神舟五号”飞船在内蒙古大草原安全着陆，宣告中国首次载人航天飞行圆满成功，而蒙牛作为“神舟五号”的合作伙伴，将“神舟五号”形成的品牌势能转化为销售动能，在各大城市实现“成功对接”，将蒙牛的产品销售推向了新的高峰，实现了品牌的快速飞跃。可见，在品牌形象塑造的过程中，如何为品牌寻找一个合适的“伙伴”是非常重要的。而 RIO 鸡尾酒正是通过与各大热门影视、综艺节目合作，迅速扩大其影响力，进而建立品牌知晓度，快速提升销量的。但是，多数中国企业在品牌建设方面还很不完善，对品牌的认识和驾驭能力还有待提升。

二、病毒营销

网络时代的发展极大地改变了人们的生活方式。移动网络、数字媒体的迅速发展，接收终端的移动化，使传统大众媒体日渐衰弱，其营销价值也逐渐弱化，许多消费者开始或者已经对传统营销工具产生了疏远或者排斥心理（Haan et al.，2008），这势必“倒逼”营销者改变原有的营销思路而另寻出路。正是在这种背景下，病毒营销凭借低成本开销、高速扩散的传播效果受到许多营销者的青睐。对于病毒营销，很多学者都将其定义为以口碑作为跳板，以达到特定目的的一种营销方式。病毒式传播最早是由美国电子商务顾问 Wilson 提出的。病毒营销，也称“病毒营销传播”，或“病毒性营销传播”，是指企业营销信息的传播脱离传统广告那种按版面和时间付费、依赖大众媒体进行大众传播的窠臼，使消费者主动进行裂变式自我传播的营销方式（张巨才，2011）。也有学者提出，病毒营销是营销者利用口碑传播形式，鼓励消费者主动传播、分享由营销者精心设计的有关企业或产品品牌符号信息，来达到企业特定目的的一种营销手段。还有学者认为，病毒营销是一种利用顾客口碑传播的原理，让信息在顾客之间自发性地宣传、递送，这种快速复制增长的方式使信息传播如同病毒一般，成为一种几乎不需要费用的网络营销手段（石小溪，2012；冯丙奇等，2015）。病毒营销在互联网时代应运而生，人们在指尖与屏幕的小小“互动”中不仅可以接收和发出信息，而且信息的可得性在以令人惊奇的速度扩散。病毒营销中的信息具有可复制性，能够利用公众的兴趣，以及社交和所处的关系网，像病毒具有复制特性一样将营销信息快速复制，广泛传播，深入人心，在短时间内扩散到广大受众群体中（杨丰瑞等，2008）。

三、网络传播机制对品牌形象塑造的促进作用

科特勒在《市场营销原理》一书中定义的品牌，是用于识别一种产品或服务的生产者或销售者的名称、术语、标记、符号、设计，或上述因素的组合。对于消费者来说，其将品牌视为产品的重要组成部分，因此品牌形象管理能够为产品增加价值。病毒营销中口碑传播形式决定了企业对产品形象的重视程度，这时品牌形象塑造就被提上日程。口碑作为一种有效提升人们消费决策能力的高价值信息，是通过某种媒介，实现对信息的传递、交流、扩散和利用，从而凸显口碑信息价值的增值（金镇等，2006）。口碑好坏在很大程度上影响着品牌形象塑造。

具有足够吸引力的“种子”、足够迅速的传播方式和庞大的易感人群是有效病毒营销的必要条件（徐北春等，2012）。病毒“种子”是嵌入消费者喜爱的信息（感染源“种子”的娱乐价值和新闻价值）和需要的信息（感染源的实用价值）与介质中的，并且利用网络平台中相关联的人群互为传播对象，深入消费者心里。信息在受众中不断地被复制传播，再复制再传播，使“种子”能够以指数级的速度扩散，这样的营销方式充分利用了受众的人际网络

关系（包括朋友之间和熟人之间）。信息通常是对接收者有好处、有趣味或是有需要被主动搜索得来的。可以说，“种子”的趣味性和实用性在传播中起到了巨大作用，使接收者放下防备，具有惊人的可信度（张巨才，2011）。“种子”的扩散首先是留下初始印象，能够使品牌的知名度在短时间内迅速提高，而趣味性和可靠性则为品牌在受众群体中站稳脚跟提供了土壤。“病毒载体”要与品牌气质门当户对，媒体与推广的品牌之间有着强大的关联度和共振效应是有效传播的关键。除了用生动的、富有个性的话题引发越来越多的响应外，“病毒载体”与品牌气质相符合能在制造话题和吸引眼球的同时，使与品牌相关的信息得以传播（张强，2012）。

综上所述，现有文献缺乏从品牌符号与意义传播视角，探讨品牌形象塑造的病毒营销符号传播、营销效应及驱动机理。为此，本章将通过案例研究对该问题进行初步探讨。

第二节　研究方法与资料搜集

一、研究方法与案例选择

单案例研究能够为研究成果的准确性提供保障；其基于时间顺序的研究，可以从不同阶段深入分析，洞察一种商业模式下的传播机制及其对企业发展的长期影响，并观其全貌；通过多方搜集案例资料、整理分析，从中提取信息进行总结，最后对其概念化、理论化。为此，本章拟选择 RIO 鸡尾酒作为个案，按照 RIO 鸡尾酒的时间发展顺序，对其网络传播机制进行深入的纵向研究。

本章将 RIO 鸡尾酒作为研究对象主要有以下原因：第一，RIO 鸡尾酒是继王老吉之后在酒水行业成功的第二大案例。百润股份的相关公告显示，2012 年、2013 年，以及 2014 年 1—6 月，RIO 品牌的营业收入分别为 5880.71 万元、1.86 亿元和 3.65 亿元，净利润分别为 498.63 万元、2021.15 万元和 1.10 亿元。这为其他在互联网环境下想要迅速崛起的企业提供了借鉴意义。第二，本章旨在探讨泛媒体环境下品牌快速成长的网络品牌传播机制。RIO 鸡尾酒是在互联网高速发展环境下成长起来的品牌，运用病毒营销战略，通过互联网多渠道进行全方位宣传，短时间内使 RIO 鸡尾酒进入消费者视角，迅速占领市场。这与我们的研究目标高度契合。第三，RIO 鸡尾酒相关资料搜集来源广、信息量大。RIO 鸡尾酒选择的主流传播媒介是微博、电视、电影、综艺节目等，通过搜索各种网站和社交工具，可以获得相关二手资料。信息可获得性有助于保证数据丰裕，满足研究需要。

二、资料搜集与整理

一是通过 RIO 鸡尾酒官方网站和公司公告获取该公司的发展历程、企业文化、业务领域、经营理念、公司重大新闻等方面的相关资料，便于深入了解 RIO 鸡尾酒品牌的背景、品牌特征和 RIO 鸡尾酒品牌形象塑造过程，完成对 RIO 鸡尾酒的案例概况整理。二是通过对官方微博和明星代言微博的浏览与信息搜集，获取 RIO 鸡尾酒品牌现阶段的市场反应状况。表 8-1，编码方案为：①代言人及 RIO 鸡尾酒的微博公众号平台编码，a 代表杨洋的微博账号、b 代表郭采洁的微博账号、c 代表周冬雨的微博账号、d 代表 RIO 鸡尾酒的官方微博账号；②符号编码表示在每个平台上的微博序号及条数。三是通过中国知网、维普、万方等全文数据库，获取有关 RIO 鸡尾酒的论文和研究，了解顾客对 RIO 鸡尾酒品牌符号意义的认知程度和品牌成长过程。

表 8-1　微博原始数据　　单位：次

符号编码	时间	点赞次数	评论次数	转载次数	所属指标
a1	2018 年 5 月 28 日 20：00	120327	24395	140951	明星效应与粉丝经济
a2	2018 年 5 月 8 日 20：00	208844	73123	4265925	
a3	2016 年 12 月 22 日 17：06	1053180	143711	309994	
a4	2016 年 8 月 6 日 7：29	1282414	87604	239754	
a5	2016 年 7 月 20 日 12：00	517407	85600	248413	
a6	2016 年 4 月 22 日 15：00	740270	95352	355803	
a7	2016 年 4 月 20 日 0：18	529598	70788	299921	
a8	2015 年 12 月 18 日 21：08	370427	44035	109837	

续表

符号编码	时间	点赞次数	评论次数	转载次数	所属指标
a9	2015年8月23日17：05	740528	127631	101747	明星效应与粉丝经济
b1	2016年4月22日18：52	130699	6613	766	
b2	2016年4月22日14：23	70809	1285	623	
b3	2016年4月21日19：46	59252	2383	2691	
b4	2016年4月20日22：03	19779	908	731	
b5	2016年4月20日20：07	39043	1191	482	
b6	2015年10月15日14：48	12590	685	216	
b7	2015年9月7日15：26	69688	3725	4022	
b8	2015年8月24日14：14	45114	1435	669	
b9	2015年8月24日14：05	7421	2276	2295	
c1	2018年5月28日17：02	89137	11952	187485	
c2	2018年8月16日19：55	49297	33337	474478	
c3	2018年8月15日14：33	45323	12630	65475	
c4	2018年8月10日15：11	11202	10127	141480	
c5	2018年8月9日17：44	22745	11508	12988	
c6	2018年8月7日10：00	97183	10848	58611	
c7	2018年8月6日12：05	283903	14336	55675	
c8	2018年8月2日14：47	73243	12629	60869	
d1	2018年8月17日10：30	48	189	242	官方推动与顾客服务
d2	2018年8月16日9：00	93	338	198	
d3	2018年8月7日12：00	76	290	227	
d4	2018年8月6日18：30	796	950	1638	
d5	2018年8月6日12：30	318	188	392	
d6	2018年7月26日18：30	848	11884	77963	
d7	2018年7月26日13：52	493	230	706	
d8	2018年7月24日19：00	89	259	264	
d9	2018年7月15日17：22	76	355	289	

续表

符号编码	时间	点赞次数	评论次数	转载次数	所属指标
d10	2018年7月13日18：30	63	219	187	官方推动与顾客服务
d11	2018年7月13日17：31	264	305	462	
d12	2018年7月7日19：00	48	202	167	
d13	2018年7月6日20：00	582	1863	874	
d14	2018年6月24日20：00	464	1904	694	
d15	2018年6月23日23：57	142	104	148	
d16	2018年6月22日20：05	490	511	930	
d17	2018年6月12日19：28	264	417	2512	
d18	2018年5月31日10：00	111766	14759	14395	
d19	2018年5月30日9：00	2524	7684	30962	
d20	2018年5月29日08：21	30315	10224	23172	
d21	2018年5月28日20：00	145	356	265	
d22	2018年5月28日9：00	2784	837	10304	
d23	2018年5月8日20：10	1609	1135	1965	
……	……	……	……	……	……

第三节　案例分析

一、网络传播机制——外部扩张

早在2003年RIO鸡尾酒正式诞生时就瞄准了夜店市场，但在遭遇强劲对手的挑战后，转向年轻人市场并站稳脚跟。RIO鸡尾酒与电商合作，成功获得商业超市等市场的主导权，尔后利用影视剧等新媒体植入方式，使RIO鸡尾酒的产品符号与品牌意义得到较好传播，极大提升了RIO鸡尾酒的品牌形象，并逐步占据市场主导地位。

RIO鸡尾酒通过视觉冲击、信息轰炸，在前期大范围造势，使大量信息在网络上形成短时间的强推效果，消费者潜意识里对RIO品牌有了模糊的概念或初步印象；同时，利用电视、网络等向消费者进行视觉冲击，提高公众熟悉度，加大网络投入力度进行品牌符号信息的病毒营销传播；在腾讯、新浪、搜狐等各大网站的首页刊登广告，在新浪微博、腾讯微博里组织关注、转发活动；利用微信平台转发集赞获得优惠活动，如集满100个赞便可在RIO移动酒吧免费获得RIO鸡尾酒随机口味一瓶等。

在被百润股份上市公司收购后，RIO鸡尾酒继续以植入营销战略抢占先机，保持预调鸡尾酒行业的领先地位（刘玮，2017）。RIO鸡尾酒依托影视综艺节目的“病毒式”大量植入，赚足了公众“眼球”。其中，与湖南、湖北、四川、安徽等各大卫视合作（表8-2），尤其在综艺节目《奔跑吧，兄弟》和电视剧《何以笙箫默》中的反响强烈。剧中无处不在的RIO鸡尾酒成功“洗脑”观众，这也成功促使RIO鸡尾酒2014年的销售额猛增至9.8亿元，比2013年增长了近8倍。尔后，RIO鸡尾酒于2015年4月又植入《奔跑吧，兄弟》第二季，以及《杉杉来了》《加油吧实习生》《把爱带回家》《你们被包围了》《相爱穿梭千年》《恶棍天使》等10余部电视剧或电影。同时，RIO鸡尾酒还与四大主流视频网站——优酷、爱奇艺、腾讯、搜狐进行战略合作。极大的曝光度使RIO鸡尾酒立即火爆市场，其品牌符号与品牌意义得到快速显现，不但提升了品牌形象，也促进了品牌快速成长。

表8-2 2014—2015年RIO鸡尾酒植入影视剧详情

分类	年份	影视名	播放平台	网络播放量/亿次	票房/亿元
电视剧	2014	《杉杉来了》	爱奇艺	41.5	
		《步步惊情》	搜狐	7.2	
			优酷	5.0	
		《青年医生》	乐视	1.0	
		《Doctor异乡人》	优酷	10.1	
		《你们被包围了》	腾讯	10.4	
		《把爱带回家》	腾讯	4.7	
			优酷	4.2	

续表

分类	年份	影视名	播放平台	网络播放量 / 亿次	票房 / 亿元
电视剧	2015	《何以笙箫默》	爱奇艺	36.7	
			腾讯	31.3	
			优酷	23.1	
		《冰与火的青春》	搜狐	4.3	
			优酷	5.1	
		《加油吧实习生》	爱奇艺	26.3	
		《神犬小七》	腾讯	8.4	
			芒果 TV	0.2	
		《两生花》	腾讯	10.0	
			搜狐	4.3	
		《相爱穿梭千年》	芒果 TV	0.9	
			爱奇艺	0.5	
		《美丽的秘密》	腾讯	7.9	
电影	2015	《恶棍天使》	爱奇艺	3.3	6.5
			腾讯	2.0	
			优酷	1.7	

RIO 鸡尾酒依据产品定位，着力热门影视剧、综艺节目的广告植入，利用视觉效应，在剧情与娱乐中潜移默化地吸引观众眼球，诱发观众好奇心，促使潜在客户产生。全方位的“病毒式”植入，使 RIO 鸡尾酒快速进入消费者脑中，强化品牌符号记忆，加之 RIO 鸡尾酒通过超市便利店等的直销，不仅巩固了消费者记忆，而且为消费者购买提供了便利，从而实现了销量猛增。

二、网络传播机制——外部协调

在病毒营销下，不仅要有企业或品牌的符号信息输出，对外的协调也至关重要。企业官方平台、官方微博、微信公众号，线上、线下购买渠道等都能在外部协调中扮演符号宣传与服务角色。而明星代言下的明星效应和粉丝经济则有利于形成忠实的消费群体，给予品牌较高的信任。

RIO鸡尾酒在官方微博、微信公众号等公众平台上发布广告等品牌符号信息，丰富产品文化符号内涵，赋予产品感情和故事，使产品成为有温度的符号。同时，公众平台作为与顾客交流互动的重要途径，使受众可以通过评论、留言等方式互动，满足消费者存在感，让RIO鸡尾酒的经营者更加了解消费者。

病毒营销得以传播依赖的是“种子”的价值（张巨才，2011）。“种子”的趣味性无疑是吸引眼球的重要主体之一。RIO鸡尾酒新出的微醺系列，打造的不仅是酒的形象，每一种口味都代表着一种心境。RIO鸡尾酒的广告短片有很多小故事，折射了现代年轻人的经历，让许多人有看见自己的感觉，会忍不住去买一瓶，好好感受一下故事中主角的心境。

粉丝经济是指基于粉丝参与的品牌社群，在其信任关系之上的社会资本平台和商业经营行为（叶开，2014）。2013年，RIO鸡尾酒请周迅代言，主流媒体进行大规模的广告投放。2015年，RIO鸡尾酒请郭采洁、杨洋代言，开启全新“超自在”理念。2018年，金马奖影后周冬雨担任RIO鸡尾酒微醺系列代言人，主打年轻人越来越多的“一个人”饮用的场景。杨洋有3383万粉丝、周迅有491万粉丝、郭采洁有2681万粉丝、周冬雨有2039万粉丝，众多的粉丝创造了巨大的流量，每份流量都可以为病毒式传播品牌符号与意义制造声势（表8-1）。明星代言产品对粉丝而言，不仅仅是偶像代言的产品，也是其认同的产品。基于对明星的信任、热爱与认同，最终实现情感传递，使产品在粉丝消费群体中留下良好的初步印象，促使消费者产生品牌符号认同和购买行为。购买明星代言的产品是粉丝表达自己情感的一种方式，具体表现在两个方面：一方面，通过购买明星代言的产品在心理上得到一种满足，明星同款间接成为粉丝表达对明星热爱的一种方式，更是对自己所喜欢明星的一种支持；另一方面，某个明星的粉丝在无形中就是一个群体，从这个层面上说，购买产品就是一种融入粉丝群体的方式，从而构筑起明星—产品—粉丝的桥梁。

二、网络传播机制——内部支撑

在病毒营销模式下，通过影视广告植入和电视节目冠名冲击顾客大脑，可以迅速将品牌符号信息传递给顾客，再由明星代言刺激粉丝经济，提升顾客对产品的忠诚度与信赖感，迅速从外部传播方面塑造品牌形象。然而，品牌形象塑造的核心始终是产品与服务本身，只有产品与服务让顾客满意才能建立顾客忠诚度，才能在内部支撑网络传播及品牌形象塑造。在泛媒体环境下，许多企业都在利用品牌形象塑造的特点进行各种营销，如农夫山泉的营销广告无疑是成功的，“农夫山泉，有点甜”“我们不生产水，我们只是大自然的搬运工”等广告语不仅做到了深入人心且广而告之，还表达出了农夫山泉的产品符号特征，但如果农夫山泉不好喝、质量不好，广告就只能达到扩大销量的短期效果，很难长期维持。

RIO 鸡尾酒深谙其道，始终立足产品本身，不断提升产品质量。RIO 鸡尾酒被很多人认为不是酒，因为从口感上没有酒精的刺激性，更多的是水果的清香，口感柔和。RIO 鸡尾酒不同于啤酒、洋酒、白酒这三大品类，是果汁型的预调鸡尾酒，出现在商场购物和日常的休闲娱乐活动中，并不是在餐厅饭馆的酒桌上。

通过产品类别符号建构与传播，RIO 鸡尾酒将自身塑造成一种独特的酒类饮品，从而更好地吸引年轻消费者群体。RIO 鸡尾酒推出了众多产品系列，如 RIO 经典系列、微醺系列、本味系列、STRONG 系列、S 罐系列、佐餐装、限定款等。每个系列都有各种不同的口味，满足了不同顾客的口味需求及其他多样化需求。除了常规口味外，RIO 鸡尾酒还推出花露水味的鸡尾酒，利用顾客的猎奇心理赢得了很大关注。除此以外，RIO 鸡尾酒还利用网络的便利，在 RIO 鸡尾酒官方微博上发表言论，介绍 RIO 鸡尾酒独特的享用方式，不同的酒配不同的水果加上冰块，RIO 鸡尾酒会给顾客带来更加奇妙的感觉，让顾客的味蕾更加舒爽，甚至鼓励顾客在夏日聚会时，将冰镇的 RIO 鸡尾酒倒进挖空的西瓜里等。RIO 鸡尾酒不仅完善和丰富了酒的味道，让产品更加精致独特，而且满足了消费者挑选各种口味预调鸡尾酒的需求，提供各种不同场景下的喝法，满足了顾客体验其品质生活的需要，从而将品牌意义转移到消费者身上，培养了消费者的忠诚度。

第四节　理论研究与模型建构

一、网络传播扩张机制

RIO 鸡尾酒运用电视、网络等媒介进行大量广告植入，传播品牌符号与意义，是一种病毒式植入营销战略。植入广告，是指将产品及其服务等具有代表性的视听品牌符号融入影视或舞台产品，通过场景再现给观众留下深刻印象，达到营销目的的一种广告方式（孙娟等，2015）。不同的广告植入类型，其成效也存在一定的差别。研究发现，单纯的听觉植入比视觉植入在品牌回忆方面的效果更明显，显著的植入比缓和的植入在品牌回忆方面的效果更明显（Gupta et al.，1998）。有关植入广告与情节、场景、角色之间关系的研究也表明，品牌植入与情节、场景、角色的关联度越高，越能提高消费者的品牌态度和购买意愿（Russell，2002）。虽然不熟悉的植入广告能引起更多的受众注意（Balasubramanian et al.，2006），但熟悉的品牌因更容易被受众理解并与故事情节契合，使受众产生积极态度，因此大众对传统广告的态度与植入广告的接受度和品牌态度正相关（Karrh et al.，2001）。

RIO 鸡尾酒在采用植入营销时，选择最热门的影视剧或综艺节目，利用这些“窗口”的热度受到大量群体的关注（尤其是年轻一代），同时也符合 RIO 鸡尾酒的产品定位，在观众中产生了一大批潜在顾客群体。由于两者之间的关联度，RIO 鸡尾酒产品与剧情可以很容易地联系起来，有利于进一步传递品牌意义，提升顾客的重复购买率。通过影视剧、综艺栏目等形式的媒介传播，消费者很容易对 RIO 鸡尾酒的标志、符号、类别、产品设计等外在的品牌符号形成一定的感性认识，并在不断重复和强化的过程中加深对产品或品牌意义的了解，能很快回忆起该品牌的某些符号或意义特征，在不知不觉中产生 RIO 鸡尾酒品牌符号联想和消费行为（图 8–1）。由此，RIO 鸡尾酒凭借各类媒体的广告植入快速走向大众，通过网络媒介和公众交流迅速传播品牌符号与品牌意义，从而快速建立 RIO 鸡尾酒的产品类别符号和顾客认知。

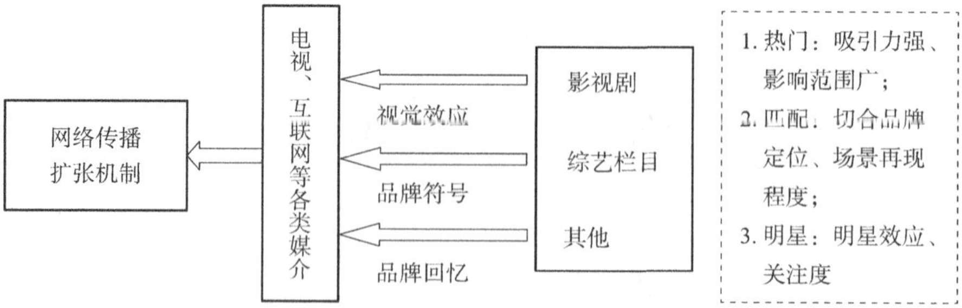

图 8–1 网络传播扩张机制

二、网络传播协调机制

初步的外部扩张仅仅是第一步，营销者还需要采取更有效的方式助推消费者从未知到了解，再到产生购买欲望向购买行为的转化。企业是病毒营销形成“种子”的源头，病毒营销是传播“种子”价值的重要途径。营销者对“种子”形成的构思和传播选择在很大程度上决定了营销的成败。

营销者将“感染源”发送给具有高影响力的明星，明星再将这些“感染源”发送给高浏览量和高关注度的平台，传送给易感人群，并在群体内迅速繁殖，形成巨大的流量，每个受众都有可能成为自愿的传播者；企业的官网、微博、微信公众号等官方平台扮演着协调和助推的角色；在官方平台形成了“种子培育—种子一次传播—种子二次传播—扩大到受众一半”的爆炸式传播形式。因为病毒营销的传播过程通常呈 S 形曲线，即在开始时很慢，当其扩大至受众的一半时速度加快，接近最大饱和点时又慢下来。针对病毒营销传播力的衰减，一定要在受众对信息产生免疫力之前，将传播力转化为购买力，方可达到最佳的传播效果。在这个过程中，明星还扮演了意见领袖的角色，通过良好的口碑激励受众模仿其行为。营销人员则通过公众平台将“感染源”持续传播出去，与此同时不断更新信息，更直接地通过微博、微信公众号等媒介与顾客沟通，让顾客获得显要感。目标受众从对产品的未知到了解，再到产生购买欲望，最后形成购买需求，这中间的升级需要营销者把握好时机，在消费者对产品产生免疫力之前便帮助消费者将传播力转化为购买力（图 8–2）。

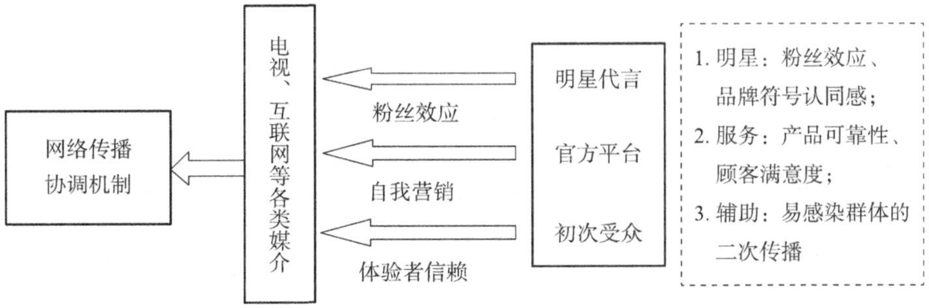

图 8–2　网络传播协调机制

三、网络传播支撑机制

产品是品牌的核心，网络传播的目的就是营销产品，支撑网络传播各个部分的正是产品本身。菲利普·科特勒认为，从客户满意的角度来说，满意是指个人通过对产品的可感知效果与其期望值相比较后形成的愉悦或失望的感觉状态。只有当产品质量达到一定的高度，让顾客感受到其价值与传播的产品符号信息一致或者超出预期时，才会使其满意，从而支撑整个网络传播机制。

企业品牌符号与品牌意义传播，要从产品本身出发，在传播过程中要突出产品的特质符号和优点。首先，利用影视广告植入与电视栏目冠名造成视觉冲突，让产品在顾客面前“混个眼熟”，在顾客心里留下产品的独特印象。其次，用明星代言刺激粉丝经济并促成顾客提高对产品的忠诚度，则是以产品特质符号为基础的。代言人的个人符号要契合产品符号，或者代言人在产品的目标市场中要有巨大的影响力，这些都要从产品出发，才能体现产品的优点，并且明星代言在宣传产品时要充分展现产品的特质符号。产品实际的功能符号要与传播的符号一致或者超出预期，才能满足顾客心理需求，令客户满意。要维持顾客忠诚度就要加强产品创新，不断改善产品质量，使产品符号与意义匹配目标顾客的符号需求（图 8–3）。

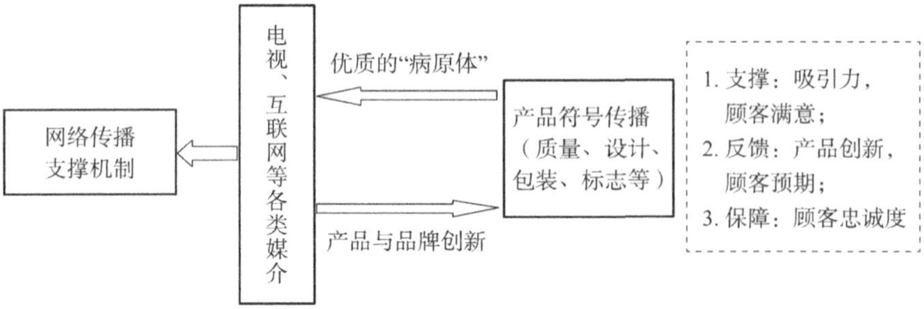

图 8–3　网络传播支撑机制

四、网络传播机制对品牌形象塑造的影响

在泛媒体环境下，利用病毒营销能够拓展消费者对品牌符号认知的深度和宽度，从而实现品牌形象塑造，促使消费者对品牌产生情感依赖和忠诚感。

（1）保证产品优质与吸引力是品牌形象塑造的核心。利用网络传播机制，通过互联网平台进行对外宣传和信息反馈，使产品始终紧跟潮流，从而形成品牌形象塑造的保障与支撑；同时，通过优质的产品与服务达到或超越顾客预期，从而使顾客感到满意，产生忠诚感。

（2）利用网络传播实行品牌扩张，使顾客开始对品牌产生实物方面的了解，具体体现为产品质量、性能、使用寿命、价格等产品固有属性。此时，利用病毒式植入营销手段，通过大量的品牌符号传播，扩大品牌知名度，迅速打入品牌市场。在泛媒体环境下，RIO 鸡尾酒利用网络媒体通过影视、综艺栏目等渠道迅速扩大品牌知名度，使顾客记住产品实物特征（如 RIO 鸡尾酒独有的包装、Logo 等），从而产生持久有效的传播效果。

（3）通过互联网等各大媒介进行轰炸式的广告植入，是品牌迅速进入消费者视野，快速提升品牌形象的重要途径。为推动品牌扩张的稳步前进，利用明星代言树立品牌形象，吸引粉丝，凭借“爱豆”与粉丝情感的牵引，促使顾客对品牌产生偏爱、信任感等情感倾向，甚至部分顾客会主动关注 RIO 鸡尾酒品牌的发展，为其提出建议。RIO 鸡尾酒通过企业平台推广与明星代言，依托明星展示 RIO 鸡尾酒品牌形象，吸引顾客眼球，扩大影响力，同时借助互联网平台服务消费者，形成外部协调机制，促进品牌形象提升。

第五节　小　结

通过对 RIO 鸡尾酒的案例分析，得出如下结论：RIO 鸡尾酒在网络环境下采取了有别于传统营销方式的病毒营销符号传播策略。病毒营销符号传播是一种能够达到几何倍数传播速度，具有高接收力的传播方式。RIO 鸡尾酒通过“一点三面”的网络品牌符号传播战略，扩展品牌的深度和宽度，构建起了 RIO 的品牌塑造传播机制（图 8-4）。其中，“一点”是指将病毒营销符号传播作为基点和跳板，让大众了解 RIO 鸡尾酒这个品牌；“一面”是指在传播机制下的外部扩张，主要通过影视剧的广告植入，以及电视节目冠名等网络媒介，让受众感受到视觉冲击，从而加深对品牌的印象；“二面”是指在协调机制下，营销者利用高影响力人群（如明星等）的意见领袖作用，充分发挥明星效应形成粉丝经济，同时企业利用网络平台不断助力品牌塑造与成长，推动 RIO 鸡尾酒品牌走向成熟；“三面”是指 RIO 鸡尾酒不断推出新产品，刺激顾客味蕾，培养顾客忠诚度。

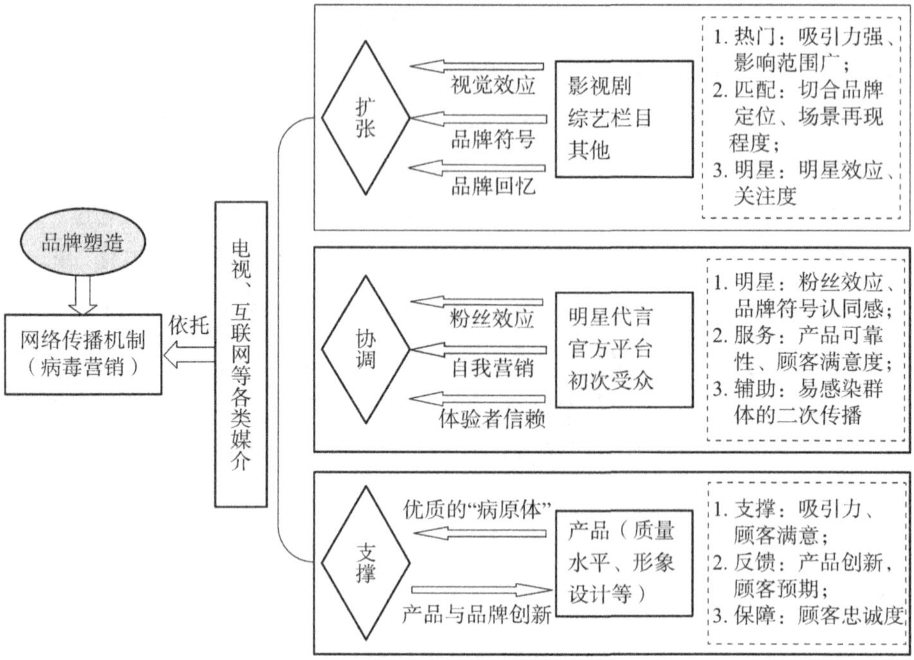

图 8-4　基于病毒营销的品牌符号网络传播机制与保障机制模型

附　录

品牌意义创建的符号学范式与方法①

一、引言

在商品社会，消费者不再仅仅局限于对功能符号价值的追求，他们更加关注产品所携带的社会符号价值（Gbadamosi A.，2015）。品牌符号的创建能够为产品在使用价值外，赋予更加抽象的价值（Oswald，2015a）。通过拥有携带这些特殊符号价值的品牌（产品），消费者能够完成自我表达，并借由符号同外界进行交流，传递信息，满足其非物质层面的情感和社会需求（Oana，2014）。此外，品牌符号还是消费者区分企业产品的重要依据，消费者通过不断获取和使用品牌符号，分享消费体验，形成对品牌的认知（Mick et al.，2004）。可见，对企业而言，品牌符号是与竞争对手相区别，同消费者建立情感联系、融入社会文化、创造经济价值的重要手段（Merrilees et al.，2016）。对消费者而言，品牌是一种能够唤起广泛意义的心理结构（如个性、价值观和情感等）；对社会而言，品牌是多个利益相关者在互动中形成的具有一定社会共识的符号（Tierney et al.，2016）。可以说，管理品牌资产就是管理品牌意义或营销符号（Pinson，1998）。作为一门研究意义的学科，符号学为品牌意义的创建、解读，以及消费者行为研究提供了一系列强大的理论分析工具，能够帮助研究人员探寻品牌意义的内在结构及其生成、传递与解读的机理。

目前，国内文献仅对个别或少数符号学范式的起源、理论思想、研究方法及应用范围进行了回顾，缺乏品牌符号学视角的文献梳理。在国外，部分

① 张燚，丁润，刘进平.品牌意义的符号学研究范式：回顾、应用与展望［J］.四川轻化工大学学报（社会科学版），2023，38（1）：1–26.

学者对品牌、营销或消费者行为领域的符号学研究范式进行了文献回顾和总结。代表性综述论文有：Mick等人（2004）的《探究商业世界中意义的价值：基于符号学的营销与消费者研究国际综述》；Oswald和Mick（2006）的《市场意义的符号学范式》；Rossolatos（2012）的《结构主义符号学在品牌形象研究中的应用》；Oswald（2015b）的《营销研究的结构符号学范式：理论、方法与案例分析》等。这些论文各有侧重，为了解符号学研究范式的思想及其在品牌、营销和消费者行为领域的应用提供了帮助，但缺乏有关结构主义和实用主义符号学研究范式的系统总结。鉴于此，为了系统把握符号学研究范式的理论思想、分析对象和研究方法，本文拟对结构主义和实用主义符号学中的主要研究范式、理论工具、核心思想、研究主题以及在品牌、营销、消费者行为领域的应用进行系统回顾，并提出未来研究方向，以期为国内品牌、营销和消费者行为的符号意义研究及实践应用提供参考与借鉴。

二、品牌意义的内涵与符号学研究范式类型

1. 符号与符号学

符号一词的出现最早可追溯到西方古希腊时期，西方医学之父希波克拉底（Hippocrates）最早使用“符号”一词来表示患者的症候，如发烧、腹泻、头疼等都是生病的符号表现，医生诊病时只需要掌握符号便可对症下药（范亚刚，2012）。可见，“符号”一词从创始之初，其内涵就暗示了符号的表意和传意功能。在希波克拉底创立“符号”一词后，西方众多哲学先贤对符号展开了探讨，并对其内涵进行了扩展，其中尤以思想家奥古斯丁（Augustine）对符号的内涵界定最接近现代符号学普遍接受的观点。他认为符号是用以表示他物的事物，除了能够在人们的内心世界生成直观感觉印象外，还能在人们的内心生成更深层次的、更加复杂的认知（王铭玉，2018）。结构主义符号学家索绪尔（Saussure）认为，符号是由能指（表达项）和所指（被表达项）共同构成的一种结构，它包含了意义及其载体；实用主义符号学家皮尔斯（Peirce）则在表达项与被表达项的基础上，加入了解释项来描述符号（Mick，1986）。两者虽有不同，但都强调符号的意义与其载体之间的共生关系。而赵毅衡（2013）认为符号是一种携带意义的感知，符号的用途是表达意义，而意义必须借由符号表达，任何意义的形成过程都必然是符号化的

过程。

针对符号展开的研究最早开始于哲学领域，柏拉图、亚里士多德、莱布尼茨等都对符号、象征与传播发表过自己的观点，但都不是体系化的研究。直到20世纪初，符号学才正式被欧洲的索绪尔（Saussure）和美国的皮尔斯（Peirce）分别提出（Mick，1986）。语言学与哲学是这门学科的两大源头，索绪尔创立的源自语言学的符号学以及后续受其影响的符号学理论都具有浓厚的结构主义色彩，它们更倾向于从语言叙事角度研究意义，重点关注意义的结构（即意义的构成维度）；而皮尔斯创立的源于哲学的符号学以及后续受其影响的符号学理论则具有实用主义色彩，它们更强调人们的具身性认知在符号化过程中的作用，关注意义的创建与传递过程，以及符号是如何被解读的（Lencastre and Côrte-Real，2013）。作为一门研究意义的学科，符号学将人类的一切意义活动视为研究对象，因而应用范围极其广泛（Mick，1986）。

2. 品牌符号与意义

在早期，Levy 和 Gardner（1955）对品牌象征与消费者行为展开论述后，学术界开始逐渐关注品牌的符号与象征意义。在对品牌意义进行探索研究的过程中，法国学者罗兰·巴特（Roland Barthes）较早尝试运用符号学理论探讨广告背后的文化，但这只是符号学应用的思辨式尝试，算不上真正意义的营销学研究。在巴特的早期探索之后，Holman、Mick、Semprini 等研究人员开展了较为正式和规范的营销符号学研究（Mick et al.，2004）。其中，Holman 关于女装传播特性的研究，是符号学在市场营销和消费者行为学领域的第一次深度阐释与应用。借助符号学理论，她将服装视为一种能传递信息的符号，通过语义分析、聚类分析的方法揭示了服装意义背后的社会文化规范（Mick，1986）。法国学者 Semprini 则最早开展了品牌系统的符号学研究，他将品牌视为创造方与接收方互动的产物，品牌的意义会随着受众价值体系的文化变革而发生变化，品牌意义是创造方、环境和接收方三方不断互动与交流的结果，这揭示了品牌的符号属性与其生成过程的多方互动特性（Rossolatos，2012）。

美国市场营销协会（AMA）将品牌定义为“一个名称、术语、标志、符号或设计，或这些元素的组合，它将一个卖家的商品或服务与其他卖家的商品或服务区分开来”。Keller（2008）将品牌定义为一个产品与其他产品区别

与整体的关系；通过解构语言含义，可以揭示意义系统内各要素是如何通过不同的关系进行组合，进而构成整体意义的（Rossolatos，2012）。索绪尔认为，在意义系统中普遍存在的对立与矛盾关系，是建构一切语言意义最基础的关系，由此提出了“二元对立”的符号学分析范式（Lawes，2019）。“二元对立”思想帮助索绪尔建构了在品牌意义研究领域较为重要的两组概念——“历时性与共时性”“能指与所指”。其中，“历时性与共时性”提供了研究意义的方法；“能指与所指”则是对意义结构的一般性凝练（Hancock，2005）。这两组核心概念虽然很少为品牌研究直接使用，但它们为解释意义结构提供了强有力的原始分析框架，并启示了后续符号学理论的形成（Lawes，2019）。

（1）历时性与共时性。历时性是指从语言发展的历史变化把握符号，包括过去、现在与将来；共时性是指从某一时间截面把握意义系统内部因素之间的关系（Mick，1986）。“历时性与共时性”揭示了意义的两种不同方向。历时性分析能够揭示外部环境变迁对意义结构与感知的影响。例如，Humphreys（2010）通过考察消费观念、法律规定和报纸评论的变化，对美国消费者的赌博消费观念进行纵向研究，发现公共话语与监管机制的变化会通过形成新的社会结构（包括文化认知、规范和调节因素）来影响消费者对赌博的符号意义认知。而共时性分析能够通过对整体叙事进行要素层面的解读，使一些不易被察觉的信息显露出来，从而揭示其价值观、战略与目标（Oswald，2015a；Lawes，2019）。例如，Oswald（2015b）通过对麦当劳广告的共时性叙事分析，揭示了广告背后传递的隐含意义，即女性是被边缘化的社会角色，这种价值观使其在文化定位、身份和收入层面都与目标顾客严重脱节，导致20世纪末麦当劳业绩的急剧下滑。

（2）能指与所指。能指与所指被视为索绪尔符号学理论最核心的概念，是分析意义的一种基本结构，奠定了符号结构分析的基础。能指是指符号的物质形式；所指是指符号使用者内心的表象（Celhay and Remaud，2018）。例如，耐克运动鞋作为一种符号，本身就是一种能指，而其代表的年轻、时尚和运动精神就是一种所指。索绪尔认为，能指与所指之间的联结是任意性的，即符号的形成并不是天然地一蹴而就，而是在社会各方不断协调中形成的（Mick et al.，2004）。对品牌而言，企业基于共有社会规范通过广告、代言人、产品设计等多种途径不断赋予产品或品牌相应的社会文化意义（McCracken，1986，1989）。通过共有规范的不断编纂，“任意性”会不断滑向“理据性”，品牌意义最终才为大众普遍接受。这表明，品牌意义不仅可以通过人工操作和主观联结来创造，而且社会在意义创建过程中发挥着重要作用，品牌意义会随着时间推移、社会变化以及文化环境的变化而变化（Oswald，2015a）。

2. 格雷马斯的符号矩阵

格雷马斯对符号学理论的突出贡献在于为符号的意义分析提供了一种公认的结构范式——符号矩阵。格雷马斯将符号的意义划分为表层结构与深层结构，表层结构对应于索绪尔的能指，是文本最表层的叙事语言；深层结构对应于索绪尔的所指，是支撑文本叙事的主干结构，涉及文本深层内涵。表层结构支撑着深层的意义结构，而深层结构又指导表层结构的构建。通过对表层结构的层层挖掘，最终可以识别出深层次的意义结构。

符号矩阵理论充分吸收索绪尔的“二元对立”思想，被誉为分析文学、广告、广播新闻等各种文本体裁最重要的符号工具之一（Rossolatos，2012）。“二元对立”思想认为，意义的感知来自不同元素之间的对立，单独的元素不能独自表意，只有通过彼此之间的关系，意义才能被创造与传递；而格雷马斯通过引入“对立与矛盾”，将意义解析的基本单位扩充为四项，从而构成了一个矩阵模型，使符号结构更加完善（Corso，2014）。符号矩阵的基本结构如图 1 所示，其中 S 是某意义，包含了 S1 和 S2 两个义素，S1 和 S2 是彼此对立的关系；S 的矛盾面就是非 S，非 S 又包含非 S1 和非 S2 两个义素，非 S1 和非 S2 是彼此对立的关系；同时，S1 与非 S1、S2 与非 S2 分别构成矛盾关系，S1 与非 S2、S2 与非 S1 分别构成蕴含关系（Greimas and Rastier，1968）。

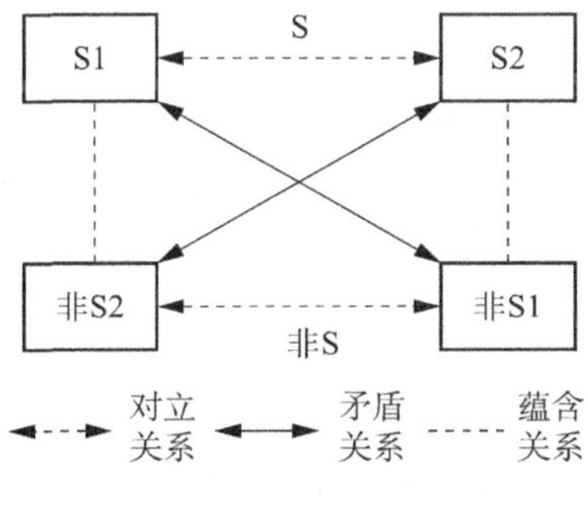

图 1　符号矩阵的基本结构

资料来源：GREIMAS A J，RASTIER F. The interaction of semiotic constraints［J］. Yale french studies，968，41：86–105.

在对品牌意义进行结构化分析的过程中，研究人员需要遵从格雷马斯的层次划分以及对立矛盾思想。首先，研究人员需要确定意义传递的不同层次；其次，研究人员对其进行等级排序。在不同层级的意义结构上，研究人员需要识别叙事程序中反复出现的关键义素，并根据义素之间的相互关系来构建相应的矩阵结构，以此不断深化，最终提炼出最抽象、概括性最强的意义结构（Floch，1988）。如果说索绪尔的能指与所指是描绘品牌意义与其载体的基础结构，那么格雷马斯的符号矩阵则提供了品牌意义内部结构的深层洞见。后者的优势之一是在面对形式多样、数量庞大、内容复杂的文本内容时，有助于厘清品牌意义的内在逻辑，识别关键义素节点，提供一个极为直观的结构图示（Mick et al.，2004）；优势之二是利用其对立、矛盾和蕴含的底层逻辑，能够便利地比较分析对不同品牌间的意义结构，识别差异点与共同点（Veg-Sala et al.，2014）。这两个优势可以反映在如下两个实际应用领域。

一是针对单一品牌的泛文本展开多层次、多维度的深度剖析，以揭示品牌意义内部的深层次结构，如品牌的价值维度（Floch，1988）、品牌意义的核心叙事主题（Lima et al.，2019）等。例如，Floch（1988）对法国大卖场的价值分析，就是通过焦点小组访谈的方式收集消费者话语资料，运用符号矩阵将大卖场的深层价值划分为功利价值（utilitarianvalues）、非功利价值（non-utilitarianvalues）、存在主义价值（existential values）和非存在主义价值（non-existential values）等4个维度，并通过代表性语句反映的关键设计要素来提炼每一个价值维度。例如，打包台可以提供消费便利性，对应功利价值；公共花园可以提升消费感受，对应存在主义价值，这无疑在深层结构之外提供了多层次的意义图景。Lima等（2019）通过搜集不同网络平台上关于里约热内卢（巴西）的网页信息与帖子，对核心叙事主题进行提炼分析，依据抽象程度将品牌意义的层次由低至高划分为话语层次（discursive level）、叙事层次（narrative level）和基本层次（fundamental level）；通过总结话语层次的关键操作，提炼出叙事层次的故事，最终在基本层次上形成该城市品牌意义的核心叙事主题，包括自然、非自然、人文和非人文等。二是开展不同品牌意义的差异点分析，如品牌定位比较（Oswald，2015a）、品牌战略比较（Veg-Sala et al.，2014）等。符号矩阵可以通过相互结合的方式形成一种意义象限，在这个象限中可以对品牌意义进行精准定位。例如，Oswald（2015a）通过对高档男装品牌广告进行历时性纵向追踪，提炼出两组深层意义主题（即精英/

亲民潮流传统），并将这两组主题结合在一起构建复合符号矩阵，由此得到不同品牌定位的意义形象（见图 2）。除了精准定位，符号矩阵有助于比较不同品牌在意义塑造中的典型操作。例如，Veg-Sala 等在对品牌延伸的开放性战略研究中构建了一个复合矩阵，将 12 个品牌定位其中，概括出三种不同的战略类型（即判定契约与掌控契约同时开放型、判定契约开放而掌控契约关闭型、掌控契约开放而判定契约关闭型），在操作层面发现判定契约与掌控契约同时开放的企业往往开发出数量最多的延伸产品，反映了消费者对这类品牌意义活力的充分认可。总之，格雷马斯的符号矩阵能确定构成品牌意义的不同层次的关键义素，揭示品牌意义的深层结构，帮助研究人员确定塑造品牌意义的关键操作。

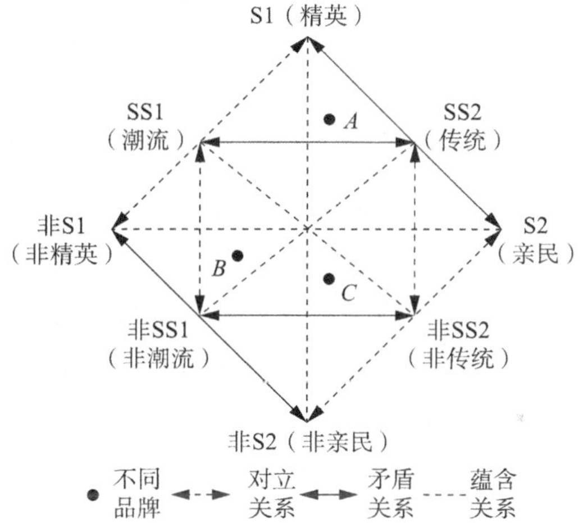

图 2　男装品牌的符号学维度

资料来源：OSWALD L R. Creating value：the theory and practice of marketing semiotics research［M］. Oxford：Oxford University Press. 2015：45.

3. 神话符号学研究范式

从文学角度来看，神话是指在一个社会中为群体普遍接受并讲述的故事（Barbara，1995）。在符号学研究中，神话被赋予了更加丰富的内涵，其不再是一种充满神秘色彩的故事，而是社会所构造出来的维持和证实自身存在的复杂符号系统，能够作用于理性认识解释不了的地方（Thompson，2004）。对品牌而言，神话赋予了品牌超越本身功能属性的价值，例如，奢侈品牌“路易．威登”代表着高贵的身份。这些品牌利用社会文化来塑造相应的品牌意义，通过融合文化的叙事和意象元素来传递神话理想（Thompson and Tian，2008）。通过广告等一系列操作，这些品牌神话所传递出的意义被消费者视为是理所当然，进而逐渐被“自然化”地锚定在整个社会的意义认知中（Stern，1995）。可以说，品牌神话具有相当的社会性、历史性和意识形态性（Lawes，2019）。在符号学中，较早对神话理论进行系统论述的是罗兰·巴特和列维·斯特劳斯。前者主要从意义的层次性来阐述品牌神话的形成过程，后者主要关注不同品牌神话背后隐藏的共同结构与无意识范畴。

（1）巴特的神话符号学范式。巴特在索绪尔能指与所指的基础上，提出了自己的符号结构模型，该模型由三部分构成，分别是表达层（E）、内容层（C）和意指作用（R）。其中，表达层对应索绪尔的能指；内容层对应索绪尔的所指；意指作用是符号的表达层与内容层的联结方式，又包括直指（denotation）和含蓄意指（connotation）两种方式（Kartunova，2017）。直指是表达层与内容层存在某种确定关系的联结模式，对应第一层级的意义，如汽车照片（表达层）可以代表汽车（内容层）这一实物，传递关于汽车的视觉信息；含蓄意指是在直指基础上进行，在第二层级的意义建构过程中，第一层级的符号作为第二层级意义的表达层存在，在一系列媒介作用下进一步与新的意义结合，如汽车的宣传广告可以将汽车与朝气、自由相结合；在经历一系列类似的含蓄意指后，整个社会群体形成对汽车的共同抽象意义认知，即第三层级的意义——汽车可以作为工业化的象征（李玮，2017）。这个赋意过程，就是将汽车神话的过程（见图 3）。

在品牌意义的相关研究中，巴特的神话符号理论常被用来分析品牌意义的不同层级内容，揭示品牌是如何通过意义的“换挡加速”实现其神话内涵的塑造。具体而言，相关研究通过聚焦文本资料或图像资料，从本体层面出发，运用符号学方法分析其发生效力的“语言”机制，揭示其传递的品牌核心符号。这类研究的操作思路是将品牌相关的“泛文本”资料通过编码和分析凝结成一种符号化的信息，再将这些信息按照一定的规则（如直指和含蓄意指）排列，最终构建既精练又相对完整的品牌意义表达（郭毅等，2014）。从结构符号学的共时性视角来看，神话符号理论可以揭示意义层面品牌是如何从具象认知跃迁至象征性认知的，即如何从某一要素的直观认识上升到品牌的终极意义。Knig 等人（2016）关于奢侈品牌“Huntsman”的神话塑造研究是典型的应用案例，通过运用巴特的神话符号理论探讨了品牌遗产在奢侈品牌价值塑造过程中的作用，如在店铺环境装饰中使用古老珍贵的鹿头奖杯，在直指层代表着高额财务价值，构成第一层级符号；在含蓄意指层（即第二层级）通过奖杯的价值建立起价值信息与品牌之间的联系，使该符号代表着 Huntsman 的悠久历史与高昂价值；在第三层级的意义上，通过品牌的历史与价值使其和奢侈品的代表属性建立联系，最终使该符号代表了 Huntsman 传递的奢侈品象征价值。除了能解析当下某一时段（即共时性视角）品牌的神话意义及相关要素外，巴特的神话符号学理论还可以应用于历时性分析。通过分析某一品牌不同时间段内相关要素及其神话意义的塑造，帮助分析品牌神话的动态演变过程。例如，郭毅和单丽娜（2014）通过对肯德基广告的历时性追踪，揭示了外来品牌肯德基在中国建构神话符号的过程。通过对广告叙事的要素拆分和分级提炼，他们概括出了肯德基进入中国市场后，经历了吸引新一代、深入本土化、融入社区生活等 3 个不同战略发展阶段，品牌意义则经历了由“年轻时尚”，到“轻松生活”，再到“情意浓浓”的变化过程。

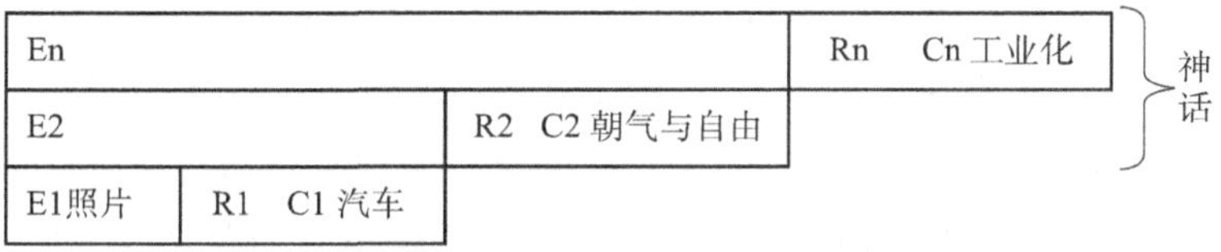

图 3　汽车的神话符号结构模型

资料来源：李玮 . 回到巴尔特：涵指、元语言、神话与意识形态几个概念的关系厘清［J］. 西北大学学报（哲学社会科学版），2017，47（6）：128–135.

（2）列维 · 斯特劳斯的神话符号学范式。列维 · 斯特劳斯的神话学理论借鉴了索绪尔的“二元对立”思想，主要探讨神话背后的共同结构和无意识范畴。在考察不同文化中的神话故事后，列维 · 斯特劳斯发现其主题（如善恶斗争、冒险等）和角色（如英雄、好母亲等）都具有一定的相似性。之所以有这种相似性，是因为它们在结构上都是由人类生存过程中一系列二元对立的基础属性（如生与死、强与弱、人与自然、亲属关系等）建构的（Thompson，2004）。诺思洛普 · 弗莱（Northrop Frye）在这一理论的基础上，做了进一步的补充，将二元对立的基础属性构成的故事结构称为“原型”，即千变万化的神话都是由相同或相似的故事原型演变而来的（Stern，1995）。这些故事原型涉及的要素往往来自人类社会中最根本和最基础的结构与属性（如亲属关系等），因此神话本身具有相当的社会属性（Levy，1981）。神话的作用就是在这些结构与属性的基础上，根据现实情况帮助维持社会运转，为人类理性认知无法解释的社会存在提供合法性说明，使品牌神话在无意识的情况下被社会接受与传递（Lawes，2019）。在消费主义文化背景下，企业通过各种媒介与手段讲述品牌神话故事，深刻影响了消费者的世界观，使品牌神话像宗教或其他哲学信仰一样作用于消费者的认知取向，无意识地影响其认知与决策（Bankov，2018）。在这种消费文化的影响下，品牌不再只是产品和服务的提供者，更是为消费者提供象征意义，维系其社会存在的重要工具。

目前，列维·斯特劳斯的神话符号理论主要应用于两个方面：一是探讨品牌神话背后的属性要素，以及这些要素构建的神话背后的共同结构（即神话原型）；二是探讨品牌神话对消费者潜移默化的作用方式（即无意识范畴）。

① 神话原型。神话原型是品牌具有的共性且能跨越不同文化的源代码。对品牌而言，品牌神话要想被广大群体接受，就必须提供存在的社会合法性，因此其塑造需要从社会文化的公约数出发，即基于原型进行（Stern，1995）。原型作为集体无意识范畴的组成部分，嵌入在广大消费者群体的人格模式中，能够引起共鸣（汪涛等，2020）。企业要想使品牌神话的效用最大化，就要使原型意象发出的信息迅速激活消费者内心深处的需求与动机，释放其深层的渴望与情感。目前，关于品牌神话原型的研究主要聚焦两个方面：一是品牌神话的叙事主题原型，二是品牌神话中的人物角色原型。

对于品牌神话的叙事主题，在借鉴列维－斯特劳斯神话原型理论的基础上，加拿大学者诺思洛普·弗莱在文学领域进一步提出了神话原型的分类方法。Stern（1995）在《消费神话：弗莱的分类与消费文本的结构分析》一文中，将这一分类方法应用于广告传递的品牌价值主张与叙事主题研究。具体而言，神话的叙事原型可以划分为喜剧、浪漫、悲剧和讽刺 4 种类型（图 4）。其中，喜剧类型的广告叙事以欢乐的情节结尾，结局完美，因而能够迎合人们想从品牌中获取快乐与舒适的价值；浪漫类型的广告叙事带有一定的虚幻性，往往表现为对过去美好时光的追忆，多以怀旧为主题，主要迎合人们想从品牌中追求美丽与宁静的价值；悲剧类型的广告叙事往往以伤感为主题，促使人们在不愉快中进行反思，这种伤感或不愉快往往源自顾客得不到的某些东西（如目前消费品的痛点等），这类广告叙事能够帮助品牌传递理性的价值主张（如性价比、质量等）；讽刺类型的广告叙事往往表现为让人意想不到的结局，能够满足人们想从品牌中寻求刺激与兴奋的价值需求（Stern，1995）。

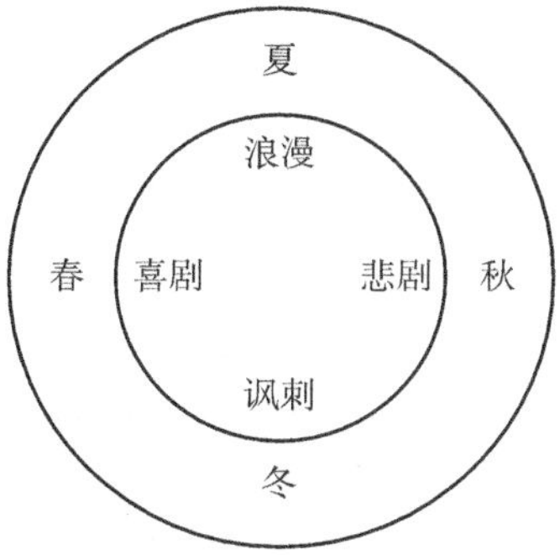

图 4 神话叙事原型分类

资料来源：STERN B B. Consumer myths：Frye's taxonomy and the structural analysis of consumption text［J］. Journal of consumer research，1995，22（2）：165-185.

对于人物角色原型，Mark 和 Pearson（2001）在对全球众多知名品牌解析后发现，多数品牌都具有原型人物特质。他们结合动机理论提炼出四大人性动机（归属 / 享受 vs 独立 / 实现；稳定 / 控制 vs 冒险 / 征服），并从动机维度详细描述和定义了品牌神话中的 12 种人物角色原型，即照顾者、创造者、凡夫俗子、探险者、英雄、天真者、弄臣、情人、亡命之徒、魔术师、统治者和智慧老人；同时他们还发现，在不同的文化背景中，品牌的人物原型具有一定的共通性，能够更好地帮助消费者识别品牌意义，提升品牌忠诚度。此外，叶凤琴和黄秀莲（2016）在对 2014 年全球品牌价值排行榜单中的品牌进行分析后发现，半数以上的品牌在其广告中运用了人物原型，如耐克对应英雄原型、麦当劳对应天真者原型。在西方品牌神话人物原型的研究基础上，刘英为等（2018）从中国特有的关系视角划分了个体与自我、个体与他人、个体与集体、个体与自然等 4 个关系维度，并从这 4 个关系维度定义了君子、佳人、稚子、英雄、丑角、慈母、孝子、知己、邻里、情侣、仁者、智者等 12 种人物原型，为中国文化背景下的品牌神话建构提供了本土化的理论见解。

② 无意识范畴。无意识范畴是人类心灵深处产生动机与意图的根源，是心理活动的基本动力（刘英为等，2018）。对消费者群体而言，他们内心最深层次的欲望和动机大多是处于无意识状态的，这种无意识状态深刻影响他们对品牌价值与意义的认知（汪涛等，2020）。从生成路径来看，无意识范畴能通过社会文化来继承与遗传，受社会环境影响作用于个体的认知中心，影响

消费者对品牌的意义认知（Hunt，2012；Roesler，2012）。现有研究强调的无意识范畴的生成路径主要是消费者的生活经历与社会角色，研究方法主要采用民族志（Levy，1981；Mick and Buhl，1992）。Levy（1981）对饮食消费的研究便是一个经典的神话理论应用案例。通过访谈，Levy证实了年龄、性别、社会地位传递出的信息与食物属性信息之间的一些典型关系，如具有更高社会地位的人往往更倾向于烹饪手法高度专业化的食物，男孩喜欢大块的花生酱，女孩则喜欢更细腻的花生酱等。这一研究证实了不同社会角色携带的符号信息确实会影响消费者的消费倾向。Mick和Buhl（1992）探讨了不同成长经历的三兄弟对品牌广告传递意义的理解与接受程度，发现儿时具有相同优良生活条件的三兄弟都对能传递社会地位的品牌广告敏感，不同的是，从事经济收入更高的工程师工作的老大对奢侈品品牌广告传递出的定位与信息接受程度较高；从事教育行业的老二对奢侈品品牌广告传递出的定位与信息接受程度较低，因为这与他的教育理念相反；暂时失业的老三对奢侈品品牌广告传递出的定位与信息接受程度，则处于老大和老二之间。随着数字技术的发展，信息量的暴增与信息形式的多样化使信息环境影响消费认知中心的速度更快、机制更复杂。在传统的人口变量之外，消费者的认知与意识变得越来越容易受外部媒介信息的影响（Swaminathan et al.，2020）。品牌社区、广告代理等导致的品牌文化更迭，使品牌神话不能仅仅从原型建构，还需要融合多种新兴亚文化和意象元素刺激消费者的无意识范畴，引发消费者共鸣，进而传达新的神话理念（Stephen et al.，2013）。

四、品牌意义的实用主义符号学研究范式、方法及应用

1. 皮尔斯的符号学范式

皮尔斯的符号学理论发端于哲学，其解释范围包括一切涉及符号意指作用的事物，不再局限于语言学。皮尔斯认为，人们是从意义的外部效果，以及对这种效果的习惯反应中认识意义的。为了寻找澄清意义的客观方法，皮尔斯提出了三元符号论和符号三分法。三元符号论关注的是品牌意义建构与表达的作用机制，符号三分法关注的是品牌符号的划分方式。这两大理论为品牌符号的生产、解读与传递机制提供了分析框架，并启示了雅各布森和米德的符号学理论。

（1）三元符号

三元符号论不同于索绪尔的“二元对立”观念。三元符号论认为，符号是由表现体（representamen）、对象（oObject）、解释项（interpretant）等三部分构成的（图 5）。其中，“表现体”是指能在某一方面或者以某种能力代表某种事物的东西（Mick，1986），如“玫瑰”的照片、发音或文字；“对象”是指表现体代表的“某一种事物”，对应前例就是玫瑰；“解释项”是皮尔斯三元符号论中最核心、最复杂的概念，可以从其定义和符号表意过程来理解，对应前例就是爱情的象征。

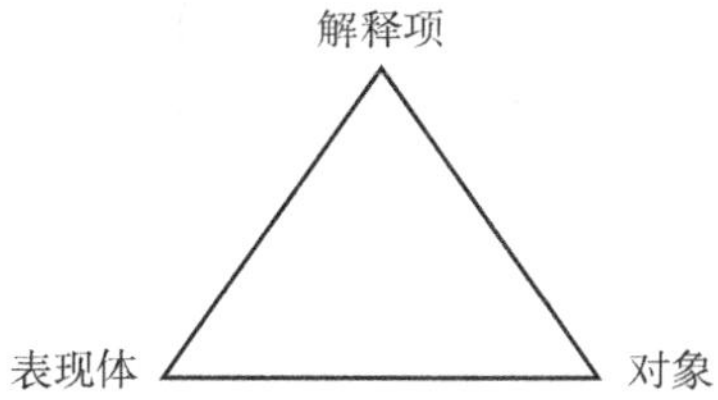

图 5　三元符号论

资料来源：MICK D G. Consumer research and semiotics：exploring the morphology of signs，symbols and significance［J］. Journal of consumer research，1986，13（2）：196–213.

①解释项的定义。解释项是指接收者对符号的感知、认知、反应和解释的过程与结果。比如，当“我”看到玫瑰花时，会将其理解为爱情的象征（Lencastre and Côrte–Real，2013）。皮尔斯认为，任何思想本身都是一种符号，对某种思想的理解需要借助另一种思想，每个解释项都可以视为一个符号，理解该符号需借助另一个解释项，依此类推，直至具有规则式（Rule-like）和法则式（Law–like）效力的解释项出现。最终解释项是由相关社群在长期探究过程中形成的一致同意的终极意见，从“无限演绎”到“最终解释项”的过程说明了符号的表意过程具有动态性、开放性、持续性和社群性的特点（Mick，1986；赵星植，2016）。可见，解释项关注的是意义的终端，即如何被主体解读，这一概念能帮助人们探究品牌符号意义是如何在消费者终端建构的。

②符号表意过程。作为一种符号，品牌能够在市场营销活动中使接触者在脑海中形成某种精神表征，这种表征对应皮尔斯三元符号论中的解释项。从过程性和主体性来看，可以将品牌符号中的解释项划分为初始、过程和结果三个阶段理解。

在初始阶段，主要强调个体对品牌符号的元认知。品牌符号的意义传递需要在消费者脑海中与已有知识结合处理，也就是说，消费者对品牌符号的理解总会受到脑海中已有信息的制约，而作为内在参考的“先验性”认知是个体在不同文化、社会、历史的框架下发展起来的。这也是不同消费者会对同一品牌做出不同反应的原因（Santos，2013）。

在过程阶段，消费者通过不断接触品牌新知识，将不同品牌要素组合成品牌符号的联想网络，并在情境与特质的调节下，对品牌要素进行识别、记忆和回忆，继而建构出品牌符号意义（Santos，2013；Wilson et al.，2014）。在与品牌识别接触过程中，消费者的认知形成不仅是与品牌单线交流的结果，还是同诸多利益相关者互动交流的结果。

在结果阶段，可以将品牌符号解释项产生的结果划分为核心响应（core response）、实际响应（actual response）和扩展响应（augmented response）3种（Lencastre and Côrte-Real，2013）。其中，核心响应是指个体在接触到品牌符号时产生的即时响应，即谈到某个品牌时，消费者能立即联想到的东西，是品牌能引起的最强烈、最重要的联想。核心响应对应企业端的品牌定位，企业品牌战略成功与否的关键就在于品牌定位是否与消费者的品牌核心响应一致。实际响应是核心响应的来源，可以视为消费者接触品牌后产生的品牌形象感知与态度。当消费者对品牌的联想是认知型（cognitive）时，实际响应对应于品牌的特征；当消费者对品牌的联想是情感型（affective）时，实际响应对应于品牌的优点与缺点；当消费者对品牌的联想是意动型（conative）时，实际响应对应于消费者的品牌态度（接纳或拒绝）。扩展响应（augmented response）是消费者对品牌的最终解释项，也是整个市场对品牌的最终解释项，具体外在形式表现为品牌的市场份额（share of market）、联想份额（share of mind）等。企业可以借助其从市场上获取的与此相关的定量数据来评估品牌价值（Lencastre and Côrte-Real，2013）。

（2）符号三分法

基于意义的不同抽象程度，皮尔斯提出了最常用的符号三分法，包括像似符号（Icon）、索引符号（index）和象征符号（symbolic）（图6）。其中，像似符号通过符号形体与其表征的符号对象之间的相似性表意，如肖像画与其画作中的人物之间构成的符号就是一种像似符号；索引符号的符号形体与表征对象通过因果关系或临近性的联系表意，如消费者满意度作为一种指标在一定程度上可以表示消费者的需求得到了满足（Mick，1986；Mick et al.，2004）。象征符号的符号形体与表征对象通过社会规约表意，其形成建立在社会团体共同的认知基础上，同样的对象可能因解读者所处文化环境和群体不同而有不同的意义，如龙在东方是神圣与祥瑞的象征，在西方却是邪恶的象征。需要指出的是，3 种符号并不相互排斥，因为一个符号有时可以同时通过 3 种表意方式传递意义。符号三分法不仅划分了符号类型，而且代表着符号发挥作用的 3 条基本途径。

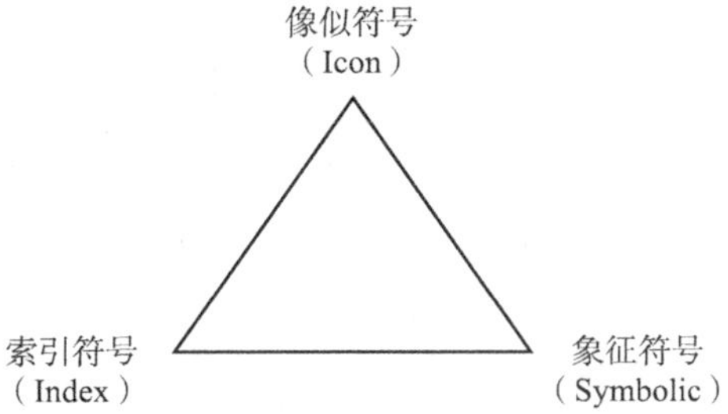

图 6　符号三分法

资料来源：MICK D G，BURROUGHS J E，HETZEl P，et al. Pursuing the meaning of meaning in the commercial world：an international review of marketing and consumer research founded on semiotics［J］. Semiotica，2004，152（1/4）：1–74.

在品牌研究领域，符号三分法常被用于品牌徽标与产品设计的研究中。例如，Morgado（1993）借助符号三分法并结合相关视觉艺术理论，探讨了不同动物商标传递的意义信息，发现动物商标作为一种像似符号，传递出人类控制自然的信息；较高的价格使这些不同品牌的徽标自然而然地借助索引关系传递出社会经济地位的信息；不同的徽标还代表了一系列神话联想，例如在西方的文化背景下，天鹅代表吸引力与情欲，这与该品牌商标的设计者想要传递的品牌调性一致，这种联想正是借助符号的象征性功能来实现的。符号三分法还提供了一种分析产品设计中符号意义传递的基本框架。例如，关于产品设计的颜色（白色代表干净与轻巧）、材质（如玻璃外观表示精巧、易碎）就可以被归入像似符号；某些产品达到特定功能后的提示，如电饭煲的指示灯与声音可以归入索引符号；产品整体的独特设计传递的美与文化能够归入象征符号。值得注意的是，这种划分方式只是提供了一种分析框架，有时符号的属性类别难以被完全归为某一类，如作为像似性的某种符号可能在整个符号系统中又协助其进行象征性表意（Mick et al.，2004；Gretzel and Mendona，2019）。

2. 雅各布森的符号学范式

雅各布森的符号学理论来自语言学，在索绪尔“横组合”与“纵聚合”的基础上，借鉴了“同源性”的思想，提出了“邻接性”（横组合中各语言成分之间的关系）和“相似性”（纵聚合中特定位置上可替代成分之间的关系）的概念，并以此为基础进一步提出了隐喻（对相似性的比喻）和转喻（对邻接性的比喻）理论（Davies and Chun，2003；Oswald and Mick，2006）。但雅各布森并不赞同索绪尔的二元对立思想，也不同意结构主义符号学将意义系统与主体割裂的研究方法。因此，在批判吸收索绪尔结构主义符号学理论的基础上，雅各布森更多的是借鉴、吸收和发展了皮尔斯的实用主义符号学理论，将语言功能与传播主体有机结合，提出了一套新的解释意义传递与沟通的符号学理论——“语言六功能”（six functions of langnage）和“传播六要素”（six elements of communication）（Mick et al.，2004）。同时，通过对“失语症”的研究，雅各布森在语言修辞和人们的认知机制之间架起了一座桥梁——认知语言学（Lemon，2019）。从认知角度解释意义，意味着任何意义的加工解读都必须透过人们的认知加以解释，雅各布森提出的“隐喻”（metaphor）与“转喻”（metonymy）概念在后续的品牌研究应用中同时结合了语义分析和认知机制。因此，本文将雅各布森提出的“语言六功能”与“传播六要素”、“隐喻”与“转喻”理论归入实用主义符号学范畴。

（1）“语言六功能”与“传播六要素”。“语言六功能”包括情感功能（emotivefunction）、意动功能（conative function）、指称功能（referential function）、诗意功能（poetic function）、交际功能（phatic function）和元语言功能（metalinguistic function），“传播六要素”包括发送者（addresser）、接收者（addressee）、语境（context）、信息（message）、接触（contact）和代码（code）。雅各布森认为，意义在从发送者传递到接收者的过程中，并不是稳定不变的；在整个传递过程中“六要素”不会处于绝对平衡的状态，它们中的某一个总会在诸因素中居于支配地位，并决定语言发挥的主要功能。比如，当传递过程中发送者居于支配地位时，语言发挥的主要功能是情感功能。类似地，接收者对应意动功能，语境对应指称功能，信息对应诗意功能，接触对应交际功能，代码对应元语言功能，两者存在一一对应的关系（Lemon，2019）。“语言六功能”与“传播六要素”的构成及其定义见表 1。

表 1　“语言六功能”与“传播六要素”的构成及其定义

语言六功能		传播六要素	
功能	说明	要素	说明
情感功能	在传播中情绪性信息的表达功能	发送者	信息的发送方
意动功能	通过传播促使接收方采取某种行动的功能	接收者	信息的接收方
指称功能	信息的指代功能	语境	沟通中双方共同的交流背景
诗意功能	赋予某一事物主观情感的功能	信息	发送者传递的携带某种意义的内容
交际功能	保障传播渠道畅通的功能	接触	信息传递的渠道
元语言功能	保证某种代码能为另一种代码所解释的功能	代码	联结特定信息与其所代表事物的社会契约

资料来源：LEMON M. Packing in meaning in advance：applying jakobson’s model of communication to packaging design［J］. American journal of semiotics，2019，34（3）：371–398.

作为一种符号学工具，雅各布森的“语言六功能”与“传播六要素”理论具有强大的诠释力，经过许多学者的拓展，其解释效力早已不再局限于语言学。例如，在营销领域，该理论已被广泛应用于广告、Logo、产品设计、产品包装等方面的研究（Mick et al.，2004）。“语言六功能”与“传播六要素”彼此关联且一一对应，但两者的研究视角有所不同。其中，“语言六功能”主要聚焦不同传播手段的具体表意功能。例如，Pantin（2009）在产品包装的语言功能分析中，基于雅各布森的“语言六功能”，将语言功能的研究细化，从营销人员与顾客两端开展研究；以包装的意动功能为例，营销人员是想通过包装刻画目标顾客的形象，激发顾客的购买动机及特定的行为反应，而顾客则是想通过包装塑造自身形象，以使得到他人重视。“传播六要素”强调的是整个信息传递流程的分析，主要探究“传播六要素”中某些要素在不同情境下的具体构成成分，为洞察意义传递过程提供了整体分析框架。例如，Arnould 等（2009）使用“传播六要素”中的发送者、信息和接收者等 3 个要素，采用文本分析法探讨了沃尔玛传单广告中意义传递过程中 3 个要素的具体成分，即发送者为商家，接收者为消费者，信息为爱国情感信息、社群归属信息、亲情信息和家乡情感信息等，传单广告上的文字和插图反映了这些信息融合后产生的丰富情感表达。

在品牌管理中，“语言六功能”与“传播六要素”有助于企业运用产品设计、Logo、包装、广告等作为沟通手段，实现品牌的整体符号建构。例如，Lemon（2019）对包装的表意功能进行研究，其“六要素”中的发送者为品牌，接收者为消费者，语境为购物环境和商业文化，信息为包装，接触为视觉感知渠道，代码为视觉与语言的习惯性认知。研究表明，作为一种能够携带丰富意义的载体，包装不仅是一种提升产品美感的工具，更是一种能够帮助企业进行文化传播和品牌识别及塑造的战略工具；通过使用“语言六功能”，包装促进了品牌与消费者的情感联系。不同的产品类别，企业采取的品牌传播策略会有所不同。例如，食品品牌往往选取语言的指称功能传递产品功能价值，或通过情感功能引起消费者的共鸣；时尚品牌则更加强调能够产生感官愉悦的诗意功能；某些能够帮助消费者进行自我完善的产品（如保健品、化妆品品牌），则更加强调意动功能（Lemon，2019）。

（2）隐喻与转喻。雅各布森通过对失语症的研究提出了“隐喻”与“转喻”的概念。其中，隐喻是指通过两种事物之间的相似性将一种事物同另一种事物进行联结进而以此代彼，它能帮助人们通过一个现象理解另一个现象（Davies and Chun，2003）。例如，“她是一个母老虎”，两者的共同点是性格凶猛，“母老虎”的隐喻便为我们提供了一个具有象征意义的“她”的人物形象。转喻是指通过两种事物之间的相关性或者因果上的临近性，用某一事物引出另一事物，如提到酒杯就会联想到酒。需要指出的是，隐喻与转喻不仅是一种语言表达逻辑，它充斥于人们日常生活的方方面面，作为一种基本的认知方式存在（Oswald and Mick，2006）。在意义交流过程中，“隐喻”和“转喻”能提升人们的认知流畅度（Dehay and Landwehr，2019）。

① 相较于“隐喻”，“转喻”在品牌研究领域的单独研究较少，多数情况下都是和“隐喻”一起用来研究修辞手法对品牌意义表达的作用。品牌符号“转喻”的研究方法主要是通过对材料进行文本分析来解构元素，分析哪些元素在表达层面上发挥了串联作用（Oswald and Mick，2006）。在整个品牌符号的构建与传递过程中，“转喻”的作用主要是将整个话语层上的元素串联起来，帮助表达“隐喻”。以耐克的某款跑鞋广告为例，该广告将跑鞋“隐喻”为涡轮发动机。涡轮发动机在“转喻”层面上与汽车的力量相关，跑鞋在“转喻”

层面上与消费者相关。如此一来，耐克最终构建了这样一种符号，即穿耐克鞋的消费者都是有力量的（Oswald & Mick，2006）。眼动实验表明，在认知机制上“转喻”的确能够串联“隐喻”，进而帮助消费者更好地理解品牌符号传递的意义，提升认知流畅性（Stewart et al.，2004）。

② 在营销领域，“隐喻”与品牌之间的联系极为密切。具体表现在 3 个方面。

一是从功利角度来看，企业赋予品牌丰富意义的重要目的是获取消费者对品牌较为稳定的积极认知。在意义创建过程中，通过广告、标识等路径创建品牌“隐喻”，能有效帮助企业达成这一目标（Mick et al.，2004；Oswald，2015b）。例如，消费者对品牌形象的感知就常常通过品牌个性的“隐喻”进行，与人一样，品牌也是有情感、有个性的；拟人化的“隐喻”能够将品牌的传播沟通模式变得像人与人沟通一样自然，通过选取适当的广告代言人等方式，品牌个性能为消费者所欣赏，或者与消费者的个性产生对应关系，使其更加欣赏该品牌（Rossolatos，2012）。除了“隐喻”对品牌整体形象的意义感知作用外，部分研究还探讨了“隐喻”对感官意象的作用机制（Hartman and Paradis，2020；Bianchi et al.，2021）。产品的语言描述或视觉展示中的“隐喻”会诱发个体在脑海中形成感官的模拟再现与替代体验，进而促使个体产生潜意识的心理意象（Lv et al.，2020）。“隐喻”能够通过心理补偿作用帮助消费者实现对产品的多感官知觉意义，有效传递产品的体验感受，进而帮助品牌传递意义并提高消费者的购买意愿（冷雄辉等，2022）。可见，基于感官层面和整体层面两种视角的“隐喻”研究，有助于进一步认识品牌意义的认知机制。

二是从生成过程来看，可以将“隐喻”划分为出生（birth phase）、休眠（dormant phase）、活跃（life phase）和消亡（death phase）4 个阶段（Davies and Chun，2003）。其中，“隐喻”在企业端的创造过程即出生阶段。在创造与使用期间，由于接触时间较短，消费者对品牌“隐喻”的认知尚处于初级状态，此时“隐喻”便处于休眠阶段。休眠的时间长短取决于消费者对“隐喻”联结的两种事物之间的共同属性是否熟悉。在这个阶段，消费者对两种事物的共同属性越熟悉，相关“隐喻”越能引发消费者的判断启发式心理认知策略，从而促使其迅速识别品牌传递的暗示与联想，并感知品牌的抽象寓意（Davies and Chun，2003；冷雄辉等，2022）。对企业来说，通过适当的符号资源设计可以使“隐喻”的传递更加顺畅。例如，在购物环境中，企业通过符号、形态、色彩和肌理等视觉要素的可视性表达能更容易吸引消费者的注意，激发相关联想（Ziemkiewicz and Kosara，2008）。当“隐喻”能激发消费者的丰富联想时，“隐喻”便处于活跃阶段。在这个阶段，消费者的联想会受到元认知的影响，但表意效果因人而异。个体早期的基本经验会深刻影响“隐喻”的形成，受个体经历的影响，早期已经存在的、较易理解的具体概念会映射到较为抽象的概念中（殷融等，2013）。例如，儿时被抚养者环抱时产生的温暖体验和愉快的情感体验并存的早期经验会塑造情感与温度的“隐喻”映射；感受过更多亲情的个体可能会在温度体验与情感体验间建立更强的“隐喻”关联（Ijzerman and Semin，2010）。最后，当品牌“隐喻”被消费者熟知，并上升到元认知时，“隐喻”便处于消亡阶段（Davies and Chun，2003；Merrilees et al.，2012；Marin et al.，2014）。

三是从认知机制来看，可以将“隐喻”认知划分为认知来源、认知过程和认知结果 3 个阶段。在认知来源阶段，消费者对某一“隐喻”的感知程度受到多种感官刺激输入的影响（即多模态）。例如，王蕾等（2017）通过眼动实验发现，消费者在多模态空间接收并处理信息，进而形成对“隐喻”的认知。在认知过程阶段，“隐喻”的加工和理解受到个体是否具备类比推理技能的影响。例如，Kogan 等（1980）通过“隐喻”测试发现，对于 7～28 岁的参与者，类比推理是“隐喻”理解的一个重要因素。Rapp 等（2004）使用功能磁共振成像显示，负责语义推理的大脑区域在“隐喻”加工过程中非常活跃。在认知结果阶段，抽象“隐喻”能够引起消费者的注意力。当较难解读的某些“隐喻”为消费者所破解时，他们会产生相应的积极情感，并引发对品牌的积极认知（Dehay and Landwehr，2019）。同时，“隐喻”还可能激发消费者产生以下两种创造性输出：一种是帮助和参与品牌的价值创造过程；另一种是通过模仿或恶搞，对品牌形象产生负面影响（Marin et al.，2014）。

3. 符号互动论

符号互动论（symbolic interactionism），又称“象征性互动理论”（symbolicinteraction theory），是一种深受皮尔斯实用主义思想影响，主张从人们社会生活互动的视角研究意义、意识和行为的社会心理学与符号学理论，由美国社会学家米德（Mead）创立（Mick，1986；赵毅衡，2010；柯泽，2014）。

符号互动论认为，个体对一切对象的意义建构（包括从某一具体事物的意义认知到自我认知的形成），都是其借助符号（如语言、文字、图像等）与所处社会环境进行互动实现的；只有在形成对某一对象的意义认知后，个体才会针对这一对象采取相应的行动（Tierney et al.，2016）。从互动论的视角来看，品牌意义的建构存在如下过程：首先，消费者根据他人意见、情境、固有信念等内外部因素对接触的品牌要素形成意义认知；其次，消费者之间会在形成意义认知后对品牌要素的定义与理解展开互动，从而诠释并逐步形成和修正对品牌的理解（刘国华、王红国，2015）；再次，消费者在循环往复的互动中形成对品牌意义的动态认知；最后，消费者基于意义认知采取进一步的行动。

为了更好地阐释这一思想，米德提出了心灵、社会和自我 3 个概念。其中，心灵是个体的一种意识活动，代表了人们运用符号确定客体（包括自我在内）的能力，是个体与社会交流互动的内化结果。社会是由彼此互动的个体构成的有机组织，个体间的符号互动构成了社会，而社会又反过来影响人们的自我构建与社会行为（Mick，1986；Hogg et al.，1995）。“自我”是对社会客观现实的内化与主观解释，是在“主我”（I）与“客我”（me）的对话、心灵与社会的互动过程中形成的，其中心灵与“主我”直接相关，社会与“客我”直接相关；“主我”是个体的自我意识，代表了个体的真实意愿；“客我”是个体与周围环境或社会互动过程中设想的他人眼中的“我”，包括社会角色、他人对自己的态度和评价等（王振林、王松岩，2014）。对于心灵、社会和自我，可以在品牌意义研究的 3 个不同领域找到对应关系。社会概念对应品牌意义的创造，心灵概念对应品牌意义的解读，两者共同作用于自我的形成，而自我概念对应品牌意义导致的最终结果，即符号消费与自我塑造。

（1）品牌意义创造。在传统的品牌营销模式中，企业与消费者的沟通方式往往是单向的，经由企业精心编排的品牌意义通过各种媒介传递给消费者，消费者只能被动地接受信息（Firat and Dholakia，2006）。随着信息技术的不断变革与数字传播方式的兴起，单向传播的品牌意义创建逐渐转向共创模式（Rosenthal and Brito，2017）。由符号互动论可知，品牌意义是由整个社会互动传播与协商形成的结果，品牌意义的创建过程是在极为广泛的社会互动中进行的（Rosenthal and Brito，2017）。企业作为品牌意义的发送者，对品牌意义的创建过程具有一定的控制力，但外部的其他社会力量对品牌意义的创建过程同样发挥着重要作用，消费者群体有足够的影响力重新定义或修改品牌意义（Arnould et al.，2009）。社交媒体的出现甚至使某些从未有过消费经历的利益相关者也能进行与品牌相关的联合互动（Hatch and Schultz，2010）。总之，品牌意义的创建过程正逐渐成为诸多利益相关者围绕品牌进行对话、协商与互动的过程（Christodoulides，2009），品牌意义可能来自企业编排，也可能来自消费者的反馈，还可能来自消费者群体彼此间的共鸣（Gensler et al.，2013）。

（2）品牌符号解读。作为品牌符号的意义接收方，消费者不是被动接受品牌信息，而是能动地与其他主体进行互动解读意义（Rosenthal and Brito，2017）。意义的解读具有模糊性和歧义性，因为消费者对品牌意义的解读是多因素共同作用的结果，不仅取决于个体的态度、情感、经验和活动，而且受到外部社会情境的影响（Mick，1986）。因此，情境不同、主体不同，互动过程也会不同。个体层面的认知就是在互动过程中不断发展形成的。互动性对品牌符号解读的作用主要体现在消费者的价值观、情感反应以及品牌知识等方面。

价值观是人们判别事物的一种思维和取向，是人们形成的一种对具体行为模式和生活意义的持久信念，能够影响消费者对携带特定品牌意义的产品评价、态度和选择（潘煜等，2014）。消费者重视的价值不同，对品牌价值的关注点、品牌意义的接受程度也会不同（Gutman，1982）。有关广告传递品牌意义的研究发现，不同的成长环境导致的不同价值观会使消费者产生不同的品牌价值取向，从而对品牌传递的信息产生认知差异（Mick and Buhl，1992）。

情感反应在消费和品牌的相关体验中起着重要作用（Holbrook and Hirschman，1982）。在实际消费中，消费者会被接触到的品牌符号激发出主观情感反应（Mick，1986），这种情感反应会促使消费者与他人进行互动传播，传递品牌信息或消费体验等（Grant，1986）。研究表明，消费者越是对某一品牌抱以积极的情感，越有可能主动帮助品牌进行符号传播；消费者越可能利用各种途径发现的情感线索理解品牌意义，情感越积极，越可能与品牌意义产生共鸣（Rosenthal and Brito，2017）。

品牌知识是消费者记忆网络中与各种品牌联想相关联的认知，通过对这些知识的不断识别、记忆和回忆，消费者能够在脑海中构建出不同的意义

（李静等，2009）。整个过程是在互动中进行的，这种互动性一方面体现在品牌知识上，如某些品牌的象征性价值作为一种品牌知识是整个社会群体不断互动与协商达成的共有性认知；另一方面体现在消费者对品牌知识的内化过程中，这一过程是消费者受情感与价值观等内在个体特质调节，不断通过互动接触新知识的过程（Wilson et al.，2014）。

（3）符号消费与自我塑造。在社会环境中，每个人都会通过他人与社会的反馈形成自我感（Hogg et al.，1995）。当自我感缺失时，人们会塑造自我；当自我感积极时，人们会倾向于维持自我；当自我感消极时，人们会提升自我。塑造、维持及提升自我的过程是通过获取和传递意义，建立与他人和社会的联系进行的（Solomon，1983）。但意义是抽象的，其表达与接受需要借助符号进行，因此要获取意义就必须先获取符号。在消费中，这一行为往往表现为消费者对品牌符号的选择性消费。具体而言，品牌符号传递的意义能够融入消费者的自我概念，形成自我—品牌联结（Gaustad et al.，2018）。为了获取群体归属感与社会认同，消费者会选择那些能够帮助他们建构、维持、提升与传递自我的品牌（Chernev et al.，2011）。自我感是通过内在“主我”与外在“客我”的有机互动形成的。“主我”和“客我”是目前学术界探讨符号与意义消费的两个重要方向，“主我”对应的是消费者个体特质对品牌消费行为的影响，“客我”对应的是外部社会规范对品牌消费行为的影响。

对于“主我”，现有研究主要基于形象一致性假设，即消费者个性与品牌个性的匹配程度决定其是否选择该品牌（Parker，2009）。最常见的品牌个性是 Aaker（1997）的五维度划分，即真诚（sincerity）、刺激（excitement）、胜任（competence）、精明（sophistication）和强壮（ruggedness）。消费者选择和接受某个品牌往往是因为该品牌与自身的个性相同或相似，这有助于维持消费者对自身的一致性认知（Wang and Wallendorf，2006）。而当消费者接受某一品牌个性后，他们往往能对品牌形成更加丰富的联想，符号意义也更加丰富（Freling and Forbes，2005）。

对于“客我”，现有研究重点关注外部的社会力量，即身份角色与地位对自我塑造的影响。例如，Solomon（1983）用符号互动论探讨消费者是如何利用消费构建自我，以匹配某社会角色，发现角色是社会环境中与一定社会地位相关的一组规范，能够指导个体的行为方式；而同特定角色存在文化关联的物质符号感知（如产品传递的线索），能够促进或抑制消费者采取与角色匹配的行为。可见，品牌符号传递的意义或信息能够通过促进或抑制角色表现来驱动消费者采取特定的行为。

“地位”在一定程度上可以看作社会角色的衍生结果（Hogg et al.，1995）。在日常生活中，为了同外界沟通，传递自身社会地位、声望、财富等信息，消费者往往会选择那些携带特定地位信息（意义）的品牌（Wang and Wallendorf，2006）。而当外部环境使消费者感到地位受到威胁时，自我概念的缺失会使消费者的控制感降低，从而促使消费者向外寻求控制感补偿，即选择地位消费来强化自我肯定。这一过程受到个体内隐人格的调节，即实体论者（受先天影响更大）更倾向用地位消费来补偿，而渐变论者（可以通过后天努力改变）更倾向通过自身努力而非地位消费来补偿（Lea and Webley，2006）。

五、文献评述及展望

1. 对现有文献的评述

（1）两大符号学范式的研究主题评述及差异比较。

在研究主题上，结构主义符号学范式重点关注的是意义的基本结构、维度，以及背后的文化语境在符号建构中的作用。实用主义符号学范式重点关注的是符号的分类，以及符号在个体层面与社会层面的形成机制、传播机制和作用机制等。

①结构主义符号学的研究主题。第一，社会文化语境。结构主义更加关注符号意义本身。大多数品牌领域的结构主义符号学研究认为，一切符号都是在社会文化的规约中形成的。这一观点虽然指出了符号形成过程的社会性、历史性和意识形态性，但忽视了符号的具体形成机制。目前，结构主义符号学在品牌领域的研究重点是品牌符号携带的文化意义（如品牌神话、历史），解读这些符号需要从其背后的文化语境出发，因为相同的元素在不同文化语境中表达的意义会有所不同（Lawes，2019）。第二，符号的内在结构与维度。结构主义符号学理论认为，意义解构而成的义素通过彼此间的对立关系构成了意义的动力和张力（Rossolatos，2012）。通过将意义整体解构为各个不同的义素，研究人员能够发掘出意义的内在逻辑，找寻隐藏在表层意义背后的深层符号意义，如格雷马斯符号矩阵对品牌定位和广告的分析能揭示出不同

的定位组合与广告可能传递的隐藏内涵（Oswald，2015a）。总体来说，结构主义符号学对品牌意义的研究主要是探究品牌携带的稳定的文化意义，通过解构对意义进行维度划分，并揭示表层意义的深层内涵。

②实用主义符号学的研究主题。第一，符号分类。皮尔斯及受其影响的其他符号学家（主要是雅各布森）对符号的分类方式与受结构主义影响的符号学理论有很大不同。结构主义符号学的视角更加微观，主要是依据二元对立的基础逻辑对符号意义内部进行元素或维度划分。实用主义符号学理论主要是依据符号在意义传播中发挥功能的机制对符号进行一般性划分。皮尔斯的“符号三分法”对意义的关注不只是对文化意义的关注，除了与文化相关的象征性符号外，还包括基于直观像似性的像似性符号和基于因果关系的索引性符号，其关注的内容更加全面，视角更加宏观（Mick，1986）。第二，形成机制。实用主义符号学对符号形成机制的探讨主要集中在主体层面，皮尔斯的符号解释项明确了符号形成过程的动态性与多主体性。后续学者在解释项的基础上，从主体视角对符号的形成机制展开了两类研究：第一类是聚焦个体内部特性在符号形成过程中的作用，主要探讨消费者的元认知、联想网络与符号建构的关系；第二类是聚焦社会中其他主体对个体理解符号的作用，如符号互动论中有关他人评价（如社会地位）如何影响符号在消费者心目中的意义建构等（Rosenthal and Brito，2017；Chernev et al.，2011）。第三，传播与作用机制。结构主义符号学指出了符号能指与所指之间关系的任意性，以及社会文化发挥的联结和规约作用，其视角关注的是一种意义对另一种意义的作用，如社会文化对品牌意义的作用。而实用主义符号学关注的是符号意义形成过程中不同主体间的互动作用。品牌领域的相关研究运用皮尔斯的三元符号论以及雅各布森的“隐喻”理论，揭示的是个体如何在心理机制上建构和解读符号意义（Santos，2013；Dehay and Landwehr，2019）。符号互动论则是从以下两个方面揭示品牌意义的形成机制：一是社会层面共同接受的意义形成过程中不同主体的互动机制；二是其他社会主体对个体认知与行为的心理作用机制（Rosenthal & Brito，2017；Chernev et al.，2011）。雅各布森的“语言六功能”与“传播六要素”则揭示了符号从一个主体到另一个主体的传递机制以及符号在该过程中发挥的不同传播功能（Lemon，2019）。

综上所述，从企业、个体（消费者 / 受众）、社会 3 个主体来看，结构主义符号学理论更加关注企业端，相关研究大多集中于分析成熟企业的市场定位传递出的品牌意义，或者解读企业通过媒介向外界传递的稳定的文化符号意义。而实用主义符号学理论更加关注个体端和社会端，强调不同主体在意义创建与解读过程中的作用，聚焦符号类别划分（关注的意义包括但不限于文化意义）以及个体与社会层面的符号形成、传播与作用机制（多主体之间的关系，而非意义本身）。

（2）两大符号学范式的研究方法评述及差异比较。

①结构主义符号学的研究方法。如前文所述，基于语言学的结构主义符号学理论常常被用于研究意义的结构、维度及其背后的文化语境。意义建构与传递在很大程度上需要借助语言这一工具，并且受到语言的影响（Phillips et al.，2004）。在品牌营销（如包装、广告等）领域，相关研究主要采用话语分析、内容分析、修辞分析等方法识别或解构意义（Franois，2018）。虽然研究证实，这些方法能够有效揭示意义结构维度与消费者认知之间的契合性和准确性（Celhay and Remaud，2018），但还是受到不少质疑，认为这些方法较为主观，缺乏科学性和严谨性。因为，这类方法十分强调研究人员在知识建构中的作用，研究分析的结果受到研究人员先验性知识储备程度、研究人员素质，以及文化背景的影响（Mick et al.，2004），使得该方法对研究人员的要求较高。为了避免在研究中出现主观臆断，部分文献在其文本分析中采用了扎根理论研究方法，如组织焦点小组访谈，以及多人编码并不断回溯比较其获取的资料，以保证其分析与解构的意义维度具有饱和度（Floch，1988；Celhay and Remaud，2018）。要避免研究人员的主观臆断，还要保证对意义的诠释尽可能地贴近消费者视角。符号互动论指出，人们的意识会受其社会背景，以及周围环境的影响，为了解消费者的想法，研究人员还应尽可能地了解消费者本身。为此，部分结构主义符号学研究文献采用了民族志方法，例如Mick和Buhl（1992）对广告的品牌意义传递研究便是这一方法的典型应用。近年来，在意义的建构与传递机制上，部分学者开始尝试实证研究方法（如问卷调查法、实验法等），但这类文献的数量相对较少，且集中在广告研究领域。因此，结构主义符号学在品牌营销领域的应用研究主要局限于质性方法方面（Batra，2019）。

②实用主义符号学的研究方法。尽管质性方法也被广泛应用于实用主义

符号学研究，但和结构主义符号学研究的差别在于实用主义符号学范式对品牌意义的解读与传递机制研究结合了心理学理论，因此采取了问卷调研和实验研究的方法。例如，消费者对品牌符号的“隐喻”认知就是通过眼动实验、脑电实验等心理实验方法探讨其形成过程与认知机制；在品牌营销研究领域，开发了一系列有关符号互动论的个体主我、客我、社会关系等方面的概念（如品牌个性、消费者价值观、内隐人格、自我品牌联结等），可以用来解释品牌符号意义对消费者行为的作用机理。

综上所述，结构主义符号学理论的思想根源发端于语言学，因此其研究大多采用解释性分析的方法（如话语分析、内容分析、修辞分析等质性方法）识别或解构文本资料的深层意义。此处的文本资料不是狭义上的书面语言，而是“泛文本”，如影像、色彩、线条等一系列能传递意义的事物（Knig et al.，2016；Celhay and Remaud，2018）。而实用主义符号学理论的思想根源则发端于哲学，既有质性研究，也有实证研究，在方法上更客观、更科学和更严谨。基于上述分析，可得到品牌意义的符号学研究范式比较（表 2）。

表 2　品牌意义的符号学研究范式比较

学派	代表人物	年份	理论贡献	研究对象	应用范围	研究方法	涉及学科
结构主义符号学	索绪尔	1916	能指与所指，历时性与共时性	意义的内在结构	作为一种思想，较少直接使用	基于案例的质性分析	语言学
	格雷马斯	1968	符号矩阵		品牌定位、品牌战略、广告等	扎根理论、民族志、文本分析等	语言学
	巴特	1957	神话符号学	符号与文化层面的意义	广告、产品设计、消费环境等	扎根理论、民族志、文本分析等	语言学
	列维－特劳斯	1958	神话符号学		广告、消费观等		人类学

续表

学派	代表人物	年份	理论贡献	研究对象	应用范围	研究方法	涉及学科
实用主义符号学	皮尔斯	1931	三元符号论；符号三分法	符号分类、符号功能、符号生成机制与解读机制	品牌徽标、产品设计、消费心理等	扎根理论、民族志、文本分析、实证、实验等	心理学、哲学、社会学
	雅各布森	1960	“语言六功能”与“传播六要素”，“隐喻”		广告、徽标、产品设计、包装、消费心理等		语言学、心理学
	米德	1937	符号互动论，心灵、社会、自我	符号生成机制、行为机制	符号共创、消费心理等		心理学、社会学

注：本表由笔者整理得到。

2. 未来研究方向及其对国内研究的启示

目前，在理论上，国内相关研究主要集中在一些拥有历史、文学和传播学研究优势的高校，但其视野主要聚焦文化产业、文学/文化符号、语言/语义符号，以及广告符号等；营销学界也零星发表一些关于品牌名称、标识、字体、广告等方面的研究成果。现有研究不仅遗漏了大量有关品牌符号资源、元素及其相应的符号规则、符号开发模式、符号研究范式、符号传播规则、多感官交互效应、意义共创等方面的理论研究，而且忽视了中国传统文化及其元素的品牌符号建构、意义感知及传播策略研究。总体来看，国内有关品牌符号学理论的研究还比较滞后。首先，一个重要原因是长期以来中国企业处于价值链低端，品牌符号价值不高，对品牌符号理论的实践需求不强烈，没有成为一个引起学术界广泛关注的显性学术问题，尤其是营销学界。其次，品牌符号学是一个多学科的交叉领域，涉及品牌学、符号学、语言学、文化学、传播学、心理学、广告学、设计学、艺术学、美学、营销学、神经科学、社会学等，这增加了研究难度和研究群体的分散性。未来应积极借鉴前述符号学范式开展品牌符号建构与意义生成研究，既要关注微观层面和单一符号要素，又要兼顾宏观层面和整体意义创建及其对品牌战略的影响，以便为企业营销人员、设计人员，以及广告传播人员更好地理解品牌意义的内在结构及其生成、传递与解读的机理，提升自主品牌符号价值提供理论和方法指导。本文尝试提出一些抛砖引玉的研究问题或领域，以供参考。

（1）意义的内部层次性。对于品牌意义，现有研究多数聚焦同一意义层级，解释该层级上的意义内涵及其形成过程。少部分研究虽然对意义进行了层级划分，但仅仅是对某一具体研究对象在该层级上的意义进行一种话语描述或概括几个关键要素，缺乏对品牌意义跨层次建构原理的系统阐述。事实上，品牌意义是通过多种途径建构的，如广告、产品设计等，而广告和产品设计又是由不同的要素（如音乐、气味、图像等）构成的。消费者通过视觉、听觉、嗅觉、触觉、味觉等感官，对音乐、气味、图像等要素的直接接触形成对广告、产品设计的初级意义感知，并在多感官交互过程中形成有关广告、产品设计的复杂意义（Batra，2019）。在消费者体验与交流过程中，这些复杂的意义会嵌入消费者脑海，从而形成关于品牌形象的整体联想网络，产生一致的品牌意义感知。也就是说，品牌符号在消费端的建构应该是一种跨层次的过程，微观要素通过组合逐步构建出品牌符号的整体意义联想场。未来研究可以考虑，采用实用主义符号学研究范式探讨微观层面的各要素在感官上的初级意义，运用结构主义符号学研究范式探讨宏观层面的复杂意义。

（2）品牌符号的社会互动与意义共创。由符号互动论可知，品牌符号建构不仅具有很强的社会互动性，而且数字化时代的到来，改变了人们参与意义共创的方式。在这一情境下，品牌符号在社会层面的互动与共创过程是企业创建品牌符号的重要环节（Rosenthal and Brito，2017）。那么，究竟在新媒体环境下，消费者是如何参与品牌意义创建的，品牌符号的创建形式有哪些，这些符号（包括正面符号和负面符号）对其他消费者或受众的品牌意义认知、解读、认同和行为发挥了哪些作用，消费者参与品牌意义共创存在哪些动机和影响因素，企业（包括网络自媒体平台，如大众点评网）应该如何激励消费者参与品牌符号生产和意义共创，消费者品牌意义共创存在怎样的个体心理和群体创造机制，品牌意义共创的多重角色行为及其对品牌绩效的影响是什么，粉丝成员关系网络中心性和参与度如何，如何加强消费者（尤其是粉丝）及企业品牌符号资源生产与意义共创的协同和管理等。

（3）基于中国传统文化及其元素的品牌符号建构、意义感知及驱动机理。目前，国内文献大多集中于哲学和语言学层面的定性分析，针对中国文化背景下的品牌符号理论研究较为匮乏。符号作为一种社会现象和交流方式，其本身具有相当的社会性、历史性和意识形态性。中国的历史文化、价值观、意识形态等都与西方有着较大差别，而国外关于品牌符号的价值维度、文化意义、社会价值等未必适用于中国的文化情境。因此，未来需要结合中国社会文化情境，开展系统、广泛的品牌符号学研究，为自主品牌符号意义创建与符号价值提升提供理论和方法指导。同时，值得关注的是，近年来我国兴起了一股“国潮热”现象，涌现出了一批具有较高符号价值的企业品牌（如故宫文创产品），如何借由这些案例探讨中国传统文化元素的品牌符号价值回归及其驱动机理、品牌意义维度、企业品牌符号建构与意义转移过程等，是未来研究的重要方向之一。

参考文献

[1]AAKER J. Dimensions of brand personality[J]. Journal of marketing research, 1997, 34(3): 347-356.

[2]ALMAGOR M, TELLEGEN A, WALLER N G. The big seven model: a cross-cultural replication and further exploration of the basic dimensions of natural language trait descriptors[J]. Journal of personality and social psychology, 1995, 69(2): 300-307.

[3]AMALDOSS W, SANJAY J. Trading up: a strategic analysis of reference group effects[J]. Marketing science, 2008, 27(5): 932-942.

[4]ARNAUD B G. Symmetry influences packaging aesthetic evaluation and purchase intention[J]. International journal of retail & distribution management, 2018, 46(11-12): 1026-1040.

[5]ARNOULD E, SCHAU J, MUNIZ A M. How brand communities create value[J]. Journal of marketing, 2009, 73(5): 30-51.

[6]ATAKAN S S. Consumer response to product construction: the role of haptic stimulation[J]. International journal of consumer studies, 2014, 38(6): 586-592.

[7]BALASUBRAMANIAN S K, KARRH J A, PATWARDHAN H. Audience response to product placements: an integrative framework and future research agenda[J]. Journal of advertising, 2006, 35(3): 115-141.

[8]BANKOV K. Legendary brands and economic value: a semiotic approach[J]. The American journal of semiotics, 2018, 34(3): 273-291.

[9]BARBARA B S. Consumer myths: frye's taxonomy and the structural analysis of consumption text[J]. Journal of consumer research, 1995, 22(2): 165-185.

[10]BATRA R. Creating brand meaning: a review and research agenda[J]. Journal of consumer psychology, 2019, 29(3): 535-546.

[11]BERTRAND D. The creation of complicity a semiotic analysis of an advertising

campaign for black & white whisky [J]. International journal of research in marketing, 1988, 4(4): 273–289.

[12] BEZEMER J, JEWITT C. Multimodal analysis: key issues [J]. Research methods in linguistics, 2010 (1): 180–197

[13] BIANCHI I, et al. Non experts' understanding of terms frequently used by experts to describe the sensory properties of wine: an investigation based on opposites [J]. Food quality and preference, 2021, 92: 1–14.

[14] BLOCH P H. Seeking the ideal form: product design and consumer response [J]. Journal of marketing, 1995, 59(3): 16–29.

[15] BLOCH P, BRUNEL F, ARNOLD T. Individual differences in the centrality of visual product aesthetics: concept and measurement [J]. Journal of consumer research, 2003, 29(4): 551–565.

[16] BUSS D M. The evolution of desire [M]. New York: Basic Books, 1994.

[17] CADWALLADER M. Towards a cognitive gravity model: the case of consumer spatial behaviour [J]. Regional studies 1981, 15(4): 275–284.

[18] FRIESEN C. Newsjacking and trendsotting [J].Canadian consulting engineer, 2015, 56(6): 90.

[19] CASTRO J B, RAMANATHAN A, CHENNUBHOTLA C S. Categorical dimensions of human odor descriptor space revealed by non-negative matrix factorization [J]. Plos one, 2013, 8(9): 1–16.

[20] CELHAY F, REMAUD H. What does your wine label mean to consumers? a semiotic investigation of Bordeaux wine visual codes [J]. Food quality and preference, 2018, 65(1): 129–145.

[21] CHASE R B. Where dose the customer fit in a service operation [J]. Harvard business review, 1978, 56(6): 137–142.

[22] CHATTARAMAN V, DESHPANDE G, KIM H, et al. Form "defines" function: neural connectivity between aesthetic perception and product purchase decisions in an FMRI study [J]. Journal of consumer behaviour, 2016, 15(4): 335–347.

[23] CHATTARAMAN V, RUDD N A, LENNON S J. The malleable bicultural consumer: effects of cultural contexts on aesthetic judgments [J]. Journal of consumer behaviour, 2010, 9(1): 18–31.

［24］CHATTERJEE A，VARTANIAN O. Neuroaesthetics［J］. Trends in cognitive sciences，2014，18（7）：370-375.

［25］CHEBAT J C，MORRIN M. Colors and cultures：exploring the effects of mall decor on consumer perceptions［J］. Journal of business research，2007，60（3）：189-196.

［26］CHEN Y. Neurological effect of the aesthetics of product design on the decision-making process of consumers［J］. Neuro quantology，2018，16（6）：501-506.

［27］CHERNATONY D L. From brand vision to brand evaluation：the strategic process of growing and strengthening a brand［M］. Oxford：Butterworth-Heinemann，2006.

［28］CHERNATONY L D，MCDONALD M，WALLACE E. Creating powerful brands［M］. 4th ed. Oxford：Elsevier Ltd，2011.

［29］CHERNEV A，HAMILTON R，GAL D. Competing for consumer identity：limits to self-expression and the perils of lifestyle branding［J］. Journal of marketing，2011，75（3）：66-82.

［30］CHEVALIER J，MAYZ LIN D. The effect of word of mouth on sales：online book reviews［J］. Journal of marketing research，2006，43（3）：345-354.

［31］CHIEN C F，KERH R，LIN K Y，et al. Data-driven innovation to capture user-experience product design：an empirical study for notebook visual aesthetics design［J］. Computers & industrial engineering，2016，99（9）：162-173.

［32］CHRISTODOULIDES G. Branding in the post-internet era［J］. Marketing theory，2009，9（1）：141-144.

［33］CLAYCOMB C，LENGNICK-HALL C A，INKS L W. The customer as a productive resource：a pilot study and strategic implications［J］. Journal of business strategies，2001，18（1）：47-68.

［34］COLLIANDER J，DAHLÉN M，MODIG E. Twitter for two：investigating the effects of dialogue with customers in social media［J］. International journal of advertising，2015，34（2）：181-194.

［35］CORSO J J. What does Greimas's semiotic square really do［J］. Mosaic：a journal for the interdisciplinary study of literature，2014，47（1）：69-89.

［36］CREUSEN M E H，VERYZER R W，SCHOORMANS J P L. Product value importance and consumer preference for visual complexity and symmetry［J］. European journal of markcting，2010，44（9/10）：1437-1452.

[37]CRILLY N, MOULTRIE J, CLARKSON P J. Seeing things: consumer response to the visual domain in product design [J]. Design studies, 2004, 25(6): 547-577.

[38]CUPCHIK G C, SHERECK L, SPIEGEL S. The effects of textual information on artistic communication [J]. Visual arts research, 1994, 20(1): 62-78.

[39]D'ASTOUS A, SEGUIN N. Consumer reactions to product placement strategies in television sponsorship [J]. European journal of marketing, 1999, 33(9/10): 896-910.

[40]DAVIES G, CHUN R. The use of metaphor in the exploration of the brand concept [J]. Journal of marketing management, 2003, 19(1-2): 45-71.

[41]DAVIES G, CHUN R, SILVA R V D, et al. A corporate character scale to assess employee and customer views of organization reputation [J]. Corporate reputation review, 2004, 7(2): 125-146.

[42]DEHAY E K, LANDWEHR J R. A map for effective advertising: the metaphoric advertising processing model [J]. AMS review, 2019, 9(3/4): 289-303.

[43]DENA C, ANTHONY D C. Beyond first impressions: the effects of repeated exposure on consumer liking of visually complex and simple product designs [J]. Journal of the academy of marketing science, 2002, 30(2), 119-130.

[44]DOUGLAS H B. How brands become icons: the principles of cultural branding [M]. Boston, MA: Harvard Business School Press, 2004.

[45]ECO U. The role of the reader [M]. Bloomington: Indiana University Press, 1979.

[46]EISENHARDT K M. Better stories and better constructs: the case for rigor and comparative logic [J].Academy of management review, 1991, 16(3): 620-627.

[47]ENNEW C T, BINKS M R. Impact of participative service relationships on quality, satisfaction and retention: an exploratory study [J]. Journal of business research, 1999, 46(2): 121-132.

[48]ERICKSON R P. A study of the science of taste: On the origins and influence of the core ideas [J]. Behavioral and brain sciences, 2008, 31(1): 59-75.

[49]FANG E. Customer participation and the trade-off between new product innovativeness and speed to market [J]. Journal of marketing, 2008, 72(4): 90-104.

[50]FIRAT F A, DHOLAKIA N. Theoretical and philosophical implications of postmodern debates: Some challenges to modern marketing [J]. Marketing Theory, 2006, 6(2): 123-162.

［51］FLOCH J M. The contribution of structural semiotics to the design of a hypermarket［J］. International journal of research in marketing，1988，4（3）：233–252.

［52］FOMBRUN C J，RIEL C B M. Fame & fortune：how successful companies build winning reputations［M］. Upper Saddle River，N.J.：Prentice–Hall，1993.

［53］FRANOIS B. Visual representations of goods and services through their brandings：the semiotic foundations of a language of brands［J］. Recherche et applications en marketing（English edition），2018，33（3）：122–144.

［54］FRELING T H，FORBES L P. An empirical analysis of the brand personality effect［J］. Journal of product & brand management，2005，14（7）：404–413.

［55］FRIEDMAN M. The changing language of a consumer society：brand name usage in popular American novels in the postwar era［J］.Journal of consumer research，1985，11（4）：927–938.

［56］GBADAMOSI A. Brand personification and symbolic consumption among ethnic minority teenage consumers：an empirical study［J］. Journal of brand management，2015，22（9）：737–754.

［57］GAUSTAD T，SAMUELSEN B M，WARLOP L，et al. The perils of self–brand connections：consumer response to changes in brand meaning［J］. Psychology & marketing，2018，35（11）：818–829.

［58］GENSLER S，VÖLCKNER F，LIU–THOMPKINS Y，et al. Managing brands in the social media environment［J］. Journal of interactive marketing，2013，27（4）：242–256.

［59］GEOFFREY J. Simmons. “i–Branding”：developing the internet as a branding tool［J］.Marketing intelligence & planning，2007，25（6）：544–562.

［60］GRANT M C. Culture and consumption：a theoretical account of the structure and movement of the cultural meaning of consumer goods［J］. Journal of consumer research，1986，13（1）：71–84.

［61］GREIMAS A J，RASTIER F. The interaction of semiotic constraints［J］. Yale rrench studies，1968（41）：86–105.

［62］GREMLER D，BROWN S. W. The loyalty ripple effect：appreciating the full value of customers［J］. International journal of service industry management，1996，10（3）：271–293.

［63］GRETZEL U，MENDONA M. Smart destination brands：semiotic analysis of visual and verbal signs［J］. International journal of tourism cities，2019，5（4）：560–580.

[64]GROHMANN B. Communicating brand gender through type fonts [J] . Journal of marketing communications, 2016, 22 (4) : 403–418.

[65]GUPTA P B, LORD K R. Product placement in movies: the effect of prominence and mode on audience recalls [J] .Journal of current issues and research in advertising, 1998, 20 (1) : 47–59.

[66]GUPTAPB S K, BALASUB RAMANIAN, KLASSEN M L. Viewers' evaluations of product placements in movies: public policy issues and managerial implications [J] .Journal of current issues and research in advertising, 2000, 22 (2) : 41–52.

[67]GUTMAN J. A means–end chain model based on consumer categorization processes [J] . Journal of marketing, 1982, 46 (2) : 60–72.

[68]HAAN I H, HUI K L, LEE S Y T, et al. Consumer privacy and marketing aviodance: a static model [J] . Management science, 2008, 54 (6) : 1094–1103.

[69]HAGTVEDT H, PATRICK V M. Consumer response to overstyling: balancing aesthetics and functionality in product design [J] . Psychology & marketing, 2014, 31 (7) : 518–525.

[70]HANCOCK P. Uncovering the semiotic in organizational aesthetics [J] . Organization, 2005, 12 (1) : 29–50.

[71]HARTMAN J, PARADIS C. Figurative meaning in multimodal work by an autistic artist: a cognitive semantic approach [J] . Language and cognition, 2020, 13 (1) : 1–33.

[72]HATCH M J, SCHULTZ M. Toward a theory of brand co–creation with implications for brand governance [J] . Journal of brand management, 2010, 17 (8) : 590–604.

[73]HEGEL, THERESA. Social media disasters to avoid [J] . Wearables, 2017, 6: 44–45.

[74]HEGNER S M, FETSCHERIN M, DELZEN M V. Determinants and outcomes of brand hate [J] . Journal of product & brand management, 2017, 26 (1) : 13–25.

[75]HOEGG J A, ALBA J W, DAHL D W. The good, the bad and the ugly: influence of aesthetics on product feature judgments [J] . Journal of product consumer psychology, 2010, 20 (4) : 419–430.

[76]HOFSTEDE G. Culture's consequences: international difference in work–related Values [M] . Beverly Hills, CA: Sage Publications, 1980.

[77]HOGG M A, WHITE T K M. A Tale of two theories: a critical comparison of

identity theory with social identity Theory [J] . Social psychology quarterly, 1995, 58 (4): 255–269.

[78] HOLBROOK M B, HIRSCHMAN E C. The experiential aspects of consumption: consumer fantasies, feelings and fun [J] . Journal of consumer research, 1982, 9 (2): 132–140.

[79] HONEA H, HORSKY S. The power of plain: Intensifying product experience with neutral aesthetic context [J] . Marketing letters, 2012, 23 (1): 223–235.

[80] HUMPHREYS A. Semiotic structure and the legitimation of consumption practices: the case of casino gambling [J] . Journal of consumer research, 2010, 37 (3): 490–510.

[81] HUNT H T. A collective unconscious reconsidered: jung's archetypal imagination in the light of contemporary psychology and social science [J] . Journal of analytical psychology, 2012, 57 (1): 76–98.

[82] HUNTER, GRANT BURKHART, JON. Newsjacking: the art of riding the trending wave [J] .Campaign, 2011, 9 (3/4): 13–13.

[83] IJZERMAN H, SEMIN G R. Temperature perceptions as a ground for social proximity [J] . Journal of experimental social psychology, 2010, 46 (6): 867–873.

[84] JAKOBSON R. Linguistics and poetics [M] //T. A. Sebeck in style in language. Cambridge, MA: MIT Press, 1960.

[85] JIANPING H, YANG S, XIAOANG W. Gender differences in the associations between gray matter volume and the centrality of visual product aesthetics [J] . Neuroscience, 2020, 431: 64–72.

[86] JOHAR G V, HOLBROOK M B, STERN B B. The role of myth in creative advertising design: theory, process and outcome [J] . The journal of advertising, 2001, 30 (2): 1–25.

[87] JORDAN P. Human factors for pleasure in product use [J] . Applied ergonomics, 1998, 29 (1): 25–33.

[88] JUN F, HONGLIANG Q , XUEFEI W. Tourist destination image, place attachment and tourists' environmentally responsible behavior: a case of Zhejiang tourist resorts [J] . Tourism tribune, 2014, 29 (1): 55–66.

[89] KARRH JAMES A, KATHERINE T FRITH, COY CALLISON. Audience attitudes toward brand (product) placement: singapore and the united states [J] . International journal of advertising, 2001, 20 (1): 3–24.

[90]KARTUNOVA Y. Facebook engagement and its relation to visuals，with a focus on brand culture [J] . Language and semiotic studies，2017，3：77–102.

[91]KELLER K L. Brand synthesis：the multidimensionality of brand knowledge [J] . Journal of consumer research，2003，29 (4)：595–600.

[92]KELLER K L，KOTLER P. Marketing management：14th Global Edition [M] . London：Prentice Hall，2008.

[93]KELLER K L. Strategic brand management：building，measuring and managing brand equity [M] . New Jersey：Prentice–Hall，2008.

[94]KELLOGG D L，YOUNGDAHL W E，BOWEN D E. On the relationship between customer participation and satisfaction：two frameworks [J] . International journal of service industry management，1997，8 (3)：206–219.

[95]KILLIAN，KELLY. Aii voiinewsiicking. [J] . Reastaurant business，2014 (113)：13.

[96]KNIG J C L，WIEDMANN K P，HENNIGS N，et al. The legends of tomorrow：a semiotic approach towards a brand myth of luxury heritage [J] . Journal of global scholars of marketing science，2016，26 (2)：198–215.

[97]KOFFKA K. Perception：an introduction to the Gestalt–Theories [J] . Psychological bulletin，1922，19 (10)：531–585.

[98]KOGAN N，CONNOR K，GROSS A，et al. Understanding visual metaphor：developmental and individual differences [J] . Monographs of the society for research in child development，1980，45 (1)：1–78.

[99]KRESS G. Multimodality：a social semiotic approach to contemporary communication [M] . New York：Routledge，2010.

[100]KUMAR M，GARG N. Aesthetic principles and cognitive emotion appraisals：how much of the beauty lies in the eye of the beholder [J] . Journal of consumer psychology，2010，20 (4)：485–494.

[101]LAWES R. Big semiotics：beyond signs and symbols [J] . International journal of market research，2019，61 (3)：1–14.

[102]LEA S，WEBLEY P. Money as tool，money as drug：the biological psychology of a strong incentive [J] . Behavioral & brain sciences，2006，29 (2)：161–176.

[103]LEDER H，BELKE B，OEBERST A，et al. A model of aesthetic appreciation and aesthetic judgments [J] . British journal of psychology，2004，95 (4)：489–508.

[104]LEMON M. Packing in meaning in advance: applying jakobson's model of communication to packaging design [J]. American journal of semiotics, 2019, 34(3): 371-398.

[105]LENCASTRE P D, CÔRTE-REAL A. Brand response analysis: a peircean semiotic approach [J]. Social semiotics, 2013, 23(4): 489-506.

[106]LEVY S J, GARDNER B B. The product and the brand [J]. Harvard business review, 1955, 33(2): 33-39.

[107]LEVY S J. Intepreting consumer mythology: a structural approach to consumer behavior [J]. Journal of marketing, 1981, 45(3): 49-61.

[108]LEWIS C, WALKER P. Typographic influences on reading [J]. British journal of psychology, 1989, 80(2): 241-257.

[109]LIEVEN T, GROHMANN B, HERRMANN A, et al. The effect of brand gender on brand equity [J]. Psychology & marketing, 2014, 31(5): 371-385.

[110]LIMA V, CORREA A A, ZANINI M T, et al. Branding rio de janeiro: a semiotic analysis [J]. Marketing intelligence & planning, 2019, 37(6): 645-659.

[111]LIN C, MORAIS D B. The spatial clustering effect of destination distribution on cognitive distance estimates and it's impact on tourists' destination choices [J]. Journal of travel & tourism marketing, 2008, 25(3-4): 382-397.

[112]LINDSTROM M. Brand sense: sensory secrets behind the stuff we buy [M]. New York: Free Press, 2005.

[113]LIU C R, LIN W R, WANG Y C. From destination image to destination loyalty: evidence from recreation farms in taiwan [J]. Journal of China tourism research, 2012, 8(4): 431-449.

[114]LLOYD A E. The role of culture on customer participation in service [D]. Hong Kong: Hong Kong Polytechnic University, 2003.

[115]LUCHS M G, BROWER J, CHITTURI R. Product choice and the importance of aesthetic design given the emotion-iaden trade-off between sustainability and functional performance [J]. Journal of product innovation management, 2012, 29(6): 903-916.

[116]LV X Y, LI H F, XIA L. Effects of haptic cues on consumers' online hotel booking decisions: the mediating role of mental imagery [J]. Tourism management, 2020, 77: 104025.

[117]MARKUS H R, KITAYAMA S. Culture and the self: implications for cognition,

emotion, and motivation [J] . Psychological review, 1991, 98 (2), 224–253.

[118] M M, S G D. "Cadillac flambé": race and brand identity [J] .Journal of macromarketing, 2008, 28 (1): 90

[119] MALAR L, KROHMER H, HOYER W D. Emotional brand attachment and brand personality: the relative importance of the actual and ideal self [J] . Journal of marketing, 2011, 75 (4): 35–52.

[120] MALHOTRA N K. Self concept and product choice: an integrated perspective [J] . Journal of economic psychology, 1988, 9 (1): 1–28.

[121] MARIN A, REIMANN M, CASTAÑO R. Metaphors and creativity: direct, moderating and mediating effects [J] . Journal of consumer psychology, 2014, 24 (2): 290–297.

[122] MARK M, PEARSON C S. The hero d the outlaw: building extraordinary brands through the power of archetypes [M] . New York: McGraw Hill Education Press, 2001.

[123] MARTIN R, JUDITH Z, CAROLIN N, et al. Aesthetic package design: a behavioral, neural and psychological investigation [J] . Journal of consumer psychology, 2010, 20 (4): 431–441.

[124] MASLOWSKA E, MALTHOUSE E C, COLLINGER T. The customer engagement ecosystem [J] . Journal of marketing management, 2016, 32 (5–6): 469–501.

[125] MCCRACKEN G. Culture and consumption: a theoretical account of the structure and movement of the cultural meaning of consumer goods [J] . Journal of consumer research, 1986, 13 (1): 71–84.

[126] MCQUARRIE E F, PHILLIPS B J. Visual branding: a rhetorical and historical analysis [M] . Northampton, MA: Edward Elgar, 2016.

[127] MEGHAN E F, AUSTEN K S, LORIN J E. Cultural differences in lateral biases on aesthetic judgments: the effect of native reading direction [J] . Culture brain, 2019, 7 (1): 57–66.

[128] MERRILEES B, MILLER D, HERINGTON C. Multiple stakeholders and multiple city brand meanings [J] . European journal of marketing, 2012, 46 (7–8): 1032–1047.

[129] MERRILEES B, MILLER D, SHAO W. Mall brand meaning: an experiential branding perspective [J] . Journal of product & brand management, 2016, 25 (3): 262–273.

[130] MEYERS-LEVY J, ZHU R. Gender differences in the meanings consumers infer from music and other aesthetic stimuli [J] . Journal of consumer psychology, 2010, 20 (4):

495–507.

［131］MICK D G. Consumer research and semiotics：exploring the morphology of signs，symbols，and signifificance［J］. Journal of consumer research，1986，13（2）：196–213.

［132］MICK D G，BUHL C. A meaning–based model of advertising experiences［J］. Journal of consumer research，1992，19（3）：317–338.

［133］MICK D G，BURROUGHS J E，HETZEL P，et al. Pursuing the meaning of meaning in the commercial world：an international review of marketing and consumer research founded on semiotics［J］. Semiotica，2004，152（1/4）：1–74.

［134］MILLIS K. Making meaning brings pleasure：the influence of titles on aesthetic experience［J］. Emotion，2001，1（3）：320–329.

［135］MORGADO M A. Animal trademark emblems on fashion apparel：a semiotic interpretation［J］. Clothing & textiles research journal，1993，11（3）：31–38.

［136］MOURALI M，LAROCHE M，PONS F. Individualist ic orientat ion and consumer susceptibility to interpersonal influence［J］. Journal of services marketing，2005，19（3）：164–173.

［137］MUGGE R，DAHL D W，SCHOORMANS J P L. What you see，is what you get? guidelines for influencing consumers' perceptions of consumer durables through product appearance［J］. Journal of product innovation management，2018，35（3）：309–329.

［138］NACHSON I，ARGAMAN E，LURIA A. Effects of directional habits and handedness on aesthetic preference for left and right profiles［J］. Journal of cross–cultural psychology，1999，30（1）：106–114.

［139］OANA C. Brand building in a semiotic age：developing meaningful brands with creative multimodal tools［J］. Journal of inventics，2014，17（88）：1–10.

［140］OLAHUT M R，COMIATI R. The role of the aesthetics in the making of a brand［J］. Management & marketing，2010，8（2）：411–416.

［141］OPPENHEIMER D M. The secret life of fluency［J］. Trends in cognitive sciences，2008，12（6）：237–241.

［142］OSWALD L R，MICK D G. The semiotic paradigm on meaning in the marketplace［M］//Russell W，B. Handbook of qualitative research methods in marketing. Northampton，MA：Edward Elgar Publishing Ltd，2006.

［143］OSWALD L R. Creating value：the theory and practice of marketing semiotics research [M] . Oxford: Oxford University Press, 2015.

[144] OSWALD L R. The structural semiotics paradigm for marketing research: theory, methodology and case analysis [J] . Semiotica, 2015, 205 (1/4): 115–148.

[145] PRESI C, MAEHLE N, KLEPPE I A. Brand selfies: Consumer experiences and marketplace conversations [J] . European Journal of Marketing, 2016, 50 (9–10): 1814–1834.

[146] PANTIN S G. The influence of the product package on functional and symbolic associations of brand image [J] . Recherche et applications en marketing (English edition), 2009, 24 (2): 53–71.

[147] PARK B. A method for studying the development of impressions of real people [J] . Journal of personality and social psychology, 1986, 51 (5): 907–923.

[148] PARKER B T. A comparison of brand personality and brand user–imagery congruence [J] . Journal of consumer marketing, 2009, 26 (3): 175–184.

[149] PAUL P. Color by numbers [J] . American demographics, 2002, 24 (2): 30–53.

[150] PAUWELS L. A multimodal framework for analysing websites as cultural expressions [J] . Journal of computer–mediated communication, 2012, 17 (3): 247–265.

[151] PHILLIPS N, LAWRENCE T B, HARDY C. Discourse and institutions [J] . The academy of management review, 2004, 29 (4): 635–652.

[152] PHILLIPS B J, MCQUARRIE E F. The development, change, and transformation of rhetorical style in magazine advertisements 1954–1999 [J] . Journal of advertising, 2003, 21 (4): 1–13.

[153] POON A. Tourism, technology and competitive strategies. [J] . New Zealand geographer, 1993, 51 (2): 62a–63.

[154] PORAT T, TRACTINSKY N. It's a pleasure buying here: the effects of web–store design on consumers' emotions and attitudes [J] . Human computer interaction, 2012, 27 (3): 235–276.

[155] PORIAY , BUTLER R, AIREY D. The core of heritage tourism [J] . Annals of tourism research, 2003, 30 (1): 238–254.

[156] POST R A G, BLIJLEVENS J, HEKKERT P. "To preserve unity while almost allowing for chaos": testing the aesthetic principle of unity–in–variety in product design [J] . Acta psychologica, 2016, 163 (1): 142–152.

[157] PREM CHHETRI , COLIN ARROWSMITH, MERVYN JACKSON. Determining

hiking experiences in nature–based tourist destinations［J］.Tourism management，2004，25（1）：31–43.

［158］REDDEN，JAMES; STEINER，et al.Fanatical consumers：towards a framework for research［J］.The Journal of consumer marketing，2000，17（4）：322–33.

［159］RAPP A M，LEUBE D T，ERB M，et al. Neural correlates of metaphor processing［J］. Brain research cognitive brain research，2004，20（3）：395–402.

［160］REBER R，SCHWARZ N，WINKIELMAN P. Processing fluency and aesthetic pleasure：is beauty in the perceiver's processing experience［J］. Personality and social psychology review，2004，8（4）：364–382.

［161］ROBERT E P. Race and culture［M］.Glencoe Ⅲ：Free Press，1950：143.

［162］ROESLER C. Are archetypes transmitted more by culture than biology? questions arising from conceptualizations of the archetype［J］. Journal of analytical psychology，2012，57（2）：223–246.

［163］ROMPAY V T J，PRUYN A T. When visual product features speak the same language：effects of shape–typeface congruence on brand perception and price expectations［J］. Journal of product innovation management，2011，28（4）：599–610.

［164］ROSENTHAL B，BRITO E P Z. The brand meaning co–creation process on Facebook［J］. Marketing intelligence & planning，2017，35（7）：923–936.

［165］ROSSOLATOS G. Applying structuralist semiotics to brand image research［J］. Socialence electronic publishing，2012，58（2）：239–280.

［166］RUSSELL C A. Investigating the effectiveness of product placements in television shows：the role of modality and plot connection congruence on brand memory and attitude［J］. Journal of consumer research，2002，35（3）：306–318.

［167］SANTOS F P. Brands as semiotic molecular entities［J］. Social Semiotics，2013，23（4）：507–516.

［168］SCHNURR B，STOKBURGER–SAUER N E. The effect of stylistic product information on consumers' aesthetic responses［J］. Psychology & marketing，2016，33（3）：165–176.

［169］SCHULAKA，CARLY. David meerman scott on breaking marketing rules［J］. Journal of financial planning，2015，6（28）：14–19.

［170］SCHWARTZ S H. Are there universal aspects in the content and structure of values

[J]. Journal of social issues, 2010, 50(4): 19–45.

[171]SCHWARTZ S H, CIECIUCH J, VECCHIONE M, et al. Refining the theory of basic individual values [J]. Journal of personality and social psychology, 2012, 103(4): 663–688.

[172]SECKLER M, OPWIS K, TUCH A N. Linking objective design factors with subjective aesthetics: an experimental study on how structure and color of websites affect the facets of users' visual aesthetic perception [J]. Computers in human behavior, 2015, 49(8): 375–389.

[173]SHEENA LEEK, GEORGE CHRISTODOULIDES. A framework of brand value in B2B markets: the contributing role of functional and emotional components [J]. Industrial marketing management, 2012, 41(1): 106–114.

[174]SILHOUETTE D V, LASSUS C D. Using Greimas' semiotics in ethnic consumer research [J]. International journal of market research, 2016, 58(2): 201–226.

[175]SILPAKIT P, FISK R P. Participatizing the service encounter: a theoretical framework [C] //Services marketing in a changing environment. Chicago: American Marketing Association, 1985.

[176]SIMMS, JANE. Today's headlines, tomorrow's ads. [J]. Marketing, 2012,(5): 10–11.

[177]SINGH S. Why an open channel dialogue between brands and customers is important [N]. Gulf marketing review. 1, 2017–12–07.

[178]SMITH L F, SMITH J K, ARCAND K K, et al. Aesthetics and astronomy: studying the public's perception and understanding of imagery from space [J]. Science communication, 2011, 33(2): 201–238.

[179]SODERBOM B. Brand–building is about a dialogue that moves people [N]. Media: Asia's media & marketing newspaper, 2003–06–27(11).

[180]SOLOMON M R. The role of products as social stimuli: a symbolic interactionism perspective [J]. Journal of consumer research, 1983, 10(3): 319–329.

[181]SOLOMON O. Semiotics and marketing new directions in industrial design applications [J]. International journal of research in marketing, 1988, 4(3): 201–215.

[182]STEIN, LINDSAY. Byond! content! creation and newsjacking. [J].PRWeek, 2016(18): 30–32.

[183]STEPHEN B, PIERRE M, CLIFFORD J S. Titanic: consuming the myths and meanings of an ambiguous brand [J] . Journal of consumer research, 2013, 40(4): 595–614.

[184]STERN B B. Consumer myths: frye's taxonomy and the structural analysis of consumption text [J] . Journal of consumer research, 1995, 22(2): 165–185.

[185]STEWART A J, PICKERING M J, STURT P. Using eye movements during reading as an implicit measure of the acceptability of brand extensions [J] . Applied cognitive psychology, 2004, 18(6): 697–709.

[186]STRAUSS A, CORBIN J. Grounded theory methodology: an overview [M] . Thousand Oaks: Sage Publications, 1994.

[187]STRIZHAKOVA Y, COULTER R A, PRICE L L. The meanings of branded products: a cross–national scale development and meaning assessment [J] . International journal of research in marketing, 2008, 25(2): 82–93.

[188]SUSSK IND A M. I told you so! restaurant customers word–ofmouth communication patterns [J] . The cornell hotel and restaurant administrat ion quarterly, 2002, 43(2): 75–85.

[189]SWAMINATHAN V, SORESCU A, STEENKAMP J, et al. Branding in a hyperconnected world: refocusing theories and rethinking boundaries [J] . Journal of marketing, 2020, 84(2): 24–46.

[190]SWENSON R. Building Betty Crocker's brand community: conversations with consumers(1940–1950) [J] . Journal of communication management, 2016, 20(2): 148–161.

[191]TUSSYADIAH I P, DAN W, JUNG T H, et al. Virtual reality, presence, and attitude change: empirical evidence from tourism [J] .Tourism management, 2018, 66: 140–154.

[192]THOMPSON C J, TIAN K. Reconstructing the south: how commercial myths compete for identity value through the ideological shaping of popular memories and countermemories [J] . Journal of consumer research, 2008, 34(5): 595–613.

[193]THOMPSON C J. Interpreting consumers: a hermeneutical framework for deriving marketing insights from the texts of consumers' consumption stories [J] . Journal of marketing research, 1997, 34(4): 438–455.

[194]THOMPSON C J. Marketplace mythology and discourses of power [J] . Journal of consumer research, 2004, 31(1): 162–180.

[195]THOMPSON D V, NORTON M I. The social utility of feature creep [J] . Journal

of marketing research，2011，48（3）：555–565.

［196］TIERNEY K D，KARPEN I O，WESTBERG K. Brand meaning cocreation：toward a conceptualization and research implications［J］. Journal of service theory & practice，2016，26（6）：911–932.

［197］TROUT J. Repositioning：marketing in an era of competition，change and crisis［M］. New York：McGraw Hill，2010.

［198］TUCH A N，BARGAS–AVILA J A，OPWIS K. Symmetry and aesthetics in website design：it's a man's business［J］. Computers in human behavior，2010，26（6）：1831–1837.

［199］TYAN Y W，CHUEH Y T，CIAN Y S. Unity enhances product aesthetics and emotion［J］. International journal of industrial ergonomics，2017，59：92–99.

［200］TZOU R C，LU H P. Exploring the emotional，aesthetic and ergonomic facets of innovative product on fashion technology acceptance model［J］. Behaviour & information technology，2009，28（4）：311–322.

［201］van der Lans，R.; van Bruggen，G.; Eliashberg，J.; Wierenga，B.

［202］A viral branching model for predicting the spread of electronic word of mouth［J］. Marketing science，2010，29（2）：348–365.

［203］VAN DER LANS R，VAN BRUGGEN G，ELIASHBERG J，et al. A biral branching model for predicting the sread of electronic word of mouth［J］.Marketing science，2010，29（2）：348–365.

［204］VEG–SALA N，ROUX E. A semiotic analysis of the extendibility of luxury brands［J］. Journal of product & brand management，2014，23（2）：103–113.

［205］WALMSLEY D J，JENKINS J M. Cognitive distance：a neglected issue in travel behavior［J］. Journal of travel research，1992，31（1）：24–29.

［206］WANG J，WALLENDORF M. Materialism，status signaling and product satisfaction［J］. Journal of the academy of marketing science，2006，34（4）：494–505.

［207］WILSON E J，BENGTSSON A，CURRAN C. Brand meaning gaps and dynamics：theory，research and practice［J］. Qualitative market research：an international journal，2014，17（2）：128–150.

［208］WU T Y，HSU Y，LEE G A. The effect of product appearances on consumer emotions and behaviors：a perspective of involvement［J］. Journal of industrial & production engineering，2015，32（8）：486–499.

［209］YIN R K. Case study research：design and methods［M］.CA：Thousand Oaks，2009.

［210］ZALTMAN G，LEMASTERS K，HEFFRING M P. Theory construction in marketing：some thoughts on thinking［J］. Journal of marketing，1982，48（1）：139–141.

［211］ZIEMKIEWICZ C，KOSARA R. The shaping of Information by visual metaphors［J］. IEEE Transactions on visualization & computer graphics，2008，14（6）：1269–1276.

［212］艾维维．旅游差异化研究述评［J］．现代商贸工业，2017（17）：18–20.

［213］白凯，马耀峰，游旭群．基于旅游者行为研究的旅游感知和旅游认知概念［J］．旅游科学，2008（1）：22–28.

［214］百度知道．小米是什么系统［EB/OL］．［2018–03–07］.https：//zhidao.baidu.com/question/924748728937420659.html.

［215］曹栋．文化型旅游产品的 IP 开发模式［J］．大观，2017（9）：219–219.

［216］曹晶晶，章锦河，周珺，等．“远方”有多远：感知距离对旅游目的地选择行为影响的研究进展［J］．旅游学刊，2018，33（7）：103–118.

［217］曹梦瑶，孙一文，高研．伊春山特：松子产品“4V 营销”理论研究［J］．全国商情，2016（12）：72–73.

［218］陈历清．品牌势能 数字时代品牌升级的九大法则［M］．北京：企业管理出版社，2018.

［219］陈菊红．服务型制造模式下价值共创流程机制研究：以技术革新为视角［J］．科技进步与对策，2014（1）：18–22.

［220］陈李红，张岩，严新锋．网络品牌社群中顾客价值的形成与作用机理研究［J］．经济经纬，2016，33（2）：113–118.

［221］陈沐阳．文化旅游的 IP 运营［J］．经营管理者，2017（5）：258–259.

［222］陈然．基于客户价值的 A 市烟草公司 4V 营销策略探究［D］．成都：电子科技大学，2018.

［223］程鹏飞．游览前目的地形象对游客感知服务质量的影响：游客专业知识的调节效应［J］．旅游学刊，2018，33（2）：57–66.

［224］创业网．小米六周年盘点：从“为发烧而生”到“新国货”［EB/OL］．［2016–04–06］.http：//www.admin5.com/article/ 20160406/656106.shtml.

［225］党江辉．互联网对企业产品营销模式的影响研究［J］．中国商论，2018（7）：

56–57.

[226]邓卫华，易明，杨斌．基于信任的网络社区口碑信息链式传播机制研究［J］．情报资料工作，2014（2）：23–28.

[227]董妍.IP 内容营销优势及本质探析：基于受众沉浸体验的跨界粉丝聚集效应［J］．当代传播（汉文版），2016（5）：68–70.

[228]窦文宇.520 过去了，该怎样抓住下一个热点［J］．公关世界，2017（11）：100–105.

[229]范晓屏．基于隐性需要的消费倾向及其营销启示［J］．商业研究，2003（16）：5–8.

[230]范秀成，杜炎炎．顾客参与是一把双刃剑：顾客参与影响价值创造的研究述评［J］．管理评论，2012（12）：64–71.

[231]范亚刚．对符号学发展轨迹的再思考：趋异＋求同［J］．当代外语研究，2012（3）：116–121.

[232]方俊明．认知心理学与人格教育［M］．西安：陕西师范大学出版社，1990：64.

[233]冯丙奇，王罡，杨婷婷，等．病毒式营销传播受众品牌认知情形：杜蕾斯“雨夜鞋套”微博传播案例研究［J］．现代传播（中国传媒大学学报），2015，37（4）：119–125.

[234]凤凰科技．从发烧之友到搅局巨头，小米这六年发生了什么［EB/OL］．［2016–04–07］.http：//tech.ifeng.com/a/ 20160407/41591004_0.shtml.

[235]高俊峰．融媒时代规避反转新闻的现实方案：兼谈融媒品牌塑造和 IP 化内容生产［J］．青年记者，2017，（25）：48–49.

[236]高静．旅游目的地形象、定位及品牌化：概念辨析与关系模型［J］．旅游学刊，2009，24（2）：25–29.

[237]高胜宁，谢顺．互动营销：企业如何“借势”上位［J］．销售与市场（管理版），2010（7）：82–84.

[238]高湘一，李志伟．试论技术创新是企业竞争优势的核心［J］．科学技术与辩证法，2002（6）：77–80

[239]故宫博物院．致敬传统创意生活：故宫博物院文创产品研发概况［EB/OL］．［2015–01–05］.https：//www.dpm.org.cn/classify_detail/180051.html.

[240]官建文，李黎丹，王培志．突发公共事件网络舆论议题结构探析［J］．现代传播，2016（2）：72–78.

[241]贵军娜．基于 4C 理论的实体书店差异化营销策略研究［D］．哈尔滨：黑龙江

大学，2015.

［242］郭国庆，张中科，陈凯，等．口碑传播对消费者品牌转换意愿的影响：主观规范的中介效应研究［J］．管理评论，2010，22（12）：62–69.

［243］郭景萍．试析作为“主观社会现实”的情感：一种社会学的新阐释［J］．社会科学研究，2007（3）：95–100.

［244］郭毅，单利娜．构建和深化身份与品牌联系以获取品牌成长优势的案例研究［J］．管理学报，2014，11（2）：171–180+214.

［245］何景明．文化遗产旅游目的地：形象建构［J］．旅游学刊，2010，25（6）：9–10.

［246］胡凯，胡赛全，李飞．顾客是上帝吗：零售企业“视顾客为谁”形成机理的多案例研究［J］．北京工商大学学报（社会科学版），2016，31(3)：29–41.

［247］胡瑞娜，王姝慧．皮尔士符号学的实用主义特征及其后现代趋向［J］．科学技术与辩证法，2007（4）：59–62+111.

［248］虎嗅网．开淘宝、出手游，老派博物馆如何玩转互联网［EB/OL］．［2016–07–11］.https：//www.huxiu.com/article/155645.html.

［249］虎嗅网．雷军的一场直播捧红了小米直播 App，还可能颠覆传统的发布会［EB/OL］．［2016–05–26］.https：//www.huxiu.com/article/150084/.

［250］黄煌．德国巴伐利亚州乡村民居景观的内在价值探析［J］．华中建筑，2017，35（12）：13–17.

［251］贾薇，张明立，王宝．顾客价值在顾客参与和顾客满意关系中的中介效应研究［J］．中国工业经济，2009（4）：105–115.

［252］贾薇，张明立，王宝．服务业中顾客参与对顾客价值创造影响的实证研究［J］．管理评论，2011（5）：61–69.

［253］蒋廉雄，冯睿，朱辉煌，等．利用产品塑造品牌：品牌的产品意义及其理论发展［J］．管理世界，2012（5）：88–108，188.

［254］金镇，毕强．作为一门学科的网络信息传播［J］．情报资料工作，2006（3）：5–14.

［255］凯勒，战略品牌管理［M］.4 版．北京：中国人民大学出版社，2014.

［256］柯泽．米德的符号互动论思想以及对美国传播学研究的影响和贡献［J］．新闻爱好者，2014（10）：36–43.

［257］孔令顺，宋彤彤．从 IP 到品牌：基于粉丝经济的全商业开发［J］．现代传播（中国传媒大学学报），2017（12）：121–125.

［258］孔鹏举，周水银．基于企业与顾客共同创造竞争优势的企业参与概念研究［J］．管理学报，2013（5）：722–729.

［259］冷雄辉，周小榆，熊立．触不可及还能感同身受吗：在线产品“隐喻”文本描述的触觉补偿效应研究［J］．外国经济与管理，2022，44（10）：87–103.

［260］黎万强．参与感：小米口碑营销内部手册［M］．北京：中信出版社，2014.

［261］李朝辉．基于顾客参与视角的虚拟品牌社区价值共创研究［D］．北京：北京邮电大学，2013.

［262］李朝辉．虚拟品牌社区环境下顾客参与价值共创对品牌体验的影响［J］．财经论丛，2014（7）：75–81.

［263］李单单．当代青少年治愈系文化及其“治愈”策略研究［D］．漳州：闽南师范大学，2018.

［264］李东进，李研，武瑞娟．产品设计领域的消费者审美体验［J］．心理科学进展，2013，21（2）：336–346.

［265］李飞，陈浩，曹鸿星，等．中国百货商店如何进行服务创新：基于北京当代商城的案例研究［J］．管理世界，2010（2）：114–126，187–188.

［266］李静，金永生．关联网络记忆模型下的品牌知识结构分析［J］．市场营销导刊，2009（4）：44–48.

［267］李文学．从纪录电影《我在故宫修文物》谈工匠精神的传承与培育路径［J］．艺术教育，2017（Z6）：171–172.

［268］李苑．历史名人旅游资源开发 IP 化研究［J］．海峡科学，2018(3)：49–51.

［269］李悦．企业营销新模式：“热点营销”的应用策略浅析［J］．当代经济，2017（24）：132–133.

［270］李柱，葛庆．“4V”营销组合理论运用策略分析：基于奢侈品消费动机角度［J］．改革与战略，2010（6）：75–77.

［271］林光旭．基于历史文化资源挖掘的旅游目的地主题与形象定位：以崇州市旅游主题形象的挖掘为例［J］．成都大学学报（社会科学版），2011（1）：94–96.

［272］刘德杰．博物馆的社会化媒体营销研究［D］．长春：吉林大学，2016

［273］刘凡群．外来词“粉丝”及“粉丝”的两副面孔［J］．河北北方学院学报，2009，25（1）：15–18.

［274］刘国华，王红国．符号互动论：从品牌消费角度的解读［J］．上海管理科学，2015，37（1）：30–34.

［275］刘菡，王剑东，王薇．基于“4V理论”的出版微信公众号差异化营销：以北京大学出版社为例［J］．中国出版，2018（15）：9–12.

［276］刘宏，杨路芬．基于DART模型的众包模式下顾客参与价值共创路径研究［J］．河北工业大学学报（社会科学版），2017，9（3）：28–35.

［277］刘倩倩．新媒体时代热点营销在品牌传播中的应用［J］．新媒体研究，2016，2（6）：51–52.

［278］刘玮．RIO鸡尾酒营销策略研究［EB/OL］．［2017–11–08］．http：//m.book118.com/html/2017/1108/139372814.shtm.

［279］刘英为，汪涛，周玲，等．中国品牌文化原型研究：理论构建与中西比较［J］．营销科学学报，2018（1）：1–20.

［280］卢德平．实用主义哲学与皮尔士经典符号学说的确立［J］．北京师范大学学报（社会科学版），2016（3）：114–120.

［281］卢政营．消费者隐性需求演化机理：理论诠释与实证检验［D］．天津：天津财经大学，2007.

［282］罗永泰，卢政营．需求解析与隐性需求的界定［J］．南开管理评论，2006（3）：22–27.

［283］罗永泰，王丽英，卢政营．基于顾客需求的隐性营销模式及适应性边界［J］．当代经济科学，2004（12）：44–46，95.

［284］孟磊．小米手机品牌传播研究［D］．沈阳：辽宁大学，2016.

［285］牛振邦，白长虹，张辉，等．浅层互动能否激发顾客价值共创意愿：基于品牌体验和价值主张契合的混合效应模型［J］．科学学与科学技术管理，2015，36（11）：112–123.

［286］牛振邦，白长虹，张辉．基于互动的价值共创研究［J］．企业管理，2015（1）：118–120.

［287］潘颖．公共关系视域下的借势营销策略分析：以“杜蕾斯”品牌营划为例［J］．新闻前哨，2018（3）：40–42.

［288］潘煜，高丽，张星，等．中国文化背景下的消费者价值观研究：量表开发与比较［J］．管理世界，2014（4）：90–106.

［289］彭佳宇．“三只松鼠”：网络原创品牌塑造策略分析［J］．电子商务，2014（9）：23–24.

［290］彭艳君．顾客参与量表的构建和研究［J］．管理评论，2010（3）：78–85.

[291] https：//baike.baidu.com/item/9722837？ fr=aladdin.

[292] https：//baike.so.com/doc/5421034-5659213.html#5421034-5659213-5_5.

[293] 申光龙，彭晓东，秦鹏飞 . 虚拟品牌社区顾客间互动对顾客参与价值共创的影响研究：以体验价值为中介变量［J］. 管理学报，2016，13（12）：1808-1816.

[294] 石章强 . 超级 IP 的品牌顶层设计［EB/OL］. http：//blog.linkshop.com/u/shizhangqiang/328861.html.

[295] 石福祈 . 西方哲学中的“符号”概念［J］. 新华文摘，2010，2（18）：37-38.

[296] 石小溪 . 试论全媒体时代下的电影病毒式营销［J］. 艺术百家，2012，28（S1）：339-342.

[297] 史斌 . 新生代农民工社会距离研究［D］. 上海：上海大学，2010.

[298] 舒洪瑞 . 基于 4V 理论的“中网可信网站验证服务”市场推广策略研究［D］. 北京：北京邮电大学，2013.

[299] 宋甲财 .B 企业螺旋埋弧焊钢管差异化营销策略研究［D］. 西安：西安石油大学，2018.

[300] 搜狐科技 . 从小米手机口号变化探索小米科技公司这些年的转变之旅［EB/OL］.［2016-06-10］.https：//www.sohu.com/ a/82347404_188482.

[301] 搜狐科技 . 小米 2017 年业绩爆发性增长计划明年首次公开募股并上市［EB/OL］.［2017-12-02］.http：//www.sohu.com/ a/207969226_127694.

[302] 苏落 . 借势营销的“我们”如何成为赢家［J］. 成功营销，2015（7）：82-85.

[303] 孙娟，李艳军 . 植入广告传播效果及影响因素：品牌资产的视角［J］. 广东财经大学学报，2015，30（3）：64-73.

[304] 王伊雨 . 个体用户间交互行为对品牌传播的影响：以共享单车为例［J］. 科技传播，2018（22）：171-172.

[305] 王若鸿 . 数字媒体时代动漫形象品牌的 IP 化运营探析［J］. 出版广角，2018（19）：74-76.

[306] 王世颖 . 引爆 IP：影游漫文超级 IP 打造之道［J］. 中外管理，2016（6）：128.

[307] 汪涛，熊莎莎，周玲 . 全球化背景下中国品牌文化原型资源的开发：基于原型理论的研究框架［J］. 华东师范大学学报（哲学社会科学版），2020，52（6）：152-163+182.

[308] 王凤彬 . 科层组织中的异层级化趋向：基于宝钢集团公司管理体制的案例研究［J］. 管理世界，2009（12）：101-122，188.

[309]王瑾.IP 流量与粉丝营销同质化的困境消解[J].出版广角，2017（20）：64–66.

[310]王蕾，应思艺，顾庆良，等.基于多模态“隐喻”整合模型的品牌名感知—认知研究[J].东华大学学报（自然科学版），2017，43（3）：443–449.

[311]王立森.基于地域文化符号的旅游纪念品设计研究[D].西安：西安建筑科技大学，2017.

[312]王铭玉.中外符号学的发展历程[J].天津外国语大学学报，2018，25（6）：1–16.

[313]王婉婷，孙敏，张瑜.文化自信建设背景下的本土旅游文化符号建构研究[J].中国市场，2017（33）：245–246.

[314]王新海，王志宏，杨红玉.基于信息认知和价值感知的隐性需求演化模式研究[J].情报杂志，2010（S1）：84–88.

[315]王雪冬，陈晓宇，孟佳佳.数字化时代的品牌意义：内涵、研究议题与未来展望[J].外国经济与管理，2020，42（9）：47–62.

[316]王振林，王松岩.米德的“符号互动论”解义[J].吉林大学社会科学学报，2014，54（5）：116–121.

[317]望海军，王涛.顾客参与、感知控制与顾客满意度关系研究[J].管理科学，2007（3）：48–54.

[318]魏武挥.微博：对话型媒体的对话营销[J].销售与市场（评论版），2010（3）：46–47.

[319]翁鸣鸣，林梁静.酒店顾客价值提升策略研究：以福州世茂洲际酒店为例[J].度假旅游，2019（2）：99–101.

[320]乌铁红.旅游地形象的动态研究与其生命周期的演化[J].内蒙古师范大学学报（哲学社会科学版），2005，34（2）：119–121.

[321]巫月娥.顾客参与价值共创对顾客忠诚的影响：基于互联网＋大规模定制模式的研究[J].重庆邮电大学学报（社会科学版），2019（2）：101–109.

[322]吴声.超级 IP：互联网新物种方法论[M].北京：中信出版社，2016.

[323]吴飞平.S 公司差异化营销策略研究[D].上海：华东师范大学，2010.

[324]吴金明.新经济时代的“4V”营销组合[J].中国工业经济，2001，（6）：70–75.

[325]吴林芝，周春林，黄子璇，等.网络语境下官方目的地宣传形象与游客感知形象的差异：以南京市为例[J].地域研究与开发，2018，37（3）：92–96，102.

[326]小米官网.小米商城[EB/OL].[2023–10–18].https：//www.mi.com/.

[327]谢俊陶．可口可乐的品牌 IP 营销分析［J］．大众文艺，2018,（17）：155–156.

[328]谢春昌．服务质量和感知价值对服务忠诚的影响：基于餐饮业和细分维度的探索［J］．西部论坛，2013（1）：91–100.

[329]谢志鹏，肖婷婷，秦环宇．文字的“偷心术”：营销中的字体效应［J］．心理科学进展，2021，29（2）：365–380.

[330]新浪综合.小米内忧外患：手机销量遇滑铁卢 东山再起困难重重［EB/OL］．［2016–10–18］.http：//tech.sina.com.cn/ t/2016–10–18/doc–ifxwvpar 8346864.shtml.

[331]徐北春，范丽丽．病毒式营销的传播机理及“危机”分析［J］．现代交际，2012（5）：154–155.

[332]许晖，牛大为．“攻心为上”：品牌故事视角下本土品牌成长演化机制：基于蓝月亮的纵向案例［J］．经济管理，2016，38（9）：108–119.

[333]许喜林，吴文国．品牌之道［M］．北京：北京交通大学出版社，2007.

[334]闫珍珍，蔡捷．走红轨迹：表情包＋短视频＋网民参与［J］．中国报业，2018（9）：106.

[335]袁航．传统品牌如何搭上超级 IP 的快车［J］．企业观察家，2018（10）：108–109.

[336]杨丰瑞，周姝．病毒式营销探析［J］．现代商业，2008（14）：187–188.

[337]姚冲．试论广告文案的创意写作［J］．传播力研究，2017，1（10）：168.

[338]姚唐，郑秋莹，李惠璠，等．Web2.0 环境中顾客参与的实现型快乐感形成机制［J］．心理科学发展，2013（8）：1347–1356.

[339]叶凤琴，黄秀莲．反思与超越：中国品牌原型研究价值探讨［J］．广告大观（理论版），2016（1）：66–75.

[340]叶开．粉丝经济［M］．北京：中国华侨出版社，2014.

[341]叶敏，徐文，张昕淼．基于服务创新视角下小米集团的盈利模式分析［J］．湖北经济学院学报（人文社会科学版），2023（4）：62–66.

[342]易英．顾客参与与服务质量、顾客满意及行为意向的关系研究：基于家装行业的实证研究［D］．杭州：浙江大学，2006.

[343]殷融，苏得权，叶浩生．具身认知视角下的概念“隐喻”理论［J］．心理科学进展，2013，21（2）：220–234.

[344]尹德辉．皮尔士、索绪尔与符号学的元理论［J］．河南师范大学学报（哲学社会科学版），2016，43（1）：148–153.

［345］尹鸿，王旭东，陈洪伟，等．IP 转换兴起的原因、现状及未来发展趋势［J］．当代电影，2015（9）：22-29.

［346］余进．用优质内容打造品牌 IP［J］．中国广告，2018，301（11）：113-115.

［347］俞勇．南京牌细支卷烟在淮安市差异化营销策略研究［D］．南京：南京理工大学，2018.

［348］袁伟伟．“IP+ 商业”：内容营销的核心与突破解读［J］．商业经济研究，2017（15）：48-50.

［349］菲斯克．电视文化［M］．祁阿红，张鲲，译．北京：商务印书馆，2005.

［350］张巨才．病毒式营销传播透视［J］．企业研究，2011（19）：16-20.

［351］张俊．面向移动游戏革新的 IP 开发策略［J］．出版发行研究，2017（2）：48-51.

［352］张强．病毒式网络传播特点及一般规律［J］．当代传播，2012（2）：84-86.

［353］张嫱．粉丝力量大［M］．北京：中国人民大学出版社，2008.

［354］张全成，赖天豪，杨宇科，等．消费者的多感觉交互：表现、形成机制及研究展望［J］．外国经济与管理，2017，39（7）：80-90.

［355］张旺旺．信息共享时代的借势营销之道［J］．现代营销，2016（5）：68-69.

［356］张位中，胡北明．民族地区旅游开发中的 IP 认知研究［J］．贵州民族研究，2017（4）：172-176.

［357］张晓莉．基于人格化过程的品牌个性整合传播策略研究［D］．北京：北京工商大学，2016.

［358］张新国，陈漫．顾客参与、战略柔性与产品创新关系研究［J］．科技进步与对策，2014（12）：105-109.

［359］张燚，李冰鑫，刘进平．网络环境下顾客参与品牌价值共创模式与机制研究：以小米手机为例［J］．北京工商大学学报（社会科学版），2017（1）：61-72.

［360］张燚，刘进平，张锐，等．企业文化、价值承诺与品牌成长的路径和机制研究［J］．管理学报，2013（4）：502-509.

［361］张燚，刘进平，张锐．利益相关者视角下的品牌关系模式研究［J］．企业经济，2008（10）：54-57.

［362］张燚，秦银燕，周浩，等．粉丝热忱促进品牌成长的形成与保障机制：基于美妆品牌“御泥坊”的案例研究［J］．财经论丛，2019（2）：85-95.

［363］张燚，张锐，刘进平．品牌价值来源及其理论评析［J］．预测，2010（5）：74-80.

[364] 张英奎，牛天星，张圣听，等．网络文学IP运营与发展对策研究［J］．出版广角，2018（21）：26–29.

[365] 张罡，王宗水，赵红．互联网+环境下营销模式创新：价值网络重构视角［J］．管理评论，2019，31（3）：94–101.

[366] 张倩.IP：有内容的品牌［J］．现代商业银行，2018（16）：32–34.

[367] 赵正．IP是如何赋能于品牌的［J］．商学院，2018（8）：74–76.

[368] 赵根磊．开展社区工作可借用"粉丝经济"思路［J］．中国社会工作，2017（28）：6–7.

[369] 赵星植．"无限衍义"真的无限吗：再论皮尔斯的解释项理论［J］．河南师范大学学报（哲学社会科学版），2016，43（6）：138–142.

[370] 赵星植．论皮尔斯符号学中的传播学思想［J］．国际新闻界，2017，39（6）：87–104.

[371] 赵毅衡．符号、象征、象征符号，以及品牌的象征化［J］．贵州社会科学，2010（9）：4–10.

[372] 赵毅衡．重新定义符号与符号学［J］．国际新闻界，2013，35（6）：6–14.

[373] 赵子嘉．社交媒体中的借势营销研究［D］．哈尔滨：黑龙江大学，2017.

[374] 中国电影家协会产业研究中心．2011中国电影产业研究报告［M］．北京：中国电影出版社，2011.

[375] 周锐．基于4V营销理论的ZYBP石油公司营销策略优化研究［D］．西安：西北大学，2014.

[376] 周霞，李浩．基于第三方平台的C2C网络商店品牌战略的实施［J］．湖南商学院学报，2012，19（5）：111–114.

[377] 周琰．全域旅游背景下安顺市旅游目的地形象定位研究［J］．开封教育学院学报，2018，38（5）：173–174.

[378] 周懿瑾，陈嘉卉．社会化媒体时代的内容营销：概念初探与研究展望［J］．外国经济与管理，2013，35（6）：61–72.

[379] 周长辉．中国企业战略变革过程研究：五矿经验及一般启示［J］．管理世界，2005（12）：123–136.

[380] 周子采．产品设计中的情感表达［D］．北京：中央美术学院，2016.

[381] 朱俊，陈荣秋．不确定环境下的顾客关系管理［J］．华中科技大学学报（社会科学版），2006（1）：56–60.